上海社会科学院创新成果丛书
主编 王战 于信汇

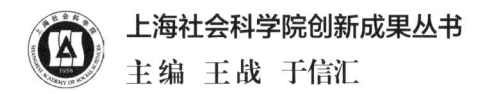

马云现象的经济学分析
互联网经济的八个关键命题

Economic Analysis on Mayun Phenomenon
Eight Key Propositions of the Internet Economy

胡晓鹏 著

上海社会科学院出版社
SHANGHAI ACADEMY OF SOCIAL SCIENCES PRESS

丛书编委会

主　编：王　战　于信汇

副主编：黄仁伟

编　委（以姓氏笔画为序）：

于　蕾　王玉梅　王　振　王　健　方松华

权　衡　朱平芳　刘　杰　刘　鸣　汤蕴懿

孙福庆　杨亚琴　杨　雄　何建华　何锡荣

沈开艳　张兆安　邵　建　郁鸿胜　周冯琦

荣跃明　姚勤华　晏可佳　殷啸虎　谢京辉

强　荧

组　稿：上海社会科学院创新工程办公室

丛书总序

在中国特色社会主义伟大实践中加快构建中国特色哲学社会科学,既是开创中华民族伟大复兴的思想基础,也是应对当前深刻复杂国际形势的重要支撑。党的十八大以来,以习近平同志为总书记的党中央把加快构建中国特色哲学社会科学作为提高治国理政能力、推进国家治理体系和治理能力现代化的战略任务,高度重视、精心部署、全力推动。这也为上海社会科学院新时期的发展提供了目标方向。

理论的生命力在于创新。古往今来,世界大国崛起路径各异,但在其崛起的过程中,无不伴随着重大的理论创新和哲学社会科学的发展。面对新挑战、新要求,中国哲学社会科学特别需要加强理论前沿、重大战略、综合领域、基层实践的诠释和指导能力。作为国家哲学社会科学的重要研究机构,2014年上海社会科学院率先在地方社会科学院实施哲学社会科学创新工程;2015年又成为国家首批高端智库试点单位。上海社会科学院从体制机制入手,以理论创新为突破口,围绕"国家战略和上海先行先试"定位,以智库建设和学科发展"双轮驱动"为创新路径,积极探索,大胆实践,对哲学社会科学的若干重大理论和现实问题开展前瞻性、针对性、储备性政策研究,完成了一批中央决策需要的、具有战略和全局意义、现实针对性强的高质量成果。

在上海社会科学院创新工程实施三年之际,通过本套丛书集中展示了我院在推进哲学社会科学理论创新中的成果,并将分批陆续出版。在编撰过程中,我们既强调对重大理论问题的深入探讨,也鼓励针对高端智库决策成果中的热点现实问题进行理论探讨。希望本丛书能体现高端智库的研究水平、社科院的研究特色,对国家战略性、前瞻性、基础性问题进行深入思考,也为繁荣新时期中国哲学社会科学理论创新添砖加瓦。

丛书主编

2016 年 11 月 15 日

序

近年来，互联网经济在全球以及中国的发展远远超出了大家预料，互联网经济对经济与社会的影响越来越深刻、越来越显著。在我看来，人类已经由工业化社会进入到信息化社会，并在不知不觉中正朝着大数据时代迈进。面对如此剧烈的时代转换，经济学还停留在工业化时代，对许多正在以及将要发生的新现象、新问题、新事物、新机遇、新前景无法准确解释和有效把握。今天看来，中国已经成长为一个实实在在的互联网大国，许多互联网经济的创业者在中国获得了很好的发展，各种基于互联网的商业模式创新层出不穷，各种正在颠覆传统经济思维的观点令人眼花缭乱，这些都为有志于研究互联网经济的学者们提供了很好的基础和素材。

习近平总书记在 2015 年中央经济工作会议上提出："要坚持中国特色社会主义政治经济学的重大原则。"在 2016 年 5 月 18 日的哲学社会科学工作座谈会上，习近平总书记则明确指出了构建中国特色哲学社会科学的着力点和着重点："应该以我们正在做的事情为中心，从我国改革发展的实践中挖掘新材料、发现新问题、提出新观点、构建新理论……一切刻舟求剑、照猫画虎、生搬硬套、依样画葫芦的做法都是无济于事的。"

今天展现在读者面前的这本新著《马云现象的经济学分析》，是上海市委宣传部资助我院创新工程攻关项目的成果之一，是根植中国互联网经济发展实践的应用理论研究。说起来,决定启动资助这项研究倒是带有一定的偶然性。2015年6月我参加全国社科院院长联席会议时,胡晓鹏同志陪同前往。期间空闲时,我们讨论起了阿里巴巴的成长案例,并由此延伸到现代服务业与互联网经济相关问题。他本人对这个主题表现出了浓厚的兴趣,在我的鼓励下,他欣然接受这项研究任务。从内容上说,胡晓鹏同志的这本著作是对中国互联网经济发展的理论探索,其中许多内容还有待深入,但作为中青年科研人员,能在较短时间里梳理出来互联网经济的理论逻辑,并对中国互联网经济发展前景有较好的思考,已实属不易。

作为院长和长者,我特别希望上海社会科学院能够多出一些有影响力的研究成果,更希望一大批中青年科研人员可以快速成长起来,使上海社会科学院早日成为繁荣发展哲学社会科学的重要基地,成为马克思主义中国化的重要阵地,成为党和政府信得过、用得上、靠得住、离不开的国家高端智库。

王 战

2016年8月23日

目 录

引论 …………………………………………………………… 1

第一章 马云现象的启示 ………………………………… 5
第一节 阿里发展史：跬步至千里 …………………… 5
一、萌芽初创期：1995—1999 年 ………………… 6
二、子业务发展期：1999—2007 年 ………………… 7
三、战略方向调整期：2007—2013 年 …………… 10
四、阿里巴巴生态高速发展期：2013 年至目前 … 11
第二节 路线图与经济运行谱系 ……………………… 12
一、"＋互联网"：线下经济线上化与产业业态载体转换 ……………………………………………… 14
二、"互联网＋"：线上经济线下化与单体产业数据化 ……………………………………………… 15
三、"交互信息＋"：线下线上一体化与互联网经济生态圈 …………………………………………… 16
第三节 马云的成功原因：中国经验论 ……………… 19
一、信用就是商机：国家信用体系的不完善 …… 19
二、强大的需求支撑：中国用户基数的规模 …… 21
三、精准的目标定位：中小企业和创业者 ……… 23

　　　　四、制度红利的输送：体制束缚最薄弱一环……… 25
　　　　五、要素的支持：低廉的劳动力成本……………… 26
　　　　六、受压制的潜在需求：线下需求的高度不满足…… 27
　　　　七、廉价信息化普及：中国盗版软件的作用……… 29
　　第四节　马云模式：超越商业模式的解读…………… 30
　　　　一、宏观经济意义：第四代经济模式……………… 31
　　　　二、就业拉动意义：第三代就业模式……………… 33
　　　　三、产业转型意义：第三次工业革命的主导
　　　　　　模式……………………………………………… 35
　　　　四、褒贬不一的评价：负面评价的观点…………… 37
　　第五节　马云与传统经济学：冲击与影响…………… 40
　　　　一、市场法则：传统经济理论的内核……………… 41
　　　　二、"交互—共享—网络"的阐释：互联网经济
　　　　　　理论概括………………………………………… 44

第二章　交互信息与均衡价格………………………… 48
　　第一节　背景导入：市场经济与互联网经济的交易模式… 49
　　　　一、撼动与颠覆：审视两个理论前提……………… 50
　　　　二、修订与革命：传统消费模式的改变…………… 53
　　第二节　交易机理：互联网经济交易决定命题……… 58
　　　　一、供求关系的异化：Prosumer …………………… 59
　　　　二、竞争机制的异化：竞争的共享性与代际性…… 61
　　　　三、均衡条件的异化：消费者偏好部分取代
　　　　　　价格……………………………………………… 64
　　第三节　内容拓展：交易痕迹、交互信息与可视化效用… 65
　　　　一、数据追索：交易痕迹与交互信息……………… 65
　　　　二、可测量的效用：交互信息与可视化效用……… 68

第三章　用户基数、诚信与交互信息结构 …… 73

第一节　背景导入：交互信息的数量与质量 …… 73
一、三点修正：互联网经济的用户基数与诚信 …… 74
二、两条法则：互联网经济铁律 …… 79

第二节　信息结构：互联网经济交互信息命题 …… 81
一、均衡条件：交互信息的数量与质量 …… 82
二、模拟观察：四种类型的均衡解 …… 84
三、现实含义：四种情形与四个阶段 …… 87

第三节　启发与扩展：互联网经济的反论 …… 89
一、交互信息结构再定位：质量与数量的组合 …… 89
二、理论扩展：多重效应的连锁反馈 …… 92

第四章　平台创新与用户基数 …… 94

第一节　背景导入：从商业模式到共享经济模式的平台 …… 94
一、理论本质：一种资源共享经济模式 …… 95
二、实践分类：实践的发展与类型 …… 97
三、基本特性：群体的多元与多边市场 …… 99

第二节　平台发展：用户共享的机理 …… 101
一、概念解析：平台共享与发展逻辑 …… 102
二、平台共享：一个模型的探讨 …… 104

第三节　启发与扩展：平台培育与平台生态 …… 110
一、免费使用：平台发展的外在推力 …… 110
二、共生共荣：平台生态圈的内在属性 …… 112

第五章　互联网经济与实体经济 …… 116

第一节　背景导入：互联网与互联网经济 …… 116
一、互联网技术：实体经济的冲击根源 …… 117
二、互联网经济：与实体经济互为补充 …… 119

第二节 数量关系：线上线下经济的均衡解析 …………… 122
　一、线上与线下：规模的累积效应与分流效应 … 123
　二、数量均衡关系：动态相位图方法 …………… 127
　三、均衡路径解析：动态演化轨迹 ……………… 132
第三节 启发与扩展：实践引证与内涵 ………………… 134
　一、补充解释：正确认识中美日互联网经济 …… 134
　二、实践内涵：新实体经济形态 ………………… 139
附：中美日互联网经济发展特征比较 ……………………… 141
　一、互联网交易特征与网络消费习惯 …………… 141
　二、互联网用户基数的差异 ……………………… 144
　三、互联网经济行业环境 ………………………… 145
　四、经济形势影响互联网经济的发展 …………… 146
　五、总体评价与启示 ……………………………… 147

第六章 互联网所有制与分享经济制度 ……………… 148
第一节 背景导入：互联网所有制的内涵与特征 ……… 148
　一、前提条件：互联网所有制形成的基础 ……… 149
　二、内涵特征：互联网所有制的特殊性质 ……… 151
　三、运作机制：互联网所有制的规定性 ………… 154
第二节 理论机理：交互信息的联合生产与分配特征 …… 157
　一、交互信息生产方式：特征与假定 …………… 158
　二、互联网所有制的两种分享制度：高质交互
　　　信息的决定 …………………………………… 160
第三节 启发与扩展：互联网所有制的困境 …………… 164
　一、基本矛盾：互联网所有制的公权与私权
　　　对立 …………………………………………… 164
　二、互联网所有制的现实困境：分配比例的
　　　异化 …………………………………………… 167

附1：2016年天猫收费标准 …………………………… 172
　　　　一、保证金 ……………………………………… 172
　　　　二、技术服务费年费（下称"年费"） …………… 173
　　　　三、实时划扣技术服务费 ……………………… 174
　　附2：天猫2016年度各类目技术服务费年费一览表 ……… 175

第七章　互联网经济与宏观经济政策 …………………… 192
　第一节　背景导入：互联网经济对经济政策的影响 ……… 192
　　　一、财政政策：互联网经济消费与投资的影响 … 193
　　　二、货币政策：互联网经济信用创造的影响 …… 196
　第二节　机制阐述：嵌入互联网经济的经济政策 ………… 199
　　　一、传导机制：互联网经济国民收入的形成 …… 200
　　　二、信用创造：互联网金融体系的生成机制 …… 203
　第三节　启发与扩展：互联网经济对经济政策可控性的
　　　　　对冲 ……………………………………………… 209
　　　一、财政政策异化：互联网经济下的可控性 …… 209
　　　二、货币政策异化：互联网经济下的可控性 …… 211
　附：全息大数据开启大营销 ……………………………… 214
　　　一、全息大数据的关键点 ……………………… 214
　　　二、参考方法和模型 …………………………… 217
　　　三、案例介绍 …………………………………… 220

第八章　互联网经济与产业升级战略新方向 …………… 223
　第一节　背景导入：互联网经济与新产业结构思维 ……… 223
　　　一、产业结构升级：两种所谓的共识 …………… 224
　　　二、互联网时代的产业本质：反思与重构 ……… 225
　第二节　产业构成：互联网经济新结构 …………………… 230
　　　一、产业结构：理论逻辑与内容界定 …………… 231

二、价值结构：互联网经济下现代服务业的价值
　　　　分布 …………………………………………… 233
　　三、流量驱动：现代服务业的演化与升级机制 …… 236
　　四、案例解释：旅游业线上化的产业体系特征 …… 238
第三节　启发与扩展：现代服务业的升级战略 ………… 241
　　一、战略思维：从温特制到互联网思维的转换 … 242
　　二、略内核：关键控制点的四重战略聚焦 ……… 245
附：关于规范我国互联网经济发展的六条建议 ………… 251
　　一、亟待解决的六个问题 ………………………… 251
　　二、关于操作的六条建议 ………………………… 252

第九章　互联网经济与经济伦理新秩序 ……………… 255
第一节　背景导入：互联网经济乱象 …………………… 255
　　一、乱象丛生：互联网经济扭曲现象观察 ……… 256
　　二、根源探究：互联网经济乱象的诱因 ………… 260
第二节　正本清源：互联网经济伦理建构 ……………… 263
　　一、重点聚焦：互联网经济伦理三个关键问题 … 264
　　二、理论架构：互联网经济伦理的钻石模型 …… 268
第三节　启发与扩展：互联网经济伦理建构的策略 …… 271
　　一、体制改革：纠正追逐线下租金的扭曲行为 … 271
　　二、情感经济：催生以情感为纽带的网络经济 … 273
　　三、多管齐下：加大互联网经济的监督与约束 … 274

第十章　马云将走向何处：一个没有结论的结论 ……… 276
第一节　安不忘危：揭示马云成功背后的隐患 ………… 276
　　一、用户基数扩张与平台边界拓展 ……………… 277
　　二、成在诚信与败在诚信 ………………………… 278
　　三、马云成功的示范与扭曲含义 ………………… 279

四、中国互联网经济的天花板 …………………………… 279
　　五、宏观战略意义的提前重视 …………………………… 280
　第二节　漫漫求索：中国互联网经济健康发展准则 ……… 281

后记 ………………………………………………………… 284

图表目录

表1-1	阿里巴巴萌芽期初创期的重要事件	6
表1-2	阿里巴巴子业务发展期的重要事件	8
表1-3	阿里巴巴子战略方向调整期的重要事件	10
表1-4	阿里巴巴生态高速发展期的重要事件	12
表1-5	"＋互联网"、"互联网＋"、"交互信息＋"的经济运行谱系特征	18
表1-6	四种经济模式的比较	32
表1-7	互联网经济就业的特征	35
表2-1	大数据的交互特征	49
表2-2	以人为中心的连接性质与案例	53
表2-3	交互信息的演化路径	57
表2-4	买方的交易痕迹	66
表2-5	最近7天电视机满意度排行	69
表2-6	最近7天电视各类榜单情况	71
表3-1	对交互信息不同重视程度先对Prosumer的作用	83
表4-1	学术界关于平台的定义	95
表4-2	按平台性质划分	97
表4-3	按平台功能划分	98
表4-4	实现平台共享的两大引力	103

表 4-5	部分免费平台案例	111
表 5-1	两类经济分流效应和累积效应的符号判别	126
表 5-2	中美两国互联网经济的差异	139
表 6-1	2015 年度中国大数据综合服务提供商 TOP20	155
表 6-2	互联网所有制中三大主体经济主权的内在规定性	156
表 6-3	BAT 2009—2013 年净利润率情况	171
表 7-1	互联网金融创新型理财产品的货币市场基金属性	203
表 7-2	多次证券化的信用扩张总额	207
表 8-1	三类价值板块的基本特性	235
表 8-2	互联网思维与工业经济时代思维的差别	245
表 9-1	2013 年以来的问题平台数据统计	260
表 9-2	知识的四种分类	268
表 10-1	相关诚信危机事件	278
图 1-1	阿里巴巴迈入互联网经济的路线图	13
图 1-2	"＋互联网"的运行模式	14
图 1-3	"互联网＋"的运行模式	16
图 1-4	998—2015 年中国网民数量与增长率	21
图 1-5	2010—2015 年中国移动互联网网民数量与增长率	22
图 1-6	阿里巴巴活跃用户及同比增长	23
图 2-1	Web 3.0 时代的交互信息	57
图 2-2	淘宝数码产品卖家的特征分布	67
图 2-3	最近 30 天电视采购客情况	70
图 3-1	网络漏斗定律	75
图 3-2	长尾效应图	77
图 3-3	交互信息"质量—数量"组合的国家分类	90
图 3-4	双重效应逻辑	92
图 4-1	互联网经济的多边市场	100
图 5-1	线上经济和线下经济质量都不高时的用户流失	125

图 5-2	双优模式 a	129
图 5-3	双优模式 b	129
图 5-4	双差模式 a	130
图 5-5	双差模式 b	130
图 5-6	线下优线上差模式	131
图 5-7	线上优线下差模式	131
图 5-8	主要国家互联网经济占 GDP 比例(％)	134
图 5-9	互联网星球图	135
图 5-10	2005 年 1 季度到 2014 年 2 季度美国线上零售业收入占零售总收入比例	137
图 6-1	互联网所有制两权(公权与私权)的主体构成	155
图 6-2	互联网经济扩张链条中的平台商与电商的现实矛盾	169
图 7-1	互联网金融对传统银行货币创造的影响途径	198
图 7-2	互联网金融体系的理论融资模式	205
图 7-3	互联网金融体系的信贷链条	205
图 7-4	东证资管—阿里巴巴 1 号专项资产管理计划交易结构	207
图 8-1	传统产业定义缺陷的示意	226
图 8-2	互联网经济中现代服务业四层立体架构	233
图 8-3	互联网经济下现代服务业的新微笑曲线	234
图 8-4	2014 年 10 月中国汽车资讯服务人均单页有效浏览时间	238
图 8-5	现代服务业的内容谱系	239
图 8-6	传统旅游业产业体系的企业构成	239
图 8-7	以旅游业线上化为案例的现代产业体系特征	240
图 9-1	互联网经济伦理架构的钻石模型	269

引 论

正如市场经济不是天生给定的一样,互联网经济也不能事先给定其天然存在。尽管有人把互联网经济看作是互联网技术的必然产物,但2001年的互联网泡沫却让人记忆犹新。经历了那次危机之后,许多人在失败中明白了一个道理,即好的技术未必成就优秀的企业,更未必内生出更为高效的经济发展模式。在过去的二十年里,马云专心哺育、谋划、推动阿里巴巴的发展轨迹昭示了互联网经济成长的艰辛,也因此向人们界定了一个互联网经济形态的雏形。

从起点上看,中国的互联网应用晚于发达国家。美国是全球最早开启互联网与经济发展对接的国家。早在20世纪90年代美国政府就开启了信息高速公路的建设,并致力于互联网技术在产业发展领域的渗透。中国大规模运用互联网则是从2000年之后,当时较早开展互联网商业经营的企业家们都面临着两个瓶颈的桎梏:一是线下配送,即物流;二是网上支付,即第三方信用。今天看来,这两个所谓的瓶颈都不再是什么难题,但其背后涉及的体制突破和创新变革的力量却是难以想像的。正是有了这样的突破,互联网经济才可以成为一支与实体经济并行存在的经济形态,它独特的运行特征也内在地规定了互联网经济模式的内涵。

从业界对互联网经济的研究来看,我们要澄清两种认识误区:

一是把互联网经济等同于经济信息化发展。虽然经济信息化和互联网经济具有一些相似之处,如信息要素开始超越有形要素成为一个最为重要的稀缺资源,经济增长也自此更多依赖于信息资源的传递等。但说到底,经济信息化是把基于互联网硬件和软件的组合作为获取、优化信息进而对自身服务的一种手段,重点是政府政务和企业经营。在经济信息化背景下,经济主体获取信息的方式是以个体主动建设的方式实现的,达成的结果也是自己独享信息提升效率的好处。与此不同,在互联网经济中,我们强调的是交互信息,它是用户线上经济活动后无需主动甚至是无意识留下的人与人、人与机的交互数据。这些(大)数据是供求无缝对接的信息,为所有用户共享,并带来所有经济主体效率的共同增进。所以,将经济信息化等同于互联网经济,或者把互联网经济时代看作是经济信息化时代,是极其谬误的,某种程度上低估甚至无视了互联网经济发展的意义。

二是把互联网经济等同于依托互联网的商业模式创新。在一个创新为王的时代,商业模式是人人皆知却难以精确定义的专业术语。根据哈佛商学院教授克莱顿·克里斯滕森的观点:商业模式就是如何创造和传递客户价值和公司价值的系统。其核心要素包括客户价值主张、盈利模式、关键资源和关键流程四个内容。相对而言,理论上的经济模式特指经济运行的方式、规则和规律的总和。必须看到,把互联网经济等同于商业模式创新,注重的是商业操作、盈利方式在互联网条件下的商业技巧变化,属于营销学和管理学的范畴。因此,只有把互联网经济看成一种特殊的经济模式,才能够发现互联网经济与传统经济(线下经济)在经济运行方面(如运行方式、关键变量、传导机制、经济规则、政策重点等)的根本差异,也才能够将线上经济与线下经济有机融合,制定出线上线下共荣共享发展的战略决策。

实践中,中国的互联网经济正经历着膨胀式发展。2015年中国网民数量已经达到了6.88亿,中国零售平台上的年度活跃买家达4.07亿户,网络购物用户则超过4.13亿,移动月度活跃用户亦进一步增至3.93亿户。放眼世界,中国是紧紧排在美国之后的互联网经济大国。但不可否认的是,互联网经济的发展质量与用户基数的规模、交易的活跃程度并不具有显著正相关关系。

互联网经济最终的归途是大规模地形成具有可应用、可决策的高质交互信息,但中国却在这方面还有很大的差距。一方面急功近利的谋求利益动机,让许多人只是看到了互联网是一种盈利的工具,却看不到今天的盈利不能通过非诚信的行为透支未来盈利为代价。于是,各种打着互联网经济旗号的创新大行其道,诸如类传销、虚假宣传、伪评价,甚至是资本绑架(如广告点击)等屡见不鲜。尽管这些"创新"吸引了一大批投身于互联网事业的用户,但看似红火的中国互联网经济正在蒙上一层阴郁的面纱。因为,低质或者不足以信任的交互信息无论在数量上有多大,都将以毁灭人们对互联网经济的信心为最终结果。信心没有了,何来盈利,又何来发展。另一方面,互联网经济在中国还是一个新生事物,过度正面的宣传只是让人们认识到互联网经济高效率、优体验的一面,却忽视了互联网经济也是一个失败率和淘汰率极高的经济模式,例如淘宝网商家赚钱的只有3%至10%。根据前人研究和笔者观测,中国的互联网经济线上成本并不比线下低很多,线上的电商依旧要承受巨大的成本开支。正如有学者研究指出的那样,我国电子商务在企业中只节省11.61%的交易费用,而国际理论界通常认为可以节省76.59%的交易成本。在广告成本方面,电商的广告和流量的成本为4%,而线下实体店的广告营销成本约为1.5%;在人工成本上,线上成本为4.5%,线下成本约为3.5%;但与线下相比,线上交易中从生产者到消费者的中间链条环节被大大缩短,参与分配的人数减少了,因此,最终价格就有了更高的弹性。从这个意义上分析,中国的互联网经济更趋向于拉大分配结构,那些垄断搜索引擎、平台空间的巨头商家,获取的利润回报比成千上万家正在创业的电商的利润总和还要多。这种被标榜的共享经济,只是把共享作为积攒流量的手段,流量达到一定规模势必形成赢者通吃的结果。所以,共享的"因"并不一定能够创造出共享的"果"。

凡此种种,既暴露出利用互联网噱头大肆牟利的畸形现实,也表现出中国互联网经济正处于从混乱无序向正规有序的转型阶段。纵观全球主要发达国家,也许美国的互联网经济发展速度没有中国快,日本的互联网经济甚至正处于停滞阶段,但若以交互信息质量作为衡量互联网经济发展潜力的标准,中国无疑处于第三梯队。这与中国互联网经济膨胀发展的格局形成巨大反差。从诱因上说,线下经济的成熟水平、国民的诚信态度、体制的顺应能力等都是影响互联网经济发展水平的关键因素。这也说明,没有良好的线下经济生态,仅仅依靠技术更新就能够塑造出良好的互联网经济生态,只是一种臆想。要切实加速推动中国走向互联网经济强国,不能故步自封于做大人数规模,线上经济之外的社会力量乃至政府力量都需要及时跟进。但后者恰恰是需要耐住性子做出长远的规划和考量。

毋庸置疑,我们必须看到,"互联网+"的智能化不仅提高了以自雇用为特征的人类自由选择的可能,也为信息时代社会主义的新发展带来了机遇。因此,我们不能因为互联网经济的固有缺陷和负面影响而否定它存在的积极意义,并因此阻挡互联网经济的发展趋势。我们要看到"马云们"作为中国互联网经济"领头羊"的创新之处,弄清楚互联网经济的基本运行规律,进而根植中国国情在战略设计、政策支持等方面给予严格的制度管理,切忌等到发生了问题后采取"一刀切"的非理性做法。只有这样,中国的互联网经济才有前途,中国利用互联网经济实现经济腾飞的目标才有望实现!

第一章

马云现象的启示

在过去的15年,中国互联网经济的发展超出了全世界人民的想像,其中自然有太多的中国特色,但这丝毫不妨碍它给予全世界互联网经济的样本与案例意义。当然,历史的成功并不代表未来成功的必然,关怀当下乃是为了更好地指导未来,理论升华实在是为了实践发展,而关心个人成长则是为了国家命运。因此,笔者对马云现象的研究,无意探究马云个人是如何走向商业巅峰的,也不是揭示互联网对传统商业模式是如何进行改造的,而是基于互联网的服务创新对传统经济运行方式、运行机理和经济规则重新改造乃至撼动和颠覆的现象。对这种现象的升华思考,是"互联网+"的经济学延伸解读,也是以大数据、云计算、平台、移动为基础特征的数据时代经济学理论构思。

第一节　阿里巴巴发展史:跬步至千里

"不积跬步,无以至千里;不积小流,无以成江海。"阿里巴巴的发展史便是从单一的电子商务平台逐渐发展到愈加完整的互联网经济生态圈。按照公司发展战略转变划分,阿里巴巴的发展大致可以分为四个阶段：萌芽初创期(1995—1999年)、子业务发展期(1999—2007年)、战略方向调整期(2008—2013年)、阿里巴巴生态高速发展期(2013年至目前)。

一、萌芽初创期：1995—1999年

1994年，随着 Mosaic 浏览器及 World Wide Web 的出现，互联网开始走进大众的视野。由于创办海博翻译社的缘故，马云很早接触到互联网。当时，出于对互联网商机的敏锐嗅觉和对新生事物尝试的热情，他开始第一次互联网创业。1995年5月中国黄页应运而生，它的主要功能是为中国公司提供一个在线的英文目录，功能基本类似于后来的阿里巴巴，一定程度上为中国企业的外贸拓展提供了快捷的双边平台。1998年的中国，网民数仅为280万人[①]，虽然互联网潜在市场商机巨大，但新型电子商务模式仍然是陌生事物，并未被广大企业接受。后来杭州电信公司投资，马云失去话语权，第一次互联网创业无疾而终。但这次失败的经验对于后来公司发展还是带来了积极影响：一是开发中国黄页的初衷没有错，开发互联网平台也必然成为趋势，二是互联网经济在国内市场尤其是国际贸易中将发挥重要作用，要做电子商务必须立足全球。

表1-1 阿里巴巴萌芽初创期的重要事件

时间	事件	结果	影响
1995年5月	中国黄页	失败	确立方向和理念
1997年12月	外经贸商务信息中心	放弃	确立理念重整团队
1999年1月	阿里巴巴初创	无法盈利	新商业模式开始

资料来源：作者根据相关资料整理。

[①] 1996年1月中国公用计算机互联网 CHINANET 全国骨干网建成并正式开通。

1997年12月,马云受邀加入中国国际电子商务中心(EDI),担任信息部总经理。虽然不是自己创业,但他是团队重要成员,探索的方向也是互联网电子商务模式。这也是后来网上广交会、网上中国商品交易市场、网上中国技术出口贸易会和中国外贸等一系列电子商务平台诞生的基础。然而,当时的外经贸部领导坚持认为电子商务平台应当服务于大型国有企业,这与马云团队的理念产生了分歧。在决策话语权缺失的条件下,马云团队选择放弃。通过这段经历,未来阿里巴巴的雏形初现:一是阿里巴巴应当运用互联网开发电子商务平台,在 EDI 的成功也证明了这种平台具有即时信息交互的优势,可以克服空间、时间障碍;二是立足中国国情,阿里巴巴应当把服务重点定在中国的中小企业。

1999年,网络热潮席卷了整个华尔街,互联网企业中电子商务显得鹤立鸡群,除了 eBay 和亚马逊这样的消费者市场外,诸如 VerticalNet、Ariba、Commerce One 这样的 B2B 商务市场也迅速发展。中国的网民在这一年也经历了324%的高速增长,国内互联网的快速发展促使马云和他的团队离开 EDI 后开始第二次创业尝试。基于先前的失败经验,其团队终于建成阿里巴巴这个 B2B 互联网服务模式,取名"阿里巴巴"寓意希望国际贸易能向"芝麻"般的中小企业"开门"。

从那时起,互联网开始迸发出颠覆线下进出口贸易方式的特点,把全世界的用户吸引到互联网上,用高速的互联网形成电子订单,中小企业市场地位上的劣势在阿里巴巴获得了弥补。

二、子业务发展期:1999—2007年

2000年硅谷互联网泡沫破灭,但阿里巴巴凭借先前的两笔成功融资,顺利度过寒冬。需要注意的是,即使发生了美国互联网危机,中国的互联网交易依然迅猛发展,在 2000 年和 2001 年分别保持了

高达135%和50%的增长速度。中国互联网的快速发展,为阿里巴巴今后的盈利提供了支撑。这一时期最重要的事件当属支付宝的建设。众所周知,中国缺乏有效的、可测度的诚信体系[①],也正是因此,阿里巴巴的诚信通和支付宝业务才有了生长空间,它以公司权威担保为基础,以消费便利为引力,实现了诚信通和支付宝的迅速发展。事实上,这两项业务也为后来的互联网金融提供了很好的数据沉淀和基础准备。

表1-2 阿里巴巴子业务发展期的重要事件

时间	事件	结果	影响
1999年10月—2000年1月	高盛和软银相继投资	顺利度过互联网寒冬	互联网泡沫破灭阶段存活
2000年10月	中国供应商诚信通	找到盈利的模式	大数据诚信体系萌芽
2003年5月	C2C网站淘宝网成立	中国特色的商务模式成功	阿里巴巴生态系统萌芽
2003年10月	支付宝成立	中国特色的支付平台取得成功	互联网金融萌芽 阿里巴巴生态基础形成
2005年8月	接手雅虎中国	未发挥协同效应	为后来并购提供了经验
2007年4月	阿里巴巴集团研究院成立	具备战略洞察力的新商业文明研究机构	基于数据支撑为政策制定提供有效数据来源
2007年11月	B2B上市	港股"新股王"	发展进入新阶段

资料来源:作者根据相关资料整理。

在此期间,易趣网中国在C2C市场具有先发优势,但被美国

[①] 信用卡于1915年起源于美国,经过近百年的发展,美国的诚信体系已相对完善。不同于美国成熟的信用体系,中国1985年才诞生第一张信用卡,国家的信用体系极度不完善。直至目前,信用卡的不诚信行为亦屡见报端。

eBay 收购后,95% 以上的市场尽归 eBay。要注意的是,C2C 和 B2B 之间没有显著的技术壁垒和市场分割条件,eBay 在 C2C 市场的快速发展自然会冲击到阿里巴巴的 B2B。在这种情况下,淘宝网在借鉴 eBay 发展经验的基础上,开发出了符合中国供应商需求的电子商务模式,例如,买家卖家沟通交流议价体系,卖买互评体系,偏向于保护买方的支付担保体系等,这些创新客观上重新定义了以价格为中心的传统经济学供求关系。特别是淘宝网成立的淘宝商城(天猫商城),从 C2C 变成了 B2C,企业和消费者直接挂钩,生产销售购买的一体化特征越加明显。也正是因此,过去那种忽视市场需求的企业分散性供给的模式得到彻底改变,面向消费者需求的定制生产以及先收费后定制生产的 C2B 模式应运而生。

到了 2005 年,一是为了回应 eBay 收购[1],二是为了企业自身发展,阿里巴巴接受了雅虎 10 亿美元的投资。今天看来,阿里巴巴接手雅虎中国是希望发挥互联网产业集群的协同效应,使搜索引擎和电子商务叠加强化"1+1>2"的效果。但由于对搜索业务的不了解以及方针政策的失误[2],致使其错失了这一次巨大的机会。

---

[1] eBay 从 2004 年年底开始接触阿里巴巴并明确表示有收购意愿,但由于 eBay 最初报价过低,当时未能达成统一。双方而后的一系列博弈中,阿里巴巴的议价砝码在持续增加,收购事项一直未能落地。同时,马云认为 eBay 买下中国市场只是为了取悦华尔街,并没有分享发展电子商务如何促进中国经济发展。为了让部分风险投资者从阿里巴巴顺利退出,并避免被 eBay 收购的尴尬境地,阿里巴巴火速与雅虎"联姻"(详见[美]波特·埃里斯曼:《阿里传:这是阿里巴巴的世界》,中信出版社 2015 年版)。

[2] 阿里巴巴收购雅虎中国后,先是提出了"雅虎就是搜索,搜索就是雅虎"的口号,将雅虎中国这一门户网站改成了形式单一的搜索页面。这一行为让雅虎原先在门户网站上的领先优势一点点被蚕食。在认识到错误后,2006 年阿里巴巴又提出了"重拾门户",推出"社区化+个性化"的搜索组合,社区化搜索和个人搜索分开,这使得搜索引擎的用户体验较差。再后来,阿里巴巴又将雅虎中国的搜索权重进行调整,更多的倾向企业和商业网站,放弃了大量的学生群体,导致搜索引擎功能性弱化,成了专为阿里巴巴服务的工具。这一系列错误最终导致了协同效应未能很好地实现。

三、战略方向调整期：2007—2013年

阿里巴巴港股上市后，无论是B2B、C2C还是B2C，都已经在中国获得了绝对的领先地位。此时，仅仅从电子商务角度来说，阿里巴巴的发展已经达到了巅峰，接下来似乎只能依靠经济发展、互联网普及率深化，以及消费观念革新才可以获得进一步提升。显然，阿里巴巴要想突破作为电子商务公司的天花板，就必须寻找另外的互联网经济热点，或者创造新的互联网经济发展方向。

随着塞班系统的到来，2007年前后的诺基亚获得了前所未有的成功。2008年第一款安卓手机诞生。中国的智能手机市场也于2008—2009年起步发展。2010年划时代意义的iPhone 4诞生。封闭式的IOS系统和塞班系统对于手机平台的控制力极高；开源的安卓系统，由于各个手机厂商的优化差异巨大，用户的平台黏性巨大。另外，基于诚信通、支付宝及消费者购买习惯等的大数据沉淀也初具规模，因而阿里巴巴提前布局大数据，建立了阿里云计算。阿里巴巴的平台和数据优势初步显现。

表1-3　阿里巴巴战略方向调整期的重要事件

时间	事件	结果	影响
2009年9月	子公司"阿里云计算"成立	云计算服务超前布局，手机生态系统布局展开	阿里巴巴的数据和平台优势凸显
2009年11月	人造中国特色的"双十一"购物节	用户需求主导的企业后端生产成为趋势	C2B模式到来，为O2O提供先例
2010年6月	支付宝内资化、VIE事件、拆支付宝	支付宝获得第三方牌照，业务范围不断扩大，盈利能力强	由于未遵循契约精神，企业的诚信和道德遭受质疑

(续表)

时间	事件	结果	影响
2011年2月	内部自查,大力反腐	诚信通业务模式中出现的寻租现象遭到严肃的治理	企业的诚信体系获得保存,为以后互联网金融的发展保留窗口
2012年7月—2013年1月	业务细化拆分	一拆三,三拆七,七拆二十五	阿里巴巴生态链初步形成

资料来源:作者根据相关资料整理。

从2009年"双十一"的5 200万元销售额,到2015年912.17亿元的销售额,"双十一"人造购物节无疑是成功的。中国线下实体商业规模只是美国的1/4,而中国互联网用户却远远高于美国,因此,不发达的线下经济在抑制实体企业成长的同时,却因为互联网的快速成长催育出线上经济的强大活力。当然,也不能排除线下企业线上化的目的是为了多渠道消解库存,并因此可能带来了更大的产能过剩,但互联网经济对优化信息、降低成本、增强客户体验等方面带来的作用却实为主流。

四、阿里巴巴生态高速发展期:2013年至目前

随着阿里云计算的成立,基于大数据的产品便逐步形成。依据阿里云提供的数据基础,"菜鸟物流""蚂蚁金服"相继成立。依托于菜鸟物流提供的物流、蚂蚁金服提供的现金流、阿里云提供的数据流、电子商务提供的商品流,互联网经济的体系初步形成。同时,2013年以后的移动互联网市场已经具备相当大的规模,移动互联网具有典型的设备易携带、设备成本低、学习成本低等特点,极其适于O2O的场景中,移动智能设备例如智能手机也很快被大众所接受。随着大数据的发展,诸如快的、口碑网、邵逸夫远程医疗平台等涉及

O2O的多产业平台迅速涌现。比如,借助菜鸟物流提供的各项服务和标准,外包物流公司协同作用和能力获得充分提高,商品可以更加便捷地到达消费者手中。随着蚂蚁金服的发展,依托于大数据的用户信用更加直观,借贷体系更加健全,风险可控能力增强。很明显,随着物流、现金流和信息流的融合,阿里巴巴进入了一个全新的高速发展期,也几乎涉及所有传统产业,此时阿里巴巴已经不再是电子商务企业,也不仅仅是一个平台集成者,而是一个互联网经济生态圈的缔造者和引领者。

表1-4 阿里巴巴生态高速发展期的重要事件

时间	事件	结果	影响
2013年5月	布局"菜鸟物流"	协同线上线下的立体结构初步形成	人流、资金流、信息流而后的物流的全面介入
2013年6月	"余额宝"诞生	互联网金融初步形成	对传统金融行业产生冲击,为蚂蚁金服的成立创造了条件
2014年10月	蚂蚁金服成立	互联网金融体系成立	基于大数据的运用开始,产业融合明显
2016年3月	菜鸟网络引入新的战略投资者	菜鸟物流开始国际布局	基于大数据云计算的物流管理体系初具规模

资料来源:作者根据相关资料整理。

第二节 路线图与经济运行谱系

通过了解阿里巴巴的发展史,我们感受到了马云是如何步步为营、稳扎稳打地创立"互联网经济帝国"。作为中国互联网经济的代表人物,马云的创业轨迹是否蕴含了某种经济规律,产业进入次序的转换有着怎样的宏观意义,这些问题值得我们深入思考。

从 1999 年 B2B 阿里巴巴网站成立到整个集团赴美上市,马云在互联网经济浪潮中越走越远,对传统经济的影响也越来越深。如果按照时间链条和互联网经济形态来归纳,阿里巴巴迈入互联网经济的路线与特征如图 1-1 所示。

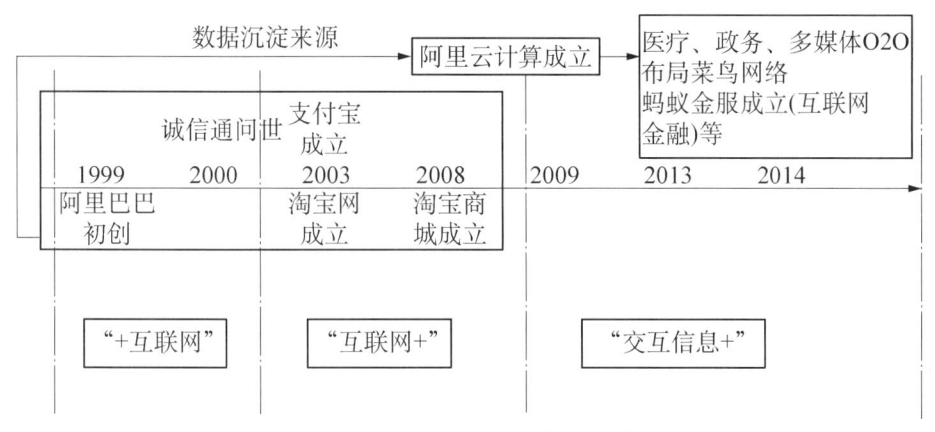

```
        数据沉淀来源        阿里云计算成立    医疗、政务、多媒体O2O
                                            布局菜鸟网络
              诚信通问世  支付宝                蚂蚁金服成立(互联网
                        成立                  金融)等
        1999    2000    2003    2008    2009    2013    2014
        阿里巴巴          淘宝网  淘宝商
        初创              成立    城成立

         "+互联网"        "互联网+"         "交互信息+"
```

图 1-1　阿里巴巴迈入互联网经济的路线

与阿里巴巴发展线路图不同,产业发展谱系不能简单地以时间形式呈现。产业内容的变化,线上线下经济的融合在时间上也许存在交叉,但逻辑上依旧存在先后次序。立足图 1-1 的路线并结合宏观经济,笔者认为,我国互联网经济形态经历了三个阶段的变化。一是线下经济线上化,这即是图中显示的"+互联网"阶段,其本质是产业业态载体的转换。因为有了互联网的技术支持,原本线下交易的商品可以同步搬到线上,商品交易与展示的空间被扩展。二是线上经济线下化,也就是"互联网+"发展阶段,核心内容是产业业态创新和单体产业数据化的过程。比如,线下产业通过搜集、整理、分析线上交互信息,优化并改变线下产品功能,或者创造出新的产业业态等。三是线上线下经济一体化,表现为"交互信息+"的特征,其核心要义乃是以数据为核心构建产业生态圈的过程。此时,产业业态已经不是重点,数据成为所有产业价值构成的几乎全部内容。

一、"＋互联网"：线下经济线上化与产业业态载体转换

依前所述，初创时的阿里巴巴缺乏今天看来极其重要的两个关键要素：一是支付手段，二是物流服务。其实，作为技术手段，互联网在最初时只是提供了买卖双方聚集和交易的新场所，卖者在线展示商品，买者在线选择商品，最终的支付和物流都是线下交流磋商完成的。这就犹如市场的功能那样，它只不过是一个中介平台，而且那时的电子商务重点在于撮合以卖方为主导的交易，是供给引导需求的过程。另外，我们还注意到，由互联网催生的中介平台具有两个显著特点，一方面平台价值随着用户数量增加而提高，这不同于传统经济学的"边际收益递减规律"，另一方面，平台扩张到一定规模时可以内生出具有即时性、海量性、互动性的大数据，其经济价值就是交互信息，可以有效克服传统经济运行中的"信息不对称"问题。由此而言，B2B网站阿里巴巴成立初始只是"＋互联网"阶段，并未产生新的产业，互联网也仅仅只是一个技术工具。

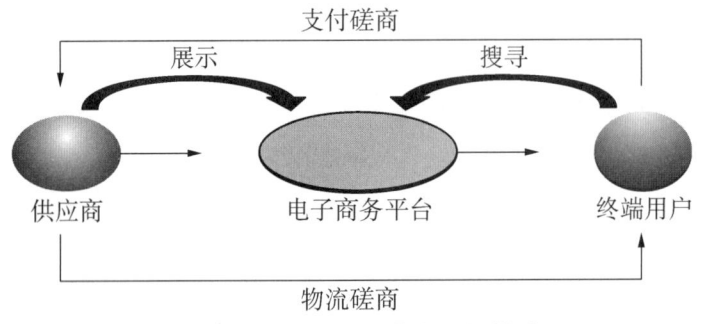

图 1-2 "＋互联网"的运行模式

淘宝网出现后，个人消费者开始加入电子商务平台，线下物流和支付体系无法支撑线上带来的大量小额离散交易；加之商业银行对个人信用评价体系的缺失，以及买卖双方的信任危机的客观存在，支付线上化的要求非常迫切，最终产生了独立于银行体系之外的第三

方交易方式。另外,碎片化的离散购买产生了巨量的快递业务,在淘宝尚不具备自建物流体系的条件下,EMS 的高昂成本难以支撑支持线上交易的继续发展。这种情况下,互联网交易需要突破自我束缚的障碍,致使物流行业外包并打破了中国邮政的垄断势力,基于互联网第三方支付的出现撼动了银行的统治地位,所有这些创新为后来互联网经济的发展提供了基础条件,"+互联网"成为自我的"掘墓人",内生地孕育出"互联网+"。

二、"互联网+":线上经济线下化与单体产业数据化

"互联网+"是对"+互联网"的功能拓展与超越。根据《互联网+:跨界与融合》一书的定义,"互联网+"即是"构建互联网组织,创造性地使用互联网工具,以推动企业和产业进行更有效的商务活动"。笔者认为"互联网+"是线下个体产业利用互联网交互信息,创新产业新业态、改造和完善线下经济活动的过程,因此,突出表现为产业业态的创新和单体产业的数据深化。

不同于"+互联网"的影响,"互联网+"拥有改变经济形态的两大机制。一是交互信息的驱动机制。源自互联网交易集结而成的大数据沉淀,形式上是结构的或非结构的数据,内容上却是交互信息,可以为供求关系的改善提供决策和努力方向。尤其是线下产业利用这些交互信息,能够优化自身资源配置,有助于特定产业的效率提升。例如,天猫商城的预付费或者京东的众筹模式,都是基于以往大数据的决策,以交互信息为驱动力,个体企业再依此做出生产决策,实现了库存压力和现金流压力的双缓解,从而带来了用户福利的增进。二是交互信息的创造机制。在大数据的引导下,一批新的产业业态从无到有应运而生。例如,互联网智能设备(小米手机、阿里云手机、魅族手机等)依托大数据的支撑,利用交互信息创造出新的产品内容,并将生产制造外包给线下。很明显,"互联网+"就是线上交

互信息促使传统产业数据化以及催生新产业业态的过程,具有信息改变和创造供求内容与关系的特征。

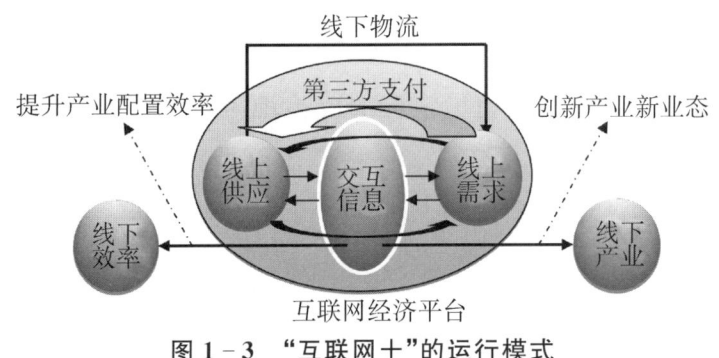

图 1-3 "互联网+"的运行模式

三、"交互信息+":线下线上一体化与互联网经济生态圈

计算机技术的发展与创新和多年来基于诚信评价形成的大规模交互信息沉淀,不仅能够应对数据爆炸时代的挑战,还能够创造出巨大的经济价值。例如,"互联网+"的线上交易催生的供求者交互信息,通过技术手段可以更好地推断用户需求、习惯、能力和信用等。这里要注意的是,在"互联网+"的阶段里,能够使用交互信息改善经济活动的线下产业往往也是线上经济活动的用户,因此,交互信息的使用范围有限。在更为宽阔的视野里,交互信息可以惠及那些难以直接上线的经济主体。例如,第三方支付汇集的交互信息发展出来互联网金融,从而惠及所有线下经济主体;再如,表征为人机信息交换的智能手环传感器,利用其对用户心率、睡眠、汗液以及皮肤组织等的检测,汇集成扎实可靠的交互信息,再结合互联网对大数据的整理、分析和传输,线下日常护理、健康保护、医疗卫生等均可以从中获益。很明显,与"互联网+"比较,在"交互信息+"阶段中的交互信息虽然还是经济活动的驱动手段,但这时的交互信息已经成为线下线

上经济活动的共同"黏合剂",是链接所有产业的基础元素,而不再是某些特定产业独自使用的工具。从这个意义上说,"交互信息＋"就是马云一直强调的 DT 时代。在这个时代里,不断涌现出种类广泛、数量庞大、产生和更新速度加剧的大数据,它们在本质上就是交互信息,蕴含着前所未有的经济价值,也被人们评论为"新的石油"、"类似货币或黄金的新型经济资产"。

不可否认,传统产业和互联网结合造就了"互联网＋"的迅速发展,越来越多的产业加入到互联网经济浪潮中,产业融合发展趋势明显,时间、空间和信息不对称的问题越来越不重要,资源配置效率也越来越高。如果说"互联网＋"聚焦的是产业个体新业态,那么,"交互信息＋"重点关注产业总体的变化,是互联网经济生态圈的表现。此时,无论是从产业内涵或者价值构成来看,交互信息都成为已有所有产业的核心要素,"交互信息＋"将会促进所有产业的螺旋式发展。因此,"交互信息＋"的作用包括两个方面内容:一是促进线下产业的数据深化,例如,金融信征体系的重构、医疗诊断的再塑、教育模式的创新;二是供求关系的融合,由以前基于价格参照系的竞争对立转换到基于交互信息的数据共生、共享、共创,供求一体化成为必然结果。

在"交互信息＋"的时代里,线下产业因为交互信息而模糊了产业边界,重构了产业的价值内容。具体来讲,通过对用户线上交互信息的处理与推断,征信体系的建立帮助金融业打通了线下线上的界限,用户偏好痕迹的捕捉实现了线下线上商业的串联,供应商即时供应订单的归纳改变了制造产业的生产计划,个人生理数据与个性问题的跟踪诞生了医疗、教育的革新,等等。还须看到,仅仅从对线下产业的作用来说,"互联网＋"与"交互信息＋"也许并无本质区分,前者聚焦交互信息对个体产业的影响,后者则关注交互信息对所有产业的作用。但从价值构成上说,"交互信息＋"带来了巨大变化。这是因为,"互联网＋"时代里,只有部分产业可以使用交互信息,因此,使用交互信息的产业被命名为现代产业,其价值创造能力较高,但不是源于产业业态能力的高低,而是交互信息新创的价值。在"交互信息+"的时代里,所有产业都将与交互信息挂钩。此时,产业已经不能再区分现代与传统的差异,一切产业的最大价值增值都是来自于交互信息,产业业态的纵向差别转换为理论上的横向对等关系。更为重要的是,在经济形态的表现上,"+互联网"阶段仅仅体现为互联网虚拟空间的交易平台;在"互联网+"的阶段,则以单一功能导向的互联网平台经济为主导形态。进一步探究,到了"交互信息+"的阶段,能源、交通、信息三网深度合一后的物联网平台被塑造起来,此时,不仅可以让所有人创造价值,也可以在所有人生产的过程中帮助自己管理能源、交通和所有的成本。

总而言之,"+互联网"是线下经济线上化的过程,属于产业业态表现载体的转换;"互联网+"的线上经济线下化的过程,核心是线下产业运用交互信息提升生产和交易效率的阶段;线上线下经济一体化,表现为"交互信息+"的特征,其核心要义乃是以数据为核心构建产业生态圈的过程。此时,产业业态已经不是重点,数据成为所有产业价值构成的几乎全部内容。综合来看,我们可以列出表1-5以展示三个阶段的经济运行谱系特征与差异。

表1-5 "+互联网"、"互联网+"、"交互信息+"的经济运行谱系特征

	"+互联网"	"互联网+"	"交互信息+"
运行特征	线下经济线上化	线上经济线下化	线上线下经济一体化
作用内涵	线上信息发布撮合线下交易	线上完成交易、沉淀交互信息引导线下生产	交互信息黏结线上线下经济活动
先导产业	批发、零售	消费资料产业、服务业	所有产业
产业形态	产业分割	产业叠加	数据叠加

(续表)

	"＋互联网"	"互联网＋"	"交互信息＋"
产业关系	纵向等级	纵向业态等级＋横向叠加对等	横向对等
价值构成	1＋2＋3	(1＋2＋3)×2	(1＋2＋3)×(1＋2＋3)
形态阐释	互联网虚拟空间的交易平台	单一功能导向的互联网平台经济	能源、交通、信息三网深度合一后的物联网平台

资料来源：作者根据相关资料整理。

第三节　马云的成功原因：中国经验论

从现象到本质，是一个识别问题的飞跃过程。正如本章对马云现象的思考一样，我们虽然重视马云的成功，但更看重马云成功背后的中国元素，那种将马云在中国互联网经济浪潮中的成功简单归结为马云个人的创新精神和个人魅力，是有失偏颇的。作为伟大中国经济转型中的互联网经济标杆人物，我们必须立足于中国转型经济体制这一下特有的"时势"，探究其是如何造就出"英雄"。

一、信用就是商机：国家信用体系的不完善

从最初以物易物的交易，到金银固定充当一般等价物，再到由国家信用背书的货币乃至纸币的产生，完成了最初的等价交换到现代国家信用的产生，信用让经济发展更具有效率，信用经济的意义变得越来越重要。实践中，企业间的赊销、社会上闲置资金的利用、交易过程中的杠杆、银行的信贷等，都是运用信用的表现。显然，信用的合理利用，必然会让市场经济越来越有效率。

与西方发达国家不同，中国是在经济体制变革后才逐渐形成了

市场经济体制,从那时起,信用体系建设的呼声就越来越迫切。从实际进程上看,2000年年底中国政府宣布初步建立起社会主义市场经济,但信用制度建设试点却是在2001年才刚刚开始考虑①。这种中国特色的发展路径,让市场经济在没有信用约束的环境下展开,也就验证了改革开放初期为何会频频出现商业信用问题,如毁约、违约、欺诈等投机倒把行为。更为严重的是,商业银行对企业信用无法度量而不敢向民营和小微企业放贷等。这些早期的信用体系建设的不完善,导致了大量寻租现象的产生。

一旦出现了寻租问题,就会让小微企业的生存与发展变得无比艰难。在此期间,阿里巴巴的"诚信通"建立于2002年,当时国家信用制度试点刚刚开始,买方企业无法确认对方"诚信",卖方企业又急需证明自己的"诚信"。在私权利"法无禁止即可为"的条件下,阿里巴巴利用自己的企业地位对企业给予一定程度的"诚信"证明,这也让阿里巴巴在中国信用制度空地上茁壮成长。

对于个人征信而言,以2000年颁布的《个人存款账户实名制规定》作为起点,为诚信数据库奠定了基础。到2006年,在央行的倡导下,各商业银行才开始参加到个人信用数据库的建设中。伴随着个体、私营经济的蓬勃发展,个人征信体系必须与之对应,但因为国家信用体系建设起步晚、缺乏专项的信用立法以及征信模式不清晰等原因,阿里巴巴在处理私营的C2C交易时,必须以自身企业的权威来支撑这种交易,支付宝就此茁壮成长。

国家信用体制建设的不健全让阿里巴巴必须构建属于企业的诚信体系,这样的一种由"倒逼"形成的先发或是独有的诚信体系,让阿里巴巴迅速获得了市场成功。时至今日,阿里巴巴十几年来积累的海量交易数据反过来又更好地为小微企业乃至个人做出精准的信用

---

① 2001年中国加入WTO,意味着中国已经向全世界开放,对中国经济运行过程中经济主体的信用程度也提出了更多的要求。这时相关部门开始关注社会主体的信用评价。实际上,直到2003年10月底,中国社会信用体系建设试点工作才开始启动。

判断,这种精准判断下的信贷风险具有更高的可控性,国民经济也因此变得更有效率。

近年来,依托于"移动互联网+大数据+云计算"技术,互联网金融已经在小微领域取得了大数据挖掘所带来的征信优势,这正好弥补了国家征信体系建立过程中对小微企业数据采集不足的缺陷。"大数据+"在国家金融部门的信息共享也必然会促进我国征信体系的快速发展。

二、强大的需求支撑:中国用户基数的规模

在互联网经济中,总体人口规模决定了市场潜力。中国是一个拥有近14亿庞大人口基数的国家,即使网民数量占比不高,绝对数量也会很大。因此,这种规模意义上庞大潜在用户基数的客观存在,决定了中国互联网经济必定具有很大的增长空间和发展潜力。

根据图1-4所示,2015年中国网民数量已经达到了6.88亿。

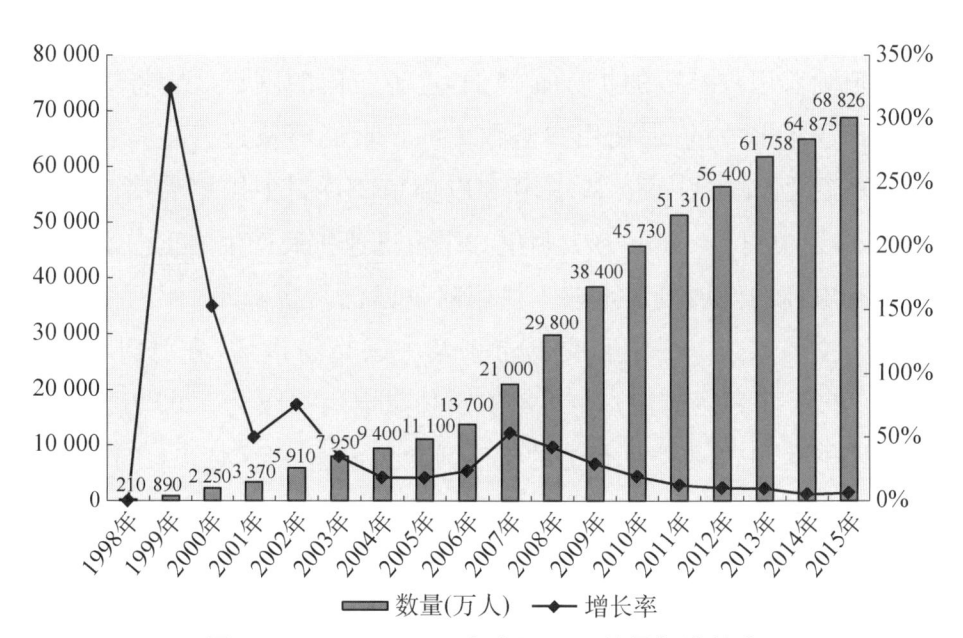

图1-4 1998—2015年中国网民数量与增长率

资料来源:作者根据CNNIC数据整理。

若按国家人口排名看,中国网民将构成世界第三大"国家"(仅次于中国和印度)。这种海量的网民数量让阿里巴巴的发展有了支撑。

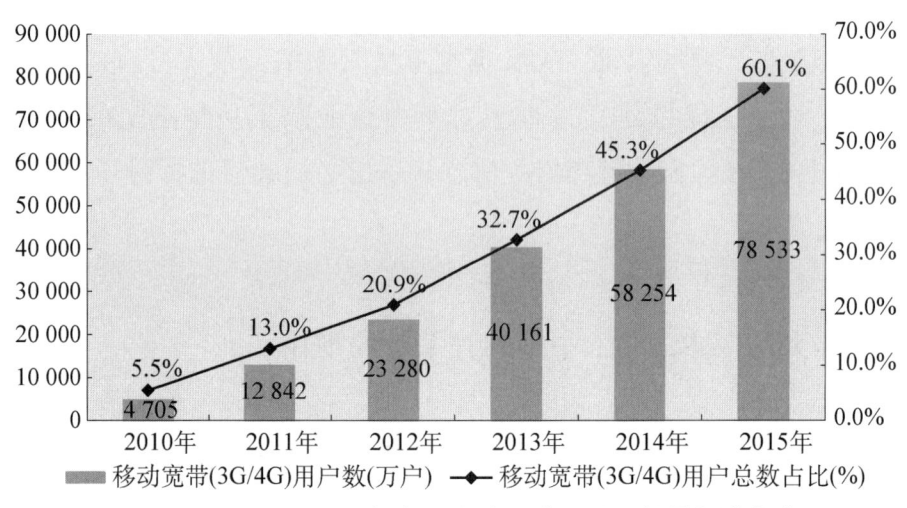

图 1-5　2010—2015 年中国移动互联网网民数量与增长率

资料来源:中华人民共和国工业和信息化部官网。

近年来,移动互联网网民数量也在迅速发展,这更是让互联网企业的市场潜力变得愈加巨大。网络外部性的存在使得平台企业的市场价值随着用户基数的扩大而增加,这种正向的网络效应将进一步产生市场集聚力量,促使用户基数大的平台能够快速占有具有显著优势的行业市场份额。从中国供应商(B2B)到中国消费者(C2C、B2C)再到中国 Prosumer(大阿里),平台迅速扩展产生的正向网络效应使得电商的发展更加迅速。根据阿里巴巴季报,2008 年阿里巴巴的两个交易市场——国际交易市场及中国交易市场,分别拥有 790 万和 3 020 万名注册用户,2008 年 6 月淘宝用户仅为 7 200 万。2015 年第四季度,中国零售平台上的年度活跃买家达 4.07 亿户,中国网络购物用户则超过 4.13 亿,移动月度活跃用户亦进一步增至 3.93 亿户。

事实上,网络的正向效应让具有先发优势的阿里巴巴,无论是在中国供应商还是中国消费者的平台两端，都迅速积累了大量用户基数；反过来，大量的用户基数又推动了大阿里战略的成功实施。中国互联网经济迅速发展产生的用户基数的快速扩张，为阿里巴巴的持续发展提供了保障。由此可见，阿里巴巴的成功是源自于用户基数持续增长的支撑。观察阿里巴巴最新季报，用户基数的增速正在放缓，用户基数高速增长期的策略能否适用增速稳定期，因此需要进一步考量。下一阶段，阿里巴巴乃至整个中国互联网经济的发展战略将从基数的增量阶段转向基数的存量阶段，如何维护好存量用户将会成为新的促进互联网经济发展的重点。

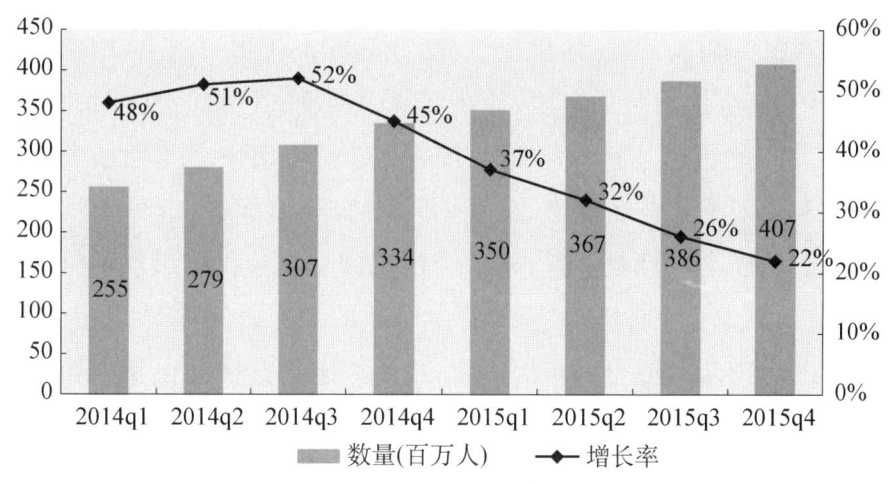

图1-6 阿里巴巴活跃用户及同比增长

资料来源：阿里巴巴季报。

三、精准的目标定位：中小企业和创业者

"以公有制为主体，多种所有制经济共同发展"，是我国现阶段一项基本经济制度。这一制度的确立，是由社会主义性质和初级阶段国情决定的。中小企业是市场经济重要组成部分，可以发挥促进我国经济的快速发展，创造就业机会，实现社会稳定，甚至可以实现技

术创新等作用。

根据《中国中小企业年鉴2014》，规模以上工业中小企业在数量上占绝对优势。2013年中小企业多达34.3万家，占规模以上工业企业的97.3%，主营收入占规模以上工业的60.2%，利润占规模以上工业60.7%，税金占规模以上工业48.9%，进出口交货值占规模以上工业的42.9%。个体私营企业在2013年年底已经达到1 254万户，占全部实有企业数量82.1%，2013年非公有制企业在利润上甚至占规模以上工业企业的72.5%。以上数据都说明了中小企业对于中国经济稳定和持续发展具有重要的战略意义。需要注意的是，中国的市场经济脱胎于计划经济，出现了独特的"庙堂"（国有企业）与"山寨"（民营企业）二元并存现象，而且国有企业越来越大，中小企业虽然对于经济发展意义重要，却在实践中面临着严重的发展危机。

在市场地位上，中小企业处于绝对的弱势地位。同种或类似产品上，相较于国有企业缺乏市场地位，没有规模优势，市场上缺乏议价权，产品成本高且收益低，常常会出现国有企业占据市场的绝对份额以及无数中小企业蚕食剩余细小份额的现象。在差异产品上，由于自有资产有限、融资困难等因素，中小企业无法支付巨额的销售费用，从而造成供求双方信息的严重不对称，甚至出现了生产出的优质产品因为没有销售渠道，或因为高额的销售渠道费而不知何处可销。

在融资方式上，中小企业严重依靠内源性融资和民间借贷，即自有资金或亲友借贷的融资方式，这种方式无异于"饮鸩止渴"，根本无法支持企业的长期发展。原因在于大多中小企业财务制度不健全，发展时间短，风险抵御能力较弱，对于中小企业信用评价体系的不完善，又使得金融机构对于中小企业"惜贷"，从而造成大型国有企业不缺钱却很容易贷款，中小企业急需钱却无处借贷的尴尬处境。2011年阿里巴巴发布的《小企业经营与融资困境调研报告》显示，小企业生存环境十分艰难：一半小企业是通过民间借贷完成融资，真正从银行贷到款的公司只有15%，股市、债市等融资方式由于其较高的门槛使得绝大部分中小企业无缘采用。

阿里巴巴的成功正是得益于这种中国特色的经济现象,一方面其利用互联网平台撮合众多的中小企业线上交易,让销售成本趋于0,并使交易双方信息更加对称,真正做到了"让世上没有难做的生意";另一方面,平台交易产生的大量数据以及诚信通业务积累的诚信数据,可以借助互联网模型用于评估中小企业诚信度,这种基于大数据风控体系的借贷政策使得中小企业实现了新型的外源性融资,且无需提供担保或抵押品。

四、制度红利的输送:体制束缚最薄弱一环

阿里巴巴的成长充满着褒奖和争议,褒奖的理由是它以草根创新的做法对传统经济体制产生的冲击,通过互联网商业模式的再造,催育了互联网经济的繁荣。争议却也不少,主要涉及淘宝网的假货横行,买家偷税漏税,以及对金融监管体制的冲击等。在笔者看来,阿里巴巴之所以能够迅速成长,是传统经济体制束缚潜在需求的结果,阿里巴巴突破的正是那些体制束缚中最薄弱的经济领域。

今天看来,多部门管制恰恰无人管理是这种薄弱环节的最好体现。阿里巴巴的运作流程包含了现金流、信息流、物流、商品流等诸多环节,这在客观上会涉及许多管理部门。据不完全统计,至少涉及"工商管理、税务管理、邮政管理、金融监管"等部门。实践中,各部门权责虽然明确,但在综合管理上却很难协同作业,结果是面对阿里巴巴这种横跨多部门的新商业模式,各部门都需要管却都管不到。另外,由于并无明确的互联网经济法律禁止特定商业行为的规定,在"法不禁止即可为"的相对宽松的环境下,阿里巴巴得以迅速成长。

还要看到,浙江是中国民营经济和中小企业最为发达的地区之一。不同于上海的国企主导和江苏的园区主导模式(都是政府主导型发展模式),浙江是市场主导型发展模式。以江苏为例,地方政府

主导下的工业园区遍地开花,其直接结果是最广大的人民群众只是作为参与者(劳动者)而非创业者(企业家)。在浙江,无论是最初的温州模式,还是后来的台州、义乌模式,凝结在其中的都是千千万万的中小企业和私营业主。在计划经济转向市场经济的过程中,浙江的经济干预程度最小,多为以民间创新、政府引导为主。正是因为这种相对宽松的体制环境,在中小企业最为密集的浙江,阿里巴巴看到了中小企业和私营业主需要的是什么,但要满足这种需要,突破现有体制的创新就势在必行。很显然,浙江赋予了这样的条件,阿里巴巴在杭州的成功也成为了必然。与此类似,深圳也是中国体制限制最为薄弱的地区,因此,小米、华为、腾讯等一批创新型企业诞生于此。

五、要素的支持:低廉的劳动力成本

改革开放 30 多年来,中国经济实现了跨越式发展,究其原因,人口红利是一个绕不开的话题。探究马云成功的中国元素,低廉的劳动力成本仍然是重要之一。

众所周知,刘易斯于 1954 年提出的二元结构理论,简明地阐述了发展中国家存在着农村的传统农业部门和现代工业部门并存的现象,农业存留的大量剩余劳动力随着工业对劳动力需求的不断增加不断向城市迁移,最终农业社会转变为现代社会。中国同样存在着这种典型的二元结构,不同的是,由于户籍制度的限制,农村剩余劳动力在向城市流动并提供廉价劳动力的同时并没有获得城市人口的同等社会和经济地位,其最终归宿仍是农村。这种特殊的制度导致了中国存在着普遍的农民工现象。事实上,在阿里巴巴实现线上产品线下化时,物流快递业的发展与配套至关重要。

虽然在《国务院关于促进快递业发展的若干意见》中,快递业被定位成是现代服务业的重要组成部分,是推动流通方式转型、促进消费升级的现代化先导性产业。但要注意的是,目前的快递业仍旧是

劳动密集型产业,且大多是农民工性质的快递员。快递员在承担繁杂快递配送业务的同时,并没有获得城市人口一样的收入。据新华网报道,快递员送一单包裹只挣一块钱的现象普遍存在。[1] 即使每单收入较低,但海量包裹支持下快递员的月工资并不低[2]。在农村收入低且无职业技能的条件下,这种劳动密集型的快递业吸引了大量农村剩余劳动力的加入,单个包裹的低廉配送费反过来又增强了商户线上发展的决心。在户籍制度和两元结构同时存在的条件下,相对低廉的劳动力成本支撑了快递业的发展,而快递业的发展又支持了互联网经济的快速发展。阿里巴巴的成功与此密切相关。

从今后看,随着户籍制度的松动,人口红利正逐渐消失,劳动力成本低廉的优势也将逐渐消失,中国快递业的发展前景不容乐观。因此,促使劳动密集型的快递业转向技术密集型产业,必将成为互联网经济亟待解决的新课题。目前,无论是阿里巴巴制定的菜鸟物流战略,还是类似京东的自营快递业务,让机械代替手工、让标准代替无序正逐渐成为快递业转型发展新趋势。

六、受压制的潜在需求:线下需求的高度不满足

阿里巴巴为何会成长壮大?这还可以在2015年阿里巴巴电子年报中找到答案,即"中国的基础设施不发达,因而中国消费者并没有和美国消费者的同样的消费机会,美国的人均卖场面积是中国的4倍"[3]。显然,由于基础设施的落后,线下需求无法得到有效满足,而线上具有超越时间和空间限制等特点,阿里巴巴在这样的背景下得以迅速成长。

线下需求包括常规商品需求和特定商品需求。根据2014年阿

---

[1] http://news.xinhuanet.com/yzyd/local/20141031/c_1113057812.htm。
[2] http://news.xinhuanet.com/local/2016-03/07/c_128777919.htm。
[3] http://ar.alibabagroup.com/2015/china-context/index.html。

里巴巴招股说明书,2013年中国人均商品零售面积仅为 0.6 m²/人,而同时期美国为 2.6 m²/人,英国为 1.3 m²/人,日本为 1.3 m²/人,德国为 1.5 m²/人[①]。在中国线下商业发展最发达的上海,根据《上海市商业网点布局规划(2014—2020年)》,到2020年,规划商业设施建筑总量控制在7 000万—7 500万平方米。利用《上海统计年鉴2015》中的常住人口计算,上海人均商业设施面积为2.88—3.09 m²/人,这说明在广大的三四线城市,消费者对于线下需求的不满足程度更高,常规商品的购买途径的缺失必然会导致线下常规需求向线上转移。另一方面,特定商品例如工艺品等由于受众面窄,房租压力大等原因,存在商品供给方无处销售和需求方无处购买的尴尬处境,线下供给和需求无法同时得到满足。从这个意义上说,互联网经济平台具有天生的长尾效应,线下对特定商品的零散需求达到规模化,而生产特定商品的供给方既能克服房租压力,又能准确找到相当规模的买方,从而实现盈利。这种特定商品的需求是线下无法解决的。

由于中国从计划经济转型市场经济,计划引导型生产不复存在,与此同时经济体制的变动导致商品零售业基础设施极度落后。随着经济的快速发展,消费者日益增长的物质文化需求与落后的基础设施的极度不对称,带来了阿里巴巴的成功。当然这种极度的不对称也可以解释为什么中国的互联网经济能够快速发展,进而对欧美等发达国家实现弯道超车。

一个企业能够取得成功是主观能动性和客观现实性的统一。主观能动性作为企业家的才能天赋有很多值得我们去学习的地方;而客观的现实性是我们关注的重点,并不是因为有马云才出现这样的经济环境,而是这样的经济环境培育出了马云。经济环境一直在变,机会却一直存在,只有细致观察存在的足与不足,并以此为契机,充分发挥自己的才能,才能完成个人价值甚至企业价值的实现。

---

① 阿里巴巴招股说明书第6页。

七、廉价信息化普及：中国盗版软件的作用

互联网能够以最简单的方式被人们所接受，很重要的一点是操作系统的便捷性以及成本的低廉性。前者是技术能力，后者则是使用效率。在中国，Windows 操作系统的盗版率是非常高的，前微软CEO 史蒂夫·鲍尔默曾表示，在中国 10 台 Windows 电脑中有 9 台电脑用的是盗版。虽然数据不可靠，但从侧面反映了中国盗版软件比重之高。

经济学的理性人假设说明，如果没有法律和道德约束，每个人都是追求利益最大化的。一方面，在有限的预算约束下，盗版产品确实可以给消费者带来最大利益，这是盗版现象的市场需求基础；另一方面，因为无需 R&D 高昂成本，生产商可以获得较高的利润，这形成了市场供给基础。此外，也有学者提出正版厂商对于盗版软件的部分默许是出于"网络外部性"作出的利润最大化的价格歧视行为，即一方面以低价供应支付意愿较低的家庭消费者，另一方面又以高价供应支付意愿较高的企业用户。[1] 笔者认为，正版厂商对于盗版软件的部分默许还是出于培养用户对于软件黏性的目的，以在软件升级时获得升级费等增值收入。实际上，无论出于何种原因，中国盗版软件支撑下的信息化普及程度确实推进了互联网经济的发展进程，成为阿里巴巴快速成长初期不可或缺的重要条件。

今天互联网经济的硬件部分中，相当部分的软件已经是免费的，无论是移动端的安卓系统，还是 PC 端的 Windows 系统，收费的内容都越来越少。绝大部分软件是在免费的基础上，通过增值服务获得收入，这也是"共享经济"的一个基本内涵。需要注意的是，无论免费

---

[1] Joshua Slive and Dan Bernhardt, "Pirated for Profit", *Canadian Journal of Economics*, Vol. 31, 1998, pp. 886 - 899.

与否,企业软件开发都要付出高昂的 R&D 成本,此时更应该注重知识产权保护。例如,当一家企业发现小米的 ROM 具有很好的交互体验便完全照抄,结果必然是小米的衰败——ROM 的更新放缓,软件失去活力,继而消费者交互体验下降,消费需求降低,最终互联网经济可能失去创新力和活力。

总的来说,在互联网发展初期,大的软件制造商因为技术壁垒存在,实行对软件收费政策,从而出现大范围盗版行为,这确实推动了我国互联网经济的快速发展。但从未来看,如果继续漠视知识产权保护,放任盗版横行,是否还会促进互联网经济的健康发展呢?这是值得深入思考的问题。

第四节 马云模式:超越商业模式的解读

"七山二水一分田"是对浙江省情的最好概括,由于田地稀少且过于集中(浙北),因此,农本经济时代的浙江,整体上是劣势大于优势。到了工业经济时代,因为临近上海这样一个国家级工业化重镇,加上浙江的工业基础不够发达,国有大型工业并没有在浙江获得大规模生长。如 1978 年浙江工业总产值中,中央企业和大中型企业所占比重分别为 2.6% 和 16.0%,比全国分别低 4.2 和 27.4 个百分点。事后看来,当时的这种劣势反而为民营经济的发展腾出了空间。如 1978 年的浙江,非国有工业占全部工业总产值的 38.7%,比全国高 16.3 个百分点,居全国之首。及至目前,全国民企 500 强中浙江三分天下有其一,50 万海外浙商创造了全球 20% 的华人资产。此等创举的背后,不仅体现了浙江人的创业创新精神,更是中国经济改革与发展的创新缩影。也正是因此,由浙江创新所缔造的经济模式先后在中国改革与发展大潮中引发了人们的无数赞扬与思考,马云的互联网经济模式("马云模式")只是其中一例。

一、宏观经济意义：第四代经济模式

改革开放30多年来，浙江先后诞生了一系列引领中国经济发展的新模式。今天我们耳熟能详的有温州模式、义乌模式和台州模式，它们都是深深扎根于中国国情，严格遵循市场经济原则，以民本、民享、民营为主旨思想，通过制度创新冲破传统体制的束缚，缔造了经济发展的新空间。

与上述经济模式有着异曲同工之妙，马云模式瞄准的是处于中国经济底层的小微型民营企业，通过互联网技术迸发出来的强大信息服务能力，解决了商品销往哪里的问题；通过互联网金融的支撑，缓解了小型民营企业贷款难的问题；通过交互信息的二次开发，指明了小微企业的战略转型方向。一言以蔽之，现有传统体制无法覆盖的领域和无法惠及的群体，都成为了马云的经营领域。这种与传统经济体制具有强烈互补特征的经济新模式，实际上是对传统经济体制的一种反抗，更是"民本、民享、民营"主旨思想在互联网时代的具体应用。

因此，我们将马云缔造的互联网经济称为第四代经济模式。尽管这种模式还受到众多人士的诟病，甚至谑称马云不过是"卖消费者给散户"，他本人不过是"中国最大的投机商"，他创业的逻辑最终也难逃陷入玩产业金融进而圈钱的境地，他一手兴建的淘宝或天猫商城仅仅是"假冒伪劣产品的集聚地"，等等。但我们不能因此否认马云对中国经济的影响及其所带来的急剧变革意义。长期以来，那些深受庙堂企业压迫、深受传统体制束缚的庞大群体，今天已经聚沙成塔，俨然已经成为了一个不可忽视的重要群体，他们甚至可以利用支付宝享受银行VIP客户的利益，这不能不说是马云创新带来的福利与好处。更为重要的是，传统经济体制已经不再是不可撼动的神话，体制变革也不能再无视"长尾"群体的利益诉求。一切的事实表明，正是源于马云创新的倒逼机制,人们越发地看到,只有重视"长尾"的体制变革方向才是确保中国经济转型的改革正途。

表 1-6 四种经济模式的比较

	温州模式	义乌模式	台州模式	马云模式
基本内涵	以家庭工业和专业化市场的方式发展非农产业,从而形成"小商品、大市场"的发展格局	通过构筑国际国内贸易共享平台和蛛网式购销网络,打造中心市场的发展模式	民间拉动加政府推进的区域经济社会发展模式	基于新兴互联网技术以服务民营企业为导向的创新模式,撼动传统经济体制的束缚
形成背景	脱贫驱使下的倒逼创新;可利用自然资源少;浙江人均耕地最少;国家投入少;交通条件差	脱贫的渴望:"鸡毛换糖"的"擦边球"	脱贫的渴望;人多地少,大量农村剩余劳动力;国家投入少;交通条件差	众多中小型民营企业未被满足的需求成就了一个巨大市场,互联网技术可以满足这种需求
特点	遍地小企业、小家庭作坊的农村非农经营的家族企业	以商业为中心的模式,义乌的兴市之路是兴商建市的道路	从小商品的生产起步,发展成为我国个体、私营企业等市场力量	建立一个和传统经济体制相对独立的互联网经济体制,创新主导经济发展
制度创新类型	群众自发、组织和实施的"诱致型"制度变迁	民间"诱致型"的制度创新和区域经济发展模式	群众自发、组织和实施的"诱致型"制度变迁	马云作为先导者和设计者的"强制型"制度变迁
成功要素	有创新头脑的人才;多种所有制共荣共生的制度环境;"无为"政府对发展民间经济的默许	低成本、低税费、低价格;商业习俗及其地域性的商人群体;积极有为引导的政府调控;商人集体行动与政府的开明政策	大量农村剩余劳动力;开明政府对新出现的股份合作制的默许	先导企业家的创新精神;政府的认可与支持;达成一定规模且具有市场价值的被传统经济体制束缚的因素

(续表)

	温州模式	义乌模式	台州模式	马云模式
解决问题	破解温州如何因地制宜获得发展难题	破解中国小商品集中批发与权威定价问题	解决中国特色小微企业的贷款难问题	解决中国供应商和消费者的及时供求问题
质疑要点	缺乏监管和引导，致假冒伪劣产品丛生，以及环境污染等	同质化的中国制造，毫无创意可言	环境污染，外来民工合法性问题，社会信用	假冒伪劣产品的集聚地，严重影响线下经济发展

资料来源：作者根据相关资料整理。

注："鸡毛换糖"：计划经济时代，国营商店商品单一，供应不足，有的敲糖帮摸索加工一些小商品，偷偷办起"地下工厂"。如义乌的稠城镇、廿三里镇渐渐出现了专门从事小商品的批发商。

二、就业拉动意义：第三代就业模式

互联网经济的发展，既赋予了就业新的时代内涵，也强化了中国特色就业的固有内涵。要深刻认识互联网经济的就业模式，还需要从改革开放和中国就业的特色讲起。

今天看来，在过去的30多年里，解释中国经济增长奇迹的一个重要因素是中国式就业创设的"红利"。自从家庭联产承包责任制实施以来，20世纪80年代的中国就面临着庞大的农村剩余劳动力转移而出的就业压力。在解决当时就业压力中，乡镇企业无疑担当了重要作用。根据1991年《经济参考报》的报道，当时有9 200多万农村剩余劳动力在乡镇企业找到了出路，及至20世纪90年代中期，又有近1亿人在乡镇企业实现就业。

20世纪90年代中期以后，中国进入买方经济时代，乡镇企业因经营效率、产品质量问题逐渐失去往日辉煌，加之国家着力于减员增效的改革推进，就业压力空前加大。也正是从那时起，加工贸易在中国发展迅猛，并迅速成为解决中国就业的一个主要渠道。根据肖晓军等人(2011)对投入产出的研究,出口 1 亿美元的商品带动本行业内的就业约占 65%—85%,平均在 75% 左右,也就是就业带动效应是 3∶1 左右,或者说是一个本行业的就业人员能带动 0.33 个相关上下游行业的就业。另据国务院发展研究中心课题组的研究,2012 年我国加工贸易直接吸纳的就业人数在 3 000 万人左右,带动的相关上下游行业就业人数在 1 000 万人左右,合计吸纳和带动就业有 4 000 万人左右。

然而,从 2006 年起,中国劳动力成本不断上升,加之 2008 年全球金融危机的影响,中国加工贸易的就业效应日益式微。恰在此时,互联网经济的蓬勃发展,为中国就业压力的缓和提供了一条出路。根据《人民日报》记者白天亮等人(2013)的研究,仅仅以网络经济活动来测算,网络累计创造的直接和间接就业岗位超过 1 000 万个,到 2015 年,仅网络零售平台就将带动就业 3 000 万人。今天看来,这一估计还非常保守。根据波士顿咨询公司董事总经理徐瑞廷的估计,如果把眼光放宽至整个生态圈,仅仅淘宝平台就带来了超过 1 000 万个就业机会[①]。

很明显,互联网经济是继乡镇企业、加工贸易之后在中国出现的第三次就业浪潮。从共性角度分析,互联网就业浪潮与前两次就业浪潮具有高度类同之处。比如,先后兴起的三次就业浪潮带动的是农村剩余劳动力的快速就业,对促进城市化的进程发挥了重要作用。在就业模式方面,都具有较强的兼业性质,许多农民在参与就业的同时,仍旧参与着农业生产活动或者其他可以增收的经济活动,这在互联网经济带来的就业中更为显著。但从个性角度来看,互联网就业模式也极具特殊性的深远的影响。此处,笔者根据中国人民大学劳动人事学员课题组/阿里研究院的报告内容归纳总结如表 1-7。

---

① 据中国就业促进会 2014 年 2 月发布的报告,淘宝在报告调查期间共有 339.71 万家活跃网店,若按平均每个网店雇用员工数 2.55 人计算,淘宝平台创造了 866.22 万个就业机会。

表1-7 互联网经济就业的特征

特征维度	具体内容	补充解释
替代效应	传统工作岗位消失1 000万—3 100万个	主要是标准型、重复性、常规性和流程性岗位
扩容效应	新增加就业岗位4 600万个	高信息素质员工需求增加
就业结构	在就业比例上,传统产业和互联网相关产业占75%,纯互联网公司占25%	传统产业如海尔,互联网企业如阿里巴巴、百度等
新型就业特征	处处工作、随时工作、人人工作	衍生三个职业:网店装修师、云客服和网络模特

资料来源:整理自中国人民大学劳动人事学员课题组/阿里研究院研究报告《互联网经济对就业和用工行为的影响》,http://www.lm.gov.cn/PublicSentimentServices/content/2015-04/22/content_1058727.htm。

三、产业转型意义:第三次工业革命的主导模式

近两年,在互联网经济快速发展的同时,西方国家掀起了第三次工业革命,并迅速成为许多国家重新启动经济规划的战略目标。从起源上讲,2011年9月27日,著名趋势学家、美国宾夕法尼亚大学教授杰里米·里夫金的力作、新著《第三次工业革命——新经济模式如何改变世界》英文版正式出版,一石激起千层浪。里夫金认为,以网络为标志的信息化浪潮,正在与新能源应用交汇,造就一次新的工业革命。里夫金认为,工业革命的划分应该把通信和能源联合起来考虑,因为通信是社会有机体的神经系统,而能源则是血液。每次工业革命都是通信革命和能源革命的结合。

第一次工业革命(18世纪60年代—19世纪40年代)是从手工印刷到蒸汽机动力印刷,后者可以实现低成本大量印制和传播信息,电报的出现使人们利用新的通信系统去管理以煤炭为基础的新能源系统。

第二次工业革命时期(19世纪70年代—20世纪初),集中的电力、电话以及后来的无线电和电视机,可以管理更复杂的石油管道网、汽车路网,进而为城市文化的兴起提供了可能性。

在第三次工业革命阶段,智能型的"能源互联网"将引领"后碳"时代的到来,低碳的可再生能源产业将获得实质性突破。在这样的未来图景中,农业、工业、服务业的划分将被颠覆,新的产业链和商业模式将出现,人的简单劳动投入占比将越来越小,但是知识、创意劳动含量会越来越高。能源互联网是"第三次工业革命"的核心。分布式的通信和信息互联网技术正与分布式的可再生能源融合,将创建一个一体化的、以合作分享为基础的互动性能源生态体系,为第三次工业革命奠定坚实的基础。通过能源体系的变革,第三次工业革命将实现整个社会经济发展模式的大变革,颠覆人们的生活方式,并引发国际政治与经济格局的深层变革。2011年12月初召开的联合国工业发展组织(UNIDO)第14次全会,把"新工业革命的可持续发展"作为主题,并特邀里夫金教授现场解惑答疑。

2012年4月21日,英国《经济学人》杂志一组关于第三次工业革命的文章,即《第三次工业革命:制造业与创新》,再次为我们勾勒出"第三次工业革命"令人震撼的图景。文章认为"随着生产的数字化,第三次工业革命现正如火如荼地进行着"。制造业正在走向数字化,新软件、新工艺、机器人和网络服务在逐步普及,这些技术使制造业和服务业之间的界线越来越模糊。这组文章引起全世界对第三次工业革命的极大关注。

在新近的报道文章中,里夫金本人认为:"基于能源互联网、交通互联网和信息互联网的合一,会变成漏斗状的结构,形成统一的平台,并向下渗透形成物联网。我们以后可以把所有的设备、机器上面放上传感器摄像头,所有这些机器可以接到刚才所讲的三网融合的互联网上面,就形成了物联网,并且可以在其中交换数据,这些数据都可以用于同一个目标,所有三网融合的交通能源和信息的互联网可以帮助所有的人创造价值,可以在所有人生产的过程中帮助你管理能源、交通和所有的成本。"①

总的来说,从今天各种讨论的观点来看,互联网经济与第三次工业革命具有密切联系,可以说,没有互联网技术和互联网思维的支撑,第三次工业革命就是无源之水、无本之木;同样的道理,没有第三次工业革命的宏大战略布局,互联网经济也很难超越商业模式,成为一种对经济发展极具深远意义的经济模式。基于此,笔者认为,尽管中国目前的互联网经济还处于加速发展阶段,也存在着许多亟待解决的问题,但互联网经济的发展趋势绝不是以商业模式创新为终结点,它必将作为一种经济模式对中国经济发展和经济转型产生重要作用,也理应被视为与第三次工业革命相伴而生的、具有主导性质的经济模式。

四、褒贬不一的评价:负面评价的观点

从互联网经济诞生那一天起,人们渐渐地感受到了互联网经济的巨大魅力,也在实践中成就了马云财富的神话。但作为一种从无到有的经济模式,互联网经济对传统经济运行的冲击也无处不在,并引起了众多评论家和研究者的理性思考。在此,笔者重点列举质疑互联网经济的主要观点。

(一) 关于传统零售业

互联网经济的快速发展,缩短了企业营销成本、渠道成本、人工成本等,也因此获得了大部分学者的认可,在此不再赘述。但也有不少学者对互联网经济中相较于传统零售业的成本优势提出了质疑。表雨姗、杨雪(2012)的研究发现,我国电子商务在企业中只节省

---

① 刘劼:《里夫金称第三次工业革命须有互联网思维》,《参考消息》2014年10月21日。

11.61%的交易费用,而国际理论界通常认为可以节省76.59%的交易成本。王俊洲(2012)在分析广告成本时认为,电商的广告和流量的成本约为4%,而线下实体店的广告营销成本约为1.5%;在人工成本上,线上成本为4.5%,线下成本约为3.5%;在物流成本上,以京东为代表的电商物流成本约为6%,而以国美为代表的线下实体店成本约为0.6%。邹绍成(2014)分别测算以苏宁为代表的线下零售业和以亚马逊为代表的电子商务的运营成本,发现在价值链活动的主要环节,即外部后勤、内部后勤、销售、运营和营销上,亚马逊各作业项目加总成本收入占比为23.96%,苏宁为12.5%,线上成本的优势在实际测算中并不优于传统零售业。另外,王苗(2015)认为,在和传统零售业的商业模式相比较,电商模式有着天然的缺陷,一是提高了消费者体验成本,二是物流限制消费者满意度。

(二) 关于商业伦理

在对商业伦理的评价中,许多人注意到诸如"赢家通吃"、"网络经济锁定"、"诚信破坏"等负面现象。比如,傅晓未(2014)的研究发现,网络经济锁定现象限制了网络消费者对信息服务的选择权,长此以往,网络消费者丧失了自主选择权,终将被锁定在单一的网络服务中。值得关注的是,冯义飞(2012)指出,淘宝在"1元门"事件中把自己的责任撇得干干净净。在他看来,诚信是电子商务企业的生命线,缺乏负责任的态度是电子商务企业发展面临的瓶颈,要促使电子商务行业永续发展,亟待构建电子商务企业商业伦理。叶卫平(2014)认为随着新经济的发展,中国市场涌现出阿里巴巴、百度、腾讯等网络平台企业,同时上述企业在市场竞争中涉嫌垄断的行为也层出不穷,如腾讯以模仿并排挤联众游戏、美团网等为目的的多元化经营行为,腾讯"二选一"声明,百度对全民医药网的屏蔽行为,百度阻止奇虎360搜索产品抓取百度百科等信息却不阻止搜搜等其他搜索产品抓取其信息等,都引起了反垄断法实施部门和学界的高度关注。淘宝商城涨价事件只是平台经营者涉嫌垄断行为众多案例中的冰山一角。在平台经营者涉嫌垄断行为时,由于平台经济行为本身的复杂性,对反垄断分析提出了巨大的挑战。

(三) 关于金融安全

互联网金融作为新兴业态,近年来出现了野蛮生长的态势。给传统金融业带来了前所未有的挑战。比如,吴晓求(2015)在肯定了互联网金融可以进一步优化金融的"资源配置"功能的同时,也指出了第三方支付会面临严重的黑客攻击、盗刷等风险;网络融资诸如P2P、众筹则面临着严重的信用风险,甚至出现非法集资的现象;余额宝一类的投资于网上货币市场基金的风险,则主要是流动性风险。许小年(2015)在中欧校友班委代表大会上的演讲中提出,金融机构创造的价值就是克服信息不对称。金融机构要把一些市场上没有搜集起来的信息搜集起来,并且对这些信息进行分析,分析的结果产生了信用评级,根据信用评级决定给哪一个客户贷多少钱,贷款利率是多少。P2P只是一个中介,本身创造的价值极其有限,而对于信用评级的缺失会产生大的金融风险,最适合做P2P的还是银行。

(四) 关于平台竞争的毁灭性

郭羽(2016)认为,中国互联网过快进入"垄断时代",曾经"野蛮"的互联网行业已经进入几大巨头合纵连横的"战国时代"。互联网企业如此高集中度是不正常的,这种垄断时代实际上会扼杀创新。滕斌圣(2016)在分析目前互联网企业特别是BAT合并浪潮时说到,从平台经济的观点看BAT的合并是合理的,因为"赢家通吃"。但如果长此以往,互联网经济会只剩下几个平台,这样快速整合形成的寡头格局是不利于互联网经济发展的。政府需要对于BAT这类的企业在反垄断管制上有所作为。黄河(2013)认为,BAT成为了创业者无法逾越的"大山",其在分析解决途径时提出可以学习日本的经验,对

BAT进行分拆,这样可以避免大企业臃肿病进而保证创新性。

此外,在关于互联网经济对制造业的影响负面,吴晓波在2015年的一次演讲中指出,中小制造业企业利用互联网转型,无论是品牌还是市场转型,如果没有进行任何的变革,如果没有质量和差异化竞争,从事服装、奶粉、饮料等中低端制造业的,当转到网上的时候,企业仍将面临价格战,而价格战的钱被诸如淘宝这样的平台赚了,企业最终还是死亡。他提出"中国的这些制造业的转型是走入了一个误区,被马云同志带到沟里面去了"。[①]

总而言之,对于以马云现象为代表的互联网经济的质疑或批评有一定的合理性,无论是互联企业固有的诸如"赢家通吃"的垄断属性,或是互联网经济对于金融安全、经济政策效率的负面影响,抑或是对于传统零售业或制造业的冲击或误导,都确实存在。但我们还要知道的是,任何变革在产生积极影响的同时总会或多或少地伴随着负面影响,不能因小失大。我们应该认识到互联网经济发展是不可阻挡的发展潮流,大力发展互联网经济对于经济"新常态"下的中国经济转型具有重要意义。上述的评判或质疑只是针对互联网经济发展过程中的某个现象,其出发点都是希望互联网经济健康发展。因此,对这些批判或质疑也要有足够重视,谨防"千里之堤,毁于蚁穴"的现象发生,政府、互联网企业需要更多的合作,政府做好规范、企业守住底线,只有这样互联网经济才会更好发展。

第五节 马云与传统经济学:冲击与影响

纵览以马云为代表的互联网经济实践,我们可以发现,传统经济理论的假说距离我们越来越远,原本先入为主的理论前提正在不断

[①] http://www.yingxiao360.com/htm/2015921/16273.htm。

修正和改变,甚至被颠覆。毋庸置疑,这不是"马云们"主观催育出来的结果,而是互联网经济发展的必然。在笔者看来,从马云现象中折射出来的互联网经济理论特质,将与传统经济理论发生一定程度的分野,比如,传统经济理论重视同质性的普适经济规律,而互联网经济则重点捕捉差异化的经济特质;传统经济理论以同质化的理性人为研究对象,而互联网经济则以差异化的有限理性人为关注对象;传统经济理论天然外生地引入了完全信息和标准化生产假定,问题的焦点转换为价格的资源配置机制,而互联网经济则以个性化需求为基本前提,重点聚焦内生性信息的决定及其资源配置机制。

一、市场法则:传统经济理论的内核

古典主义经济学家在描述市场经济时,将它视为是一种世界上最好的制度安排方式,可以完美契合与诠释"自由、平等、博爱"的内涵。具体来讲,一方面,在市场经济中,每个人的利益都天然与他人利益绑定在一起,这就意味着市场经济是一个互惠共赢的制度安排。另一方面,任何违反他人利益的行为,都将遭到市场的惩罚,如违背诚信,所有经济主体都有动力不再和这个人合作,他也就无法获得此后的可持续利益。某种意义上讲,这两个作用可以嵌入市场经济的道德范畴,是经济活动伦理道德契约化的表现形式[1]。进一步探讨,在纯理论的世界里,市场经济的上述作用还具有高度的自实现机制,但要达到这种"自实现",前提条件是假定经济人具有完全理性和自主独立,以及要求人与人之间必须结成平等的经济关系。事实上,从理论的世界回归到现实以后,上述推论很难成立。由此引申出了实

---

[1] 例如,亚当·斯密在说明正义时曾这样描述:"如果我欠别人十英镑,正义就会要求我按照约定还钱,在什么时候还,在什么地点还,条款中都已做出了明确的规定。"(亚当·斯密.道德情操论[M].北京:商务印书馆,1997.)显然,斯密这里对正义的定义属于契约正义,是维护财产权、债权不受侵害的一种手段。

践的修正问题,这就是在追逐利益的现实世界里,市场经济本原意义上的道德契约被法律规定下的权利和义务对等的法制契约所取代,因此,市场经济是"被法制"的。

在"被法制"的前提下,市场经济是反对政府干预的,根本的原因还是利益驱动,即担心权力介入市场后会损害经济主体的利益。这种强烈的愿望在西方市场经济制度设计之初就得到了体现,即市场经济必须符合运作有效性和利益共享性的特征,才能够让政府心甘情愿地不介入,由此便出现了诸如供求机制、价格机制、竞争机制等一系列内容。仅仅从实证意义上分析,这些机制最终实现了一个经济学理念下的效率最优,即帕累托效率。如果把这个最优效率进行放大化处理,帕累托效率就等同于高效的经济增长,这对于政府而言自然也是再好不过的事情。很明显,在西方经济理论指导下,自由竞争是市场经济应有的前提,最优效率则成为市场经济的必然结果,这就是所谓的"竞争—效率"范式的真正来源。

也正是因此,主流西方经济理论认为[1],竞争是市场经济中最为普遍的现象。以不同方式定义的竞争,始终是一切经济学理论的核心概念。因此,立足于"竞争—效率"范式,竞争必然成为西方市场理论的绝对信条。早期的西方经济学家是把完全竞争作为结果来理解的,由此出现了依据市场结构划分的四大市场类型。事实上,通过以价格机制为核心的社会福利换算,四大市场结构最终得到的结果是在印证完全竞争市场的有效性。也就是在这个意义上,主张最终状态完全竞争的哈佛学派假说得以成型。然而,任何理论只要存在其特殊的前提,都会有一定的缺陷。在许多经济学家看来,完全竞争市场有效性的假说,只能看作是工业经济时代的阶段性准则,并非是经济发展中的一般性规律。在这样的情况下,把市场结构当作产业竞争程度的中心标准,把价格偏离边际成本的程度作为衡量资源配置

---

[1] 伊特韦尔等:《新帕尔格雷夫经济学大词典》,经济科学出版社1996年版,第583页。

效率的持续(Lener，1934；Harberger，1954；Kamershen，1996)，仅仅是一种典型的、过度强调结果状态的静态分析模式。

后来，许多经济学家注意到，市场经济实践中发生的"无序竞争"、"过度竞争"、"恶性竞争"以及"浪费性竞争"现象[1]，其静态看来都可能处于完全竞争的市场结构，但这样的竞争状态并不一定能够换来高效的资源配置[2]。因此，一些西方经济学家开始批判"竞争(结果)—效率"范式，认为过于强调最终的市场竞争程度，却忽略了对市场竞争形式和竞争过程的关键分析。而后者才是市场经济"竞争(过程)—效率"范式得以存在的根本原因，这也构成了芝加哥学派假说的核心观点。

值得注意到的是，无论是突出结果意义的静态竞争，还是强调过程意义的动态竞争，竞争都是关键变量，也都是产生资源配置有效性的根本原因。但由于两派对竞争的理解存在差异，因此，他们提出的经济政策导向和内容也有一定的分野。比如，哈佛学派把打破垄断作为核心，特别反对静态结果上的垄断状态；芝加哥学派则认为反垄断很大程度上是对竞争过程的否定，应当把保护竞争作为核心环节，并不关心是否产生了垄断状态。尽管有此差异，这些并不影响两种观点的一致之处，即两者均认为政府该管政府事，市场应管市场事，政府不应介入市场经济运行。

---

[1] Bain 是第一个提出过度竞争概念的经济学家，他将过度竞争概括为低集中度、持续性过度供给或过剩生产能力和经济绩效较差的产业的一种市场结构。此后，一批日本学者结合本国实践开展了对过度竞争的深入研究，代表人物有两角良彦、鹤田俊正、小宫隆太郎、村上泰亮等。国内的代表性研究是曹建海(2000)的《过度竞争论》，罗云辉、夏大慰在《市场经济中过度竞争的存在性的理论基础》一文中也有相关论述。张维迎等人在恶性竞争方面，结合我国实践有过深入的思考。
[2] 熊彼特和哈耶克都是很早注意到这一问题的西方学者。熊彼特认为，静态竞争理论本质上是反竞争的，与经济进步不相容，没有资格被树立为理想效率的模范。在哈耶克看来，要警惕完全竞争概念的规范含义。如果纯粹和完全的竞争被理解为新古典特征，那么任何偏离理想状态和条件的现实都是错误的根源，甚至是危险的公共干预之根源。

二、"交互—共享—网络"的阐释：互联网经济理论概括

互联网经济的产生、发展与扩张，在冲击传统经济理论内核的同时，也展现了自身理论体系的独特内核。一方面，互联网是一种技术手段，由于互联化技术及其产品的广泛运用，传统经济依托的微观基础（如人们开展经济活动的方式和方法、经济人的特质等）、宏观基础（如人与人在经济活动中结成的关系、经济政策与经济运行的关系等）都发生了显著变化，客观上撼动着传统经济的理论机制；另一方面，互联网经济与服务经济在发展阶段上具有重合性质，诸如体验经济、指尖经济、注意力经济等传统经济长期忽视或者只是被补充解释的现象，开始成为经济发展中不能回避的重要问题，这要求重塑经济理论内核，从而与那种立足工业经济时代的传统理论发生显著分野。笔者认为，当我们从经济学角度探究"互联网"这三个字时，可以很好地解释这种差异。

（一）"互"：经济运行的人的交互性

互联网经济的根本特质在于消灭了信息不对称和缔造了交互性的特质，从而重塑了经济运行的全部内容。一方面，信息的充分性使得用户的选择成本很低，鼠标轻轻一点就可以比对，商家要想尽办法向用户让渡整体价值，更要让用户得到超出预期的感受，因此需要提供交易之外的感情认同。从这个意义上说，当互联网经济开始重视情感与忠诚的培育时，就比传统经济中冷冰冰的价格竞争具有了更高的效率。由于情感具有人与人之间心理感受的对等交互性，而交互性导致了网络社会的中心化、个人化、一体化等特征。因此，每一个网络参与者均不再是单纯的主体或者单纯的客体，而是处于一种交互主体的主体际界面环境之中。由此来看，在互联网经济中，用户就是微观经济主体，理论上就不必再天然地假定消费者和生产者这

种功能性的群体划分对象,实际情况是消费者将参与商品生产过程始终,生产者根据消费者需求进行定制。此时,行为交互下催育出的角色和认知的一体化,可以将人格化的情感等主观因素纳入经济运行之中,这是传统经济所不具备的内容。另一方面,交互也体现为买卖各方的互动讨论、浏览点击、观点评论等,这些内容本身就是交互信息,客观上也进一步推动了用户行为的改善,进而有助于缓解供求关系的对立(详见第二章、第三章)。显而易见,注重交互信息的形成机理并探究它在经济运行中的作用,是互联网经济重点关注的第一个理论内核。

(二)"联":经济活动的联合共享性

在探究联合共享性之前,这里先对传统经济学中的生产者和消费者进行补充解释,在那里,生产者或消费者只是一种功能意义的划分,强调经济活动的内容差异。但在互联网经济中,用户个体不具有独立性质,因为在交互性的作用下,通过用户之间经济活动沉淀下来的交互信息,又同时为所有用户共同分享(详见第四章)。这种特质不是用户自行选择的结果,而是互联网信息管理技术天然地具有交互信息联合生产的固有属性(详见第六章)。今天看来,互联网经济的联合生产实现了"信息共享",催育了"经济分享",缔造出共享经济效果。共享经济通过移动 LBS 应用、动态算法与定价、互评体系等一系列机制,使得线上线下各方用户(详见第五章)通过共享平台进行交易。从这个意义说,互联网经济可以在更为广泛的理论和实践层次上超越传统经济理论所标榜的帕累托效率。因为,在传统经济理论中,基于自由竞争的帕累托交易只能是双方次优满足的结果,因为这种经济体系里始终无法解决生产资料的共享问题,而生产资料的私有性质客观上不能改变资本雇佣劳动进而扭曲分配利益的事实。显而易见,在互联网经济中,信息生产资料是可以复制的,买者与卖者的对抗、资本与劳动的对抗等都得以破解,超越次优满足的更大福利有望实现。

(三)"网":经济效应的网络扁平性

"网"是互联网经济区别于传统经济的第三个重点。其核心要义可以划分为三个层次的内容:第一个层次是介质意义的"网"。借鉴周鸿祎(2015)的观点,工业经济的构成单元是原子,互联网世界构成的基本介质是比特。工业经济时代的原材料——各种资源、生产要素是有限的,总有被人类用完的一天;互联网时代所依赖的原材料——数据是无限大、取之不尽用之不竭的。工业经济时代的经济学是一种稀缺经济学,而互联网时代则是丰饶经济学,数据成为企业竞争的最为宝贵的资源[①]。

第二个层次是组织架构意义的"网"。众所周知,传统的经济组织是科层式社会,具有显著的层级结构特征。相对而言,互联网经济是建立在平等、开放基础之上,其交互性和共享性表明它是真正的以人为本的经济。从表现形式上看,互联网改变了人们的沟通方式,使企业组织结构趋向扁平化,用户(生产者、消费者、企业、客户、供应商、合作伙伴)等都可以直接联系,使传统经济中的中间管理层和中间商失去了存在的必要性,因此,互联网经济是没有中心节点的网状形态,是平的世界。

第三个层次是经济效果意义上的"网"。以工业化为特征的传统经济学中,强调边际生产力递减法则和规模经济效应,这种效应是基于有形生产要素使用能力边界限制的物理经验法则。但在互联网经济中,网络经济效应成为主导性规律(详见第三章)。在这里,用户个体的价值随着互联网用户数量的递增而递增,交互信息的数量也会随着用户数量的增加而递增。核心要素(交互信息)的稀缺来自于自

---

① 周鸿祎:在抚顺沈抚新城参加"道纪企业论坛"上关于"互联网思维与传统产业"的演讲,2015年2月8日。转引自 http://blog.sina.com.cn/s/blog_8225bd540102vjfp.html?tj=1。

身的稀缺，即稀缺导致了稀缺，这就意味着互联网经济中关键要素的稀缺程度是可以改变的。毫无疑问，只有很好地理解这种特性，才能在理论上更好地捕捉到互联网经济的运行本质。

笔者认为，互联网经济有其特殊的一面，并显著改变了传统经济的运行机理。但这并不意味着互联网经济是对传统经济的替代，以供求机制、价格机制、竞争机制为核心的市场机制仍然发挥着重要作用。不同之处的在于，互联网经济和传统经济将归属在不同的经济运行层次上，前者只是修正了上述机制的内涵，谈不上重构与彻底颠覆的问题。从第二章开始，本书将进入到一个崭新的互联网经济理论世界，其特殊之处和迷人魅力也将一一展现出来。

第二章

交互信息与均衡价格

在今天我们所处的这个伟大的互联网时代经济里,以马云为代表的互联网经济巨鳄们经过近20年的奋斗,在网络空间中营造出了令人称奇的庞大产业帝国。从本章起,它将构成我们认识互联网经济运行规律和特质的现实基础和案例样本。简而言之,本章试图从众多纷繁复杂的互联网经济现象中抽离出最为基本的经济环节——互联网经济的交易机理——展开探究。表面上看,这一思路与传统经济学按照"消费—生产—交换"的逻辑顺序有所不同,但在本质上却是一致的。因为,在互联网经济条件下,生产与消费的一体化造就了Prosumer的个体特质,而个体的信息轨迹汇集生成了交互信息,并从根本上改变了效用的表现形式,可视化效用由此诞生。更需看到的是,在互联网经济中,遵循交互信息决定交易形成的理论命题,"竞争—价格"论被"竞争—满意度"论取代,供求关系、竞争机制和均衡条件都发生了令人惊奇的改变。正是立足在这一系列的微观环境与条件的变化之上,一个不同于传统经济学理论内核的互联网经济将缓缓地拉开幕布。

第一节 背景导入：市场经济与互联网经济的交易模式

市场经济理论是在信息充分前提下强调价格的调节作用，实践中人们从来难以在几乎零成本的条件下获得充分信息，因此，信息总是被传统经济理论有意回避，无法回避时则专论补充。在互联网经济实践中，信息将以大数据的方式储存、记录、计算和决策，信息的选择成为决定电商与消费者行为的关键变量。另外，在实现交易的过程中，传统经济模式将批发商作为生产者与零售商的中间环节，而且生产者与批发商、批发商与零售商、零售商与消费者的交易是分界面完成的，这就导致了生产者与消费者的天然隔离。在互联网经济中，生产者、电商、批发商、消费者的交易可以发生在同一界面，信息是完全透明的，单纯依靠价格达成有效交易显得非常不够充分。由此，交易达成的决定性因素被扩展了，即从以前的价格主导转换到现在的交互信息主导。这里特别要指出的是，在普遍的话语体系里（特别是

表 2-1 大数据的交互特征

大数据分类	作用	交互特征
用户行为数据	精准广告投放、内容推荐、行为习惯和喜好分析、产品优化等	人机交互
用户消费数据	精准营销、信用记录分析、活动促销、理财等	人人交互
用户地理位置数据	O2O推广、商家推荐、交友推荐等	人地交互
互联网金融数据	P2P、小额贷款、支付、信用、供应链金融等	人人交互
用户社交等UGC数据	趋势分析、流行元素分析、受欢迎程度分析、舆论监控分析、社会问题分析等	人人交互

资料来源：作者根据相关资料整理。

在信息学和营销理论研究中),人们常常使用大数据的概念。但在本书中,我们认为交互信息的称谓更适合经济学分析。从两者关系上讲,大数据是互联网用户线上行为痕迹的数据沉淀,是人与机或者人与人交互作用的结果,因此交互信息包括大数据的内容。同时,数据运营商也会利用大数据进行分析和研究,由此形成的二次数据具有极高的应用价值,也是交互信息的重要内容。这也是马云致力于信用评级、客户信息收集以致形成大数据平台的关键原因。

一、撼动与颠覆:审视两个理论前提

不要说 20 年前,即使就在 10 年前,人们也无法想像到网络和流量是如此重要。对今天的多数人而言,离开了网络,离开了流量,个体的人似乎就无法与外界联系,成为一个孤陋寡闻且密闭不通的孤岛。在经济学的故事中,罗宾逊常常被作为案例研究的对象。在他生活的世界里,星期五出现之前,罗宾逊只能自给自足,生产效率极其低下,勉强过着温饱的生活。星期五的到来,改变了罗宾逊的生活,两人之间的分工提高了生产效率,每一个人都比以前生活得更好。但在那样的世界,人的数量实在是太少了,市场是没有的,货币也是没有的,所有一切的经济活动只能建立在两个人之间的信任之上。这种案例放在中国,和牛郎与织女婚前婚后生活质量变化最为相似。

表面上看,上述案例揭示的分工与生产效率问题,实际则蕴含着网络的本质。在罗宾逊和星期五构建的线性体系中,双方是相互依存、彼此依赖的关系,如果一方在分工后选择不和自己交易,那么他将因为没有衣服或者食物而最终死去。这可以为我们理解网络效应中的人与人的关系提供一个视角。回到今天的网络时代,无论是移动互联还是 PC 互联,存在着"愿意上网就越愿意上网"的理论逻辑。因为个体的人一旦选择了上网,就构筑起了群体的网络世界,个体就再也离不开这个世界了,这种关系也是相互依存、彼此依赖的。通俗地讲,就是"我上网是因为你上网,你上网是我上网的原因"。不能低估这种带有自发生成性质的网络世界,它正在全面渗透、改造乃至颠覆传统经济实践的方方面面。从经济学角度看,这种颠覆在于:一是对传统经济学理论理性人假说在实践上的复归,二是对信息完全充分假定前提的剔除。

理性人是一个抽象意义上的人,他充满了理智,既不会感情用事,也不会盲从,而且精于判断和计算。如果把信息完全充分假定加入进来,理性人就成为了没有情感的机器,他不仅对他所处环境具有完备的知识,并且拥有很强的计算能力,能算出每种选择的后果,更重要的是他明确知道自己的好恶是什么,在任何条件下从来没有发生过犹豫和彷徨。在现实的世界里,理性人是难以存在的,感情用事、盲目跟随时常发生,有时在不同的场景下人们还会忘记自己的好恶。不仅如此,人们也不可能掌握完备的环境知识,对陌生人的一无所知,对事物的不了解,都是源于信息的不完全。在互联网时代里,空间距离被无限缩短,离散知识与分散信息有了储存、共享和可计算的通路。人们在互联网世界里有了廉价选择信息的能力,这些信息的汇聚让完全信息假说成为了可能。与此同时,人们的好恶也会因为信息的汇聚和变动而不断矫正,盲从以及感情用事的行为风格在数据形成决策的过程中很可能没有减弱而是增强了,但这并不妨碍人们依据大数据进行理性选择。换句话说,互联网强化了人们的情感认知,却提高了人们理性选择的能力。

从今天的互联网经济中,不难判断上述事实的成立。在正式讨论之前,我们首先需要认真思考分散知识、个体与群体的关系。众所周知,哈耶克是典型的市场原教旨主义者,在他看来,经济发展和历史进化都是"自发秩序"或"扩展秩序"的必然结果,那种试图通过领袖权威去理性构建经济和社会秩序的努力终将归于失败。其根本原因在于,分散知识客观地存在于每一个人的头脑之中,如果有人试图掌握并驾驭这些分散知识进而以计划手段开展经济活动的话,那么,无论最终的效率如何,其制度形成的正义性本身就值得怀疑,更不要说执行过程中的公平性了。所以,他明确指出:"自由社会的制度是一种自发的过程,从没有人有意去设计整个社会制度。因此,这种制度的形成是千万人互相竞争、互相作用的结果,所以这种自发形成的制度包含了所有人所知道的互不相同的信息,而竞争过程也使人无法垄断制度设计和形成机制,因而无法利用这种垄断来损人利己,所以信息的合成过程会将信息传递中的歪曲降到最小。"[1]事实上,如果说市场制度和竞争过程是如此完美与有效,那么,这一结论的基本前提就是经济主体是完全对等的,竞争是完全充分的,甚至是超越空间、超越个人的完全充分。这种假定在现实生活中无法存在,"资本雇佣劳动"的现实没有致变,无法覆盖整体的个体竞争区隔特征阻碍了信息传递的充分,价格体系就难以肩负起"在现场者"基于分散知识的决策向外传递的任务。

从上述意义看,互联网不能仅仅被理解为一种新型的技术手段,它在内容上构筑起虚拟空间的运行秩序,在本质上则是一种达成资源配置的制度形态。在这里,互联网通过广域的以人为中心的连接方式,全面改变了人们赖以存在的商业环境,重塑了经济主体分散信息传递的渠道与模式,颠覆了理性人的假说。比如,在互联网的世界里,因为需求与品位、个性乃至人性相连,所以商品带有了极致的性能+强大的情感诉求特征。不难想像,人格化的商品需求,使得缺陷是可以被容忍的,在互动环节中,商品的性价比被模糊。不仅如此,连接还形成了大量的分散知识沉淀,通过大数据和云计算,分散知识在智能化软件的操作下转化为可供参考乃至决策的公共信息,完全信息假说因为互联网得到了实践的局部证实。

---

[1] 杨小凯:《我所了解的哈耶克思想》,台湾《经济前瞻》1995 年 10 月号。

表 2-2　以人为中心的连接性质与案例

形式	本　质	代表案例
人与媒体的连接	获取新闻的行为由被动收看转变成主动点击	雅虎、微博
人与信息的连接	降低了获取信息的成本,信息连接快捷	Google、百度
人与人的连接	显著个性化,人们按照自身要求的选择空间提升	MSN、微信、Facebook
人与商品的连接	搜寻成本的降低,商品透明度加强	eBay、淘宝
人与钱的连接	交易方式的数字化,彻底超越空间限制	支付宝、快钱

资料来源:作者根据相关资料整理。

二、修订与革命:传统消费模式的改变

在经济学理论中,个体消费者是在单边市场中基于边际效用递减规律开展的商品消费数量的选择问题。由于边际效用的大小与单位商品支付意愿的高低相联系,最终将出现一条随着消费数量变动而变动的价格分布,这种价格—需求量的关系构成了传统经济学需求曲线的基本含义。然而,当我们进入马云构造的互联网商业世界中时,既有的经济理论和实践活动将发生显著变化。我们可以重点探讨三个层面的问题。

(一)互联网经济实践修正了消费者理性的假说,非理性冲动过程与理性选择结果在这里可以有机地融合在一起,实现了理性选择理论的突破

但凡有过网购经历的人都会这样操作:一是根据自己的需要确定要买的东西;二是在商家平台的搜索引擎上进行商品搜索;三是对搜索出来的商家集合进行二次分类,分类标准可以按照客户好评数、商家地区分布、销量多少、价格高低等进行排序;四是对筛选出的商

家进行访问,通过观察商品图片、阅读评论信息等最终选择购买谁的商品。当然,再后续的环节是就网上资金支付,收到货后再进行评价等。

从这一系列的信息筛选和商品选择的过程,我们首先不能排除的是消费时的非理性冲动因素。因为,在决定商品是否购买的过程中,他人的历史成交记录和评价是决定自己消费决策的关键变量。一旦发现有极端的不良评价,内心就会产生厌恶感,非常担心此类事件发生在自己的身上。在"宁愿信其有,不愿信其无"的心理驱使下,多数消费者会立即终止对该商家商品的选择,而不论价格是否高低。这种易于受到信息影响的消费决策过程是互联网经济的一个重要特征,它使得哈耶克所认为的分散信息汇聚成为均衡价格的过程论点遭遇了巨大冲击。无论选择的目标是多么理性,选择的过程却掺杂了太多的感情色彩。特别是消费者如果长期在某一网购平台购买物品,消费的习惯依赖和既往消费经历的积累,甚至会产生消费上的忠诚心。这即是非理性冲动过程的真实含义。

然而,我们却不能得出"非理性过程必然导致非理性结果"的论断。这是因为,在互联网经济成为一个覆盖全社会各个阶层的广域群体以后,消费者的信息积累是极其庞大的,这已经超越了小样本的概念。在几乎覆盖过往一切真实交易信息的前提下,大数据可以形成更为有效的、科学的判断依据。消费者通过这种路径选择得到的商品要比不经此过程选择到的商品,在性价比和服务内容上的优质概率要更高,这恰是理性选择的结果。

因此,在互联网经济实践中,非理性选择过程与理性选择结果完成了统一。这种统一不是通过买者之间、卖者之间以及买卖双方之间的竞争过程实现的,而是依托于大数据的可储存能力和消费轨迹的沉淀所带来的信息边界扩张的基础。也正是因此,马云的互联网世界改变了传统的消费模式,实现了立足于消费者理性环节上的一次革命。

（二）互联网经济中，最关键的问题是研究消费如何发生，并不关心消费量的多少。后者恰恰是传统经济学效用论解决的问题

在传统经济学中，作为理性经济人，在给定花费支出的前提下，消费者会按照某种原则在不同商品间分配比例，以求达到效用最大化的目标。在那里，不同的商品分别代表了满足人们不同需求的功能特征，而同一商品则暗指同质化的东西。在现实的世界里，人们面临的不仅仅是满足人们不同用途和属性的不同类别的商品，即使是同一种商品也因为客观和主观的原因而千差万别。所谓客观原因，比如商品的功能、品牌的档次等；主观原因则如他人对某一商品的引导、出售商品商家的信誉等。毫无疑问，互联网经济实践中，消费环节被拆分成为两个阶段的问题：一是消费者选择商家的问题；二是确定好商家后究竟买多少数量的问题。后者是经济学消费者行为理论关注的问题，前者则是互联网经济重点解决的问题。

那么，消费到底是如何发生的呢？笔者以为，它首先要满足消费者的需要，这是商品使用价值的体现。除此之外，商品还需要迎合消费者个性化的需要，这恰恰是买方市场认识消费发生机制的关键要素。不可否认，在我们今后这个物质极为充盈的时代，同类商品的商家之间的矛盾是主要矛盾。因为商品购买不仅是一种满足功能需求的手段，还是一种自我感知和体验的过程。那些能够把握住消费者心理，在个性、体验、创意等方面做得很好的商家，往往是市场的胜利者。但其前提是能够把自己具有个性和创意的商品内容传播出去，让消费者完全了解。否则再好的东西也会因为无人知晓而被人遗弃。从这个角度讲，互联网经济造就了一个巨大的、即时展示的虚拟空间，消费者可以在第一时间、以极低的搜寻成本了解到商品的差异，通过对过往消费记录和消费评价的阅读，可以迅速获知购买商品获得较大效用的概率，从而使那些锐意创新的商家脱颖而出，也让消费者坚定了消费的决心。

很明显,在马云开创的以 B2B 为代表模式的阿里巴巴和以 C2C 为代表模式的淘宝两大平台上,每天都有数以万计的交易在发生,这绝对不是因为价格比较带来的结果,也不是因为买卖者数量大的结果,而是源于消费者的即时选择空间很大,消费者可以有效利用的交互信息很多,基于对他人消费的模仿、对商家服务的认可和自身的信息判别,在客观上加速了个体消费者的消费决策行为。因此,互联网营造的经济世界里,消费与否的问题远远比消费多少的问题重要,这表明传统的边际效用递减规律要让位于立足在信息外部性基础上的消费网络效应,传统理论的消费选择理论要退让给消费发生理论。这是互联网经济实践对传统消费理论的又一次革命。

(三) 交互信息的易于获取,缔造了全新的、多赢的次优消费模式

如果说易于获取的交互信息是互联网经济实践引入的重要变量,那么,什么是交互信息?它能带来怎样的益处?它对传统消费模式的作用又是什么?只有将这些问题解释清楚,才能够明白马云现象对消费模式革命的第三重含义。

交互信息是一种信息迭代后产生的信息集合。在互联网时代里,交互信息的表现和内容和形式不断朝着智能化、个性化方向演化。对互联网技术专家而言,Web 1.0 时代的交互信息特指人们在网络上调取的可读文本数据,这就犹如一个拥有巨大资料和丰富信息的图书馆。Web 2.0 时代的交互信息是以可读可写,信息是人与人之间交互形成的,但数据处理还需要个体完成,以 Interaction 交互以及社会化网络为标志的时期。进入 Web 3.0 时代后,交互信息是大数据应用的聚合,表现为未开放数据共享下的智能化和个性化。例如,你有一个 Facebook ID,你第一次访问某个社交网站,它就能知道你喜欢哪些话题,你可能喜欢关注哪些人,以及你能够回答哪些问题,等等。

表 2-3 交互信息的演化路径

	内容	表现	方式
Web 1.0	page+page 的 mashup	read only	服务提供者提供 information（以 page/doc 形式存在）
Web 2.0	基于 API 的 mashup	read/write	服务提供者以开放 API 的形式共享 data
Web 3.0	基于 open data 的 mashup	personalized	服务提供者以 open data 的形式共享 data

资料来源：改编自 http：//www.damndigital.com/archives/464190。

Web 3.0 时代的交互信息以共享为基本特征，数据之间是开放和相互关联的，形成了一个缜密的数据系统（如图 2-1），相互关联可以通过数据的 Tags（标签）的方式来完成，以真正实现交互中的信息个性过滤和智能优化。当然，实现完全开放是不可能的，但开放数据

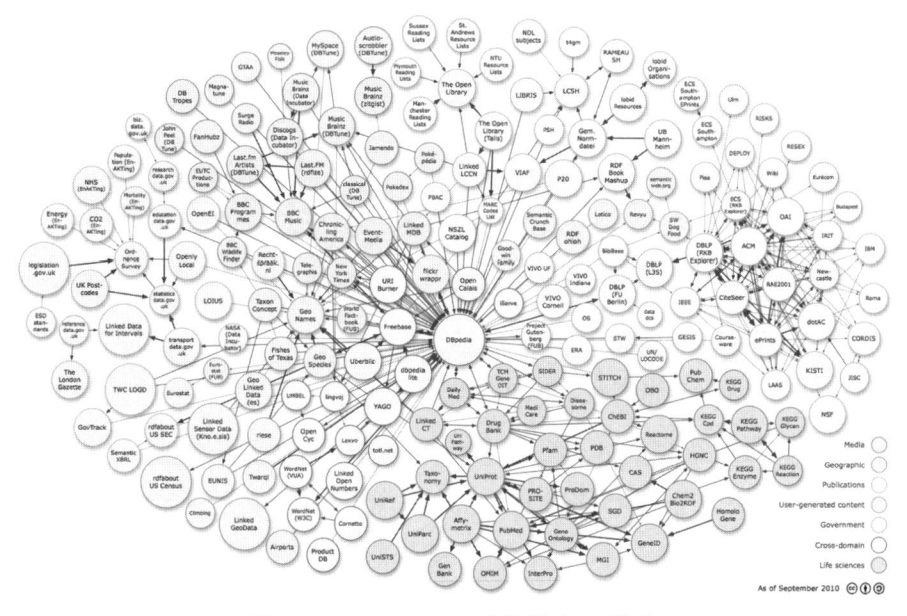

图 2-1 Web 3.0 时代的交互信息

资料来源：DataVisualization。

依然会是一个重要的突破,这已经在马云的战略布局和发展规划中有所体现。

在互联网经济实践中,交互信息是买卖双方集合在每一次交易中形成的数据集合体系。举例来讲,对买者而言,这类数据在自己不同商品交易中的累积可以成为网络判断个人偏好的依据,最终为商家享用。对卖者而言,每一次消费者对其服务态度和购买体验的评价成为网络推荐的依据,最终为买家享用。当然,这种沉淀的数据远不止这些,还包括卖方依据买方意见的改进,买方根据他人交易记录的行为修正,等等。与传统的一次性的单边市场交易不同,互联网消费因为交互信息的存在,实现了买卖双方交易行为的优化,提高了单次交易中双方的福利水平。在交互信息方面,任何一方都没有凌驾于对方之上,买卖者既是生产者也都是享用者。这种交互信息共享共用的特征实现了交易的互利共赢,缓解了传统交易中以价格为纽带的对抗性质。从这个意义上说,互联网塑造了双赢的消费模式,因为价格对抗依旧存在,故将其称为多赢的次优消费模式,这也是互联网经济实践对传统消费理论的第三次革命。

第二节 交易机理:互联网经济交易决定命题

根据笔者的观察,互联网交易与传统交易有两个最大的区别:一是买者搜寻产品的成本大大降低;二是信息不对称问题虽然不能彻底消除,但确实得到了改善。事实上,交互信息的引入,对传统经济学以价格机制为核心的供求关系、竞争机制形成了强烈的冲击,转而形成了互联网经济中的供求一体、共享经济、信息均衡机制。当然,这些机制的产生并非是对供求机制和竞争机制的替代,而是让经济学分析变成了多层次的问题。由此,本书将尝试提出互联网经济第一个命题。

命题一（互联网经济交易决定论）：传统经济学强调价格在交易达成中的决定性作用，而价格在单边市场中是由供求机制和竞争机制决定的；互联网经济强调交互信息（信誉评价、信息累积——什么卖得好，而非价格是什么）在交易中的决定性作用，而交互信息在网络经济中是由以往发生的、真实的历史交互信息决定。

一、供求关系的异化：Prosumer

2016年美国学者阿尔文·托夫勒在《财富的革命》一书中将Producer（生产者）和Consumer（消费者）两个词汇组合提出了"Prosumer"一词，意指一种生产者即消费者，或消费者即生产者的现象。托夫勒进一步解释说，在隐形的经济中"所发生的大量活动基本上都没有痕迹、没有经过测量也没有产生报酬。这就是产消合一的经济"。"只要我们既生产又消费我们自己的产品时，我们就是在进行产消合一。"

当然，这种产消合一的特征绝不是自给自足的概念，也就是说它不是指最终意义上的自产自销，而是蕴含了"消费与生产一体发展中的互为促进、互相协调"的关系。在互联网经济实践中，供求一体的趋势非常显著。比如，交互信息作为一个重要的变量，每一次交易发生之后，买卖双方都是过往交互信息的受益者，也都是即时交互信息的生产者和未来消费者。再比如，对于一些从事内容服务的经济活动，互联网有效促进了供方与需求方的一体化。一些电视剧的创作、剧本的写作等不再仅仅是编剧和作家的构思，也包括了他们从网民那里获得的灵感，而这些灵感最终满足了需求方的意愿，交易便就此顺畅地完成。因此，这里所说的Prosumer有其特定含义，一方面它不是针对个体消费者与生产者关系的描述，而是对互联网经济活动中买卖双方集体关系的一种刻画；另一方面，它更多的不是针对双方交易的具体产品，而是交易产生的交互信息。

有了 Prosumer 的定义，我们就可以将互联网经济中的生产和消费进行重新界定，并将它们称之为"参与消费的生产"和"参与生产的消费"。传统经济中，生产是稀缺生产要素配置的结果，生产者重视产出最大化或成本最小化。互联网经济中，个体交易痕迹汇集而成的交互信息才是稀缺资源，企业依据交互信息的生产活动完全符合消费者的个性化需要，具有显著的参与消费特征。反之，对消费者而言，交互信息对生产的调节与引导能够更好地满足自己的效用水平，蕴含着消费者按照自己意愿参与了生产活动。由此，"参与消费的生产"和"参与生产的消费"具有目标的一致性，供求关系矛盾得以缓解。

有了 Prosumer 的定义，我们还可以发现一个传统经济学中常见的生产者势力从集中走向扩散，最终出现消费者、生产者势力均衡。具体而言，传统经济中，消费者群体是相对弱势的一方。由于信息不对称，企业家掌握着更多的信息优势。由于消费者和生产者提供信息的可信度不同，生产者将倾向于仅仅提供利于自身的信息。同时，消费者缺乏能力和动力筛选出生产者提供的带有偏见的信息，因而会相信生产者，甚至将企业视作专家。不难想像，那时的经济条件下，消费者拥有的有效信息很少，讨价还价总是发生，但每一次讨价还价最终还是对消费者不利。显然，消费者拥有的信息越少，其市场影响力越弱。生产者则可以充分利用这一信息优势。结果是不同消费者对同一商品有不同的价格搜索成本，使得生产者可采取价格歧视。不仅如此，由于阻碍消费者自由选择和交流壁垒的客观存在，虽然消费者群体本应有能力影响生产者，但消费者并没有实际使用该能力的机会。一方面，消费者可以接触到的可供替代的生产者数量和产品质量的有限，限制了消费者自由选择的能力。另一方面，由于交流成本、地理因素等条件约束,消费者难以形成信息无缝连接的消费者群体,信息反馈也极易被忽略。消费者间更容易得到正面的信息,只有生产者才有条件得到负面反馈。因而,消费者之间、消费者和生产者之间都存在交流壁垒。

由此观察,在互联网经济实践中,消费者的信息势力得到加强。互联网时代的交互信息大大降低了信息不对称的程度,互联网消除了人与人之间的地域壁垒,使消费者间交流日益密切,选择范围扩大,对于新商品选择面临的风险下降。与此同时,互联网的信息流动将促使消费者对商品的反馈易于影响其他消费者,同时也易受到其他消费者反馈的影响。总的来讲,互联网经济有促使消费者势力提升的倾向,优秀的生产者也希望维持这种信息机制,期望消费者有能力筛选出具有优胜劣汰的信息。

二、竞争机制的异化:竞争的共享性与代际性

基于交互信息的供求一体趋势,客观上缓解了企业利润最大化与消费者效用最大化的矛盾。在传统的经济学分析中,供求关系的最优解往往是通过给定消费者效用水平或者给定企业利润水平时,求解效用最大化和利润最大化的问题。这种对偶式的求解法则在函数构思上突出了价格在买卖双方之间的对立程度,均衡价格才由此产生。但要注意的是,无论是效用还是利润,首要的问题是买卖双方必须达成交易。如果双方的联系仅仅维持在价格的高低方面,那么,确定合理的价格似乎成为交易发生和交易数量选择的唯一手段。然而,正如前文所谈到的那样,互联网经济将交易发生与交易数量的选择视为两个阶段的问题。因此,当交互信息成为决定个体 Prosumer 交易发生的前提时,买卖双方都会把交互信息作为实现利润最大化和效用最大化的基本条件。不仅如此,从买卖整体的角度来看,交互信息的数量越多、质量越好,就越能带来交易量的大规模提高。而大

规模的交易量说明消费者集团获得的总效用水平越大，企业集体实现的总利润就越多。由此，这种正向的关联关系改变了传统经济学的利润与效用的矛盾关系。

这里我们将联想到共享经济的概念。所谓共享经济，最早是在1978年由美国社会学教授马科斯·费尔逊（Marcus Felson）和琼·斯潘思（Joe L. Spaeth）提出[①]。但在实践上，共享经济现象却是在最近几年流行的，其主要特点是，包括一个由第三方创建的、以信息技术为基础的市场平台。这个第三方可以是商业机构、组织或者政府。个体借助这些平台，交换闲置物品，分享自己的知识、经验，或者向企业、某个创新项目筹集资金。以 Uber 打车为例[②]，私家车拥有者在空闲时可以兼业做出租车司机，而消费者也可以迅速便捷地享用到个性化专车服务，这实现了供求双赢的局面。当然，在一个完善的服务体系里，打车人会通过交互信息查看私家车主的服务信息和汽车信息，而车主也会通过交互信息了解打车人的信誉，如身份、职业等。从这个意义上，供求一体的双赢局面也需要交互信息作为支撑条件。

进一步延伸，互联网经济的竞争将可以作为达成共享的条件，最终实现竞争替代向竞争共享的转变，这时还需要强调网络外部性。所谓网络外部性，指的是连接到一个网络的价值取决于已经连接到该网络的其他人的数量。通俗地说就是每个用户从使用某产品中得到的效用，与用户的总数量有关。显然，要充分实现网络外部性，就需要较高的参与者支持，这会使垄断者通过授权独家技术的方式，邀请竞争者，扩大市场，形成实践中的网络外部性的竞争效应。也就是说，平台中彼此有竞争关系的公司数量的增加，虽然加剧了竞争，但

[①] M. Felson, J. L. Spaeth, "Community Structure and Collaborative Consumption: A Routine Activity Approach", *Amercian Behavioral Scientist*, Vol. 21, No. 4, 1978, pp. 614-624.

[②] 也有人对此不以为然，认为 Uber 只是协作经济，司机和乘车人之间仅仅是一次性的交易关系，彼此之间没有任何交流，也没有共享任何东西。

也使得消费者的购买意愿和购买热情空前高涨。当市场产出和可供选择的商品组合足够高,网络外部性足够强时,网络效应大于竞争效应,此时垄断者就有动力邀请甚至资助竞争者。三星手机模式或许是一个较好的例子:三星把曲面屏、UFS 2.0 技术下放到其他厂商,而不是类似于苹果独家垄断核心技术。竞争效应由于厂商的增加而增强,同时,网络效应使得曲面屏、UFS 2.0 技术扩张加速,为技术的开发和配套建设集思广益。

还有很重要的一点,互联网经济更加突出了时间序列上的代际竞争性质。以网游为例,一款新游戏推出并得到用户青睐后,即便是已经占据垄断地位的旧网游也将会大规模流出用户,直至被淘汰出局。这种新旧交替在供应角度看是产品的升级换代,但从需求角度讲则是时间序列上的代际竞争。传统经济学中,竞争的内涵隐喻地体现了"三个性质",即产品的同质性、空间的同一性、时间的即时性。这"三性"是工业化时代的生产特征(创新速度慢)和消费特征(面对面消费)的市场经济性质的推论,却与互联网经济不相匹配。在互联网经济中,产品创新的速度是超乎想像的,产品开发和商业化的时间间隔迅速缩短,谁能够以最快的速度提供有效的产品,它就能够获得"赢者通吃"的效果。此时,在衡量竞争强度上,产品的同质性不再重要,新旧产品并非同质却仍然可以是"你死我活"的激烈竞争。从形式上看,时间紧缩体现为产品生命周期缩短、产品开发时间缩短和利润回报时间缩短三个方面的内容。正如摩尔定律揭示的那样,集成电路的复杂度(可被间接理解为芯片上可容纳的晶体管数目)每两年增长一倍,运算性能也将提升一倍[1]。与此相关联的吉尔德定律则表明,主干网带宽的增长速度至少是运算性能增长速度的三倍,所以根据摩尔定律每两年运算性能提高一倍计算,主干网的网络带宽的增长速度大概是每八个月增长一倍。显而易见,这样的创新速度是超

---

[1] 流传很广的另一个版本是每隔 18 个月增加一倍。不过这种说法被摩尔本人否定。

乎想像的,时间序列上的新与旧交替已经是也理应成为理解互联网经济中竞争的主要形态。不仅如此,互联网经济中,虚拟空间和网络平台改变了面对面的消费性质,不见实物也可以大规模地发生交易,实体空间被无限拓展之后,竞争的充分性变强,但时间序列上的赢者通吃结果又会最终消解带来垄断。因此,衡量互联网经济的竞争垄断关系,就不能继续参照传统经济学的市场结构理论,这恰恰是理解互联网经济竞争机制的核心问题。

三、均衡条件的异化:消费者偏好部分取代价格

关于互联网交易机制的研究,国外学者 P. Lauerit 等(2002)首次建立了基于买者对卖者的信誉评价的互联网交易机制模型,分析了模型的动态演化规律,并讨论了诚实度与信誉的区别问题。国内学者孙树垒等(2005)运用进化博弈论方法,拓展引入了网上卖者的信誉指标——诚实度,并结合买者的性价比和价值收益的关系,模拟了买者对企业诚实度不同信任条件下的互联网交易机制,形成了诚实度与占优企业最优比例的关系。在那里,互联网交易均衡机制重点聚焦诚信企业与非诚信企业的比例及其动态变化,属于互联网交易的引致结果,并不是交易达成的均衡条件。需要看到,基于交互信息的供求一体趋势,客观上改变了交易发生的条件。具体来说,在传统经济学中,生产者在事先给定资源边界的前提下,通过要素价格与边际技术替代率的关系,确定出最优的社会产出,从而圈定了消费者之间可交易的商品边界,进而利用价格调节的市场出清法则寻找达成双方最大效用的价格比例。这种理论分析范式自提出时就广受争议,因为"帕累托最优"的前提条件是生产技术和消费者偏好都是不变的。但实际情况是,由于社会生产力的发展变化,不仅生产技术在变化,而且变化的速度越来越快。

参照这样的分析思路,互联网经济的均衡价格机制就出现了异

化。因为交互信息的存在,生产者的产品创意和消费者的偏好都存在着动态变化趋势,但这并不是妨碍了两者交易的发生,反而是加速了交易结果的收敛,根本的原因在于交互信息带来了供求关系的一体化。此外,即使是给定卖方的商品种类和数量,交易的均衡条件也不仅仅是均衡价格,应该具有两种可能:一是,当交互信息数量过少或者交互信息质量不高不足以成为消费发生的条件时,价格自然就成为了必然的均衡条件;二是,当交互信息足以支撑交易发生时,消费者将会剔除部分商品,在可供交易的商品范围内,消费的个性化偏好成为交易的均衡条件,如累计购买量、商户好评比、送达时间,当然也不排除价格。应当看到,第二种可能的均衡条件是互联网经济中的常态,这也就是价格不应当是互联网经济中交易的均衡条件的重要原因。

第三节 内容拓展:交易痕迹、交互信息与可视化效用

互联网经济交易决定命题阐释了交易的决定因素是交互信息,但没有探究交互信息是如何产生的,以及交互信息是如何对经济分析产生作用的。因此,在本节里,笔者将循此轨迹进行拓展分析。其中,可视化效用的提出可以看作是互联网经济对传统经济交易逻辑的根本变革点。

一、数据追索:交易痕迹与交互信息

买卖是一种经济行为,实践中多是一次性即买即卖活动。与此对照,在互联网空间上的买卖行为却是有迹可循的,每一次为交易准备乃至交易发生的过程都可以通过交易痕迹的方式留下可储存、可分析的交互信息。这些信息涉及行业的中观数据,也涉及买卖双方

个人的数据集合,通过分析,这些数据将最终成为决定交易发生和优化供求关系的交互信息。"阿里指数"是了解电子商务平台市场动向的数据分析平台,在这里人们可以按照需要获取买卖双方的交易痕迹。以下将以阿里指数中关于3G数码配件中照相机配件的交互信息为案例进行说明,选取的时间范围是2016年3月1—7日。

(一) 买/卖双方的交易痕迹与信息沉淀

阿里指数中的买方交易痕迹有许多种类,包括热买地区分布、买家概况两个基本板块。表2-4全面归纳了交易痕迹的内容。

表 2-4 买方的交易痕迹

交易痕迹		信息沉淀
地区	前十名	广东、北京、上海、浙江、江苏、山东、河南、河北、四川、湖北
买家概况	性别占比	男性占73%,女性占27%
	年龄分布	小年轻、年轻和青壮年是主力购买年龄,约占70%以上
	星座分布	天蝎座和天秤座是主要的购买星座,白羊座和射手座最少
	相关爱好	音乐、数码和运动是三项主要爱好
	会员等级	$V_0 > V_4 > V_3 > V_2 > V_5 > V_1 > V_6$
	终端偏好占比	PC占48%,无线占52%

注:会员等级是按成长阶段划分,从V_0到V_6分别代表铁牌会员、铜牌会员、银牌会员、金牌会员、钻石会员、皇冠会员等。

从今后的销售来看,这些信息沉淀可以为商家提供许多有益的启发,包括重点客户是怎样的类型,可以推荐的延伸产品是什么。当然,目前列举的这些信息沉淀在内容上是初步和基础的,如果加入买家对卖家的评价信息,买家对产品的个性化需求信息等,卖家为买家量身定制的销售策略可以获得进一步优化,精准营销就得以实现。从买者角度来看,他们是商品的个体消费者,但同时也是信息沉淀者。这些信息反过来成为商家的免费消费商品,但根据信息进行的精准营销又将为消费者提供更好的服务体验,消费者的选择权价值和体验价值获得进一步提高。因此,消费者的信息沉淀最终提高的还是自己的福利水平。

接下来我们可以探查卖方的信息轨迹,如图2-2所示。在数码产品配件中,卖家主要集中在5钻半的评级,而且75%以上卖家分布在上升期、入门期和稳定期的经营阶段。从地区分布上看,成交卖家的前10位地区分别是北京、广东、上海、江苏、浙江、山东、辽宁、四川、福建和黑龙江。显然,这些信息轨迹对消费者进行产品搜寻与选择具有较好的帮助,有利于推动消费者的精准购买行为。

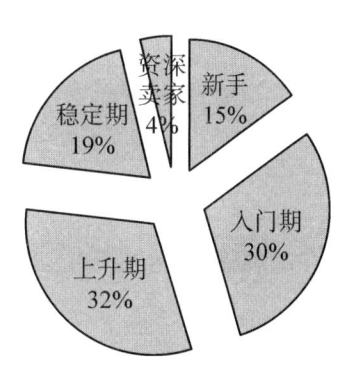

图2-2 淘宝数码产品卖家的特征分布

资料来源:阿里巴巴指数官网。

(二) 信息沉淀的交互性质

如前所述,买卖双方的信息沉淀是买卖个体交易过程中形成的个体信息的汇聚,这些信息反映了各个群体的总体特征,却为另一群体使用,这就是交互性质。在传统经济学中,均衡价格具有类似的性质。因为,每一个买方和卖方都会按照均衡价格来决定自己的购买和出售行为,每一个单一主体都无法决定价格的数量。但从均衡价格形成机制上看,它又是买卖两个集团力量对比的产物。这种群体矛盾的均衡结果反过来又指导个体经济行为的机制,就是均衡价格在经济学中的内涵。类似地,信息轨迹是买卖个体在网络空间上留下的交易痕迹,但这些痕迹汇聚后形成的信息反过来又会引导另一方改善行为,进而带来并优化双方的福利水平,这在运作机理上的确与均衡价格相一致。由此笔者认为,在互联网经济中基于个体信息轨迹形成的交互信息将成为决定交易达成的关键力量,均衡价格的作用被显著弱化了。也正是在这样的意义上,买卖双方的联系渠道和方式被赋予了更多的含义,那些除价格之外的因素如爱好、等级、年龄等都成为了促使交易发生的内生变量。显然,后者这些内容在传统经济学中从一开始就被认定为同质的外生因素。

总体而言,交互信息的本质应该包括两层含义:第一层含义是一方的信息内容可以为另一方使用;第二层含义指已经显现的信息集合并不完全是单一主体自身的信息,而是双方交互后的信息记录。

二、可测量的效用:交互信息与可视化效用

在经典的西方经济学理论中,效用是用来测算消费者购买商品获得的满意程度。由于这种效用意义的满意度带有极强的主观色彩,实践中无法观测乃至计算,一直为人们所诟病。当然,在建构效用论的时候,通过产品同质化假定以及与消费者预算约束(货币收入)挂钩,消费者的选择实质变成了按照个人主观好恶与商品客观价格之间的关系问题,最终形成了单位货币边际效用相等的戈森第一定理——消费者行为法则。实践中的人类行为在潜移默化中依旧遵循这一法则。然而,互联网经济实践中,消费者的效用是可以观察的,也是可测度的,还是可为他人共享的,这种效用的测度可以用满意度来代表。过去,为了获知满意度的数据需要抽样调查,费事费力不说,成本还很高,但目前网络的大数据功能和云计算能力,使得人们可以低成本甚至零成本地得到这一数据。

以阿里指数为例,我们可以对近 7 天内电视机的购买情况进行数据捕捉,其中满意度赫然纸上。表 2-5 显示,截至 2016 年 3 月 7 日,国内电视机供应商可以按满意度进行排序,其中最大满意度得分 4.99 分,接近 5 分的满分,依次是 4.98、4.83……这对于购货商而言是极其有价值的购买信号,他可以按照自己的挑剔度设定一个满意度底限,在剔除达不到满意度最低分值的企业之后,获得了一个拟采购商家的集合,进而分别对商家电视机信息进行凝练,最终选择出最

第二章 交互信息与均衡价格 | 69

表 2-5 最近 7 天电视机满意度排行

显示维度：√交易 □流量　统计周期：√最近 7 天 □最近 30 天　数据更新时间：2016-03-07

电视	上升榜		电视	热销榜		电视	最新上榜	
① 深圳市佳明电器有限公司	交易趋势	↑575%	① 深圳市超宝电器有限公司	交易指数	1 502	① 广州阳创电子科技有限公司	交易指数	137
	交易指数	270		满意度	4.99		满意度	4.85
② 东莞市松下电子科技有限公司	交易趋势	↑309%	② 深圳市泽凯斯科技有限公司	交易指数	900	② 苏州威博仕电子有限公司	交易指数	93
	交易指数	54		满意度	4.98		满意度	5.00
③ 深圳市龙岗区南湾声视听器材	交易趋势	↑298%	③ 东莞市兆能电子有限公司	交易指数	793	③ 佛山市顺德区钟鸣电子电器	交易指数	71
	交易指数	64		满意度	4.83		满意度	4.69
④ 广州市鑫普家用电器	交易趋势	↑269%	④ 深圳市龙岗区三格星电器商行	交易指数	724	④ 付俊胜	交易指数	67
	交易指数	234		满意度	4.82		满意度	4.68
⑤ 广州市番禺区大石诺协电子产品	交易趋势	↑188%	⑤ 广州京格立电子科技有限公司	交易指数	670	⑤ 广州群博电器有限公司	交易指数	63
	交易指数	86		满意度	4.93		满意度	5.00
⑥ 广州慧联电子有限公司	交易趋势	↑186%	⑥ 深圳市龙岗区星盟现代电器商行	交易指数	657	⑥ 张荣都	交易指数	58
	交易指数	405		满意度	4.82		满意度	5.00
⑦ 广州市番禺日荣电子厂	交易趋势	↑142%	⑦ 广州市视显电子科技有限公司	交易指数	630	⑦ 王学仕	交易指数	45
	交易指数	140		满意度	4.99		满意度	5.00
⑧ 广州万腾电子有限公司	交易趋势	↑118%	⑧ 广州慧联电子有限公司	交易指数	540	⑧ 上海科齐电子有限公司	交易指数	45
	交易指数	144		满意度	4.64		满意度	4.85

资料来源：阿里巴巴指数官网。

符合自己要求的商家,并确定购买行为。

表面上看,这种选择的过程是商业营销实践的一般流程。但在经济学层面却不可小视。因为以满意度表征的效用一旦具有可观测性质,价格就显得不那么重要了。因为被剔除掉的商家很可能供应的是价格最为低廉的电视机。不仅如此,当高满意度成为买者可交易区间的必要条件时,商家试图通过服务创新提升买方满意度的动力就会更大,这种正向反馈机制会形成对低满意度商家的淘汰机制。因此,可视化的满意度出现以后,并不是消除了同类商品卖家之间的竞争关系,而是改变了仅仅以价格为中心环节的竞争性质,转而形成了"竞争—满意度"的逻辑关系,这无疑提高了消费者的福利水平。对卖家而言,加大服务创新尽管会带来成本的增加,但也会带来销量的提高,而且满意度与价格并非是一对替代关系,保持相对较高的价格和更高的满意度依然为消费者青睐。这种情况下,价格弹性就显得不是那么重要,需求满意度弹性将成为矛盾的关节点。

此外,我们还可以对买方的情况进行交互信息的搜寻。如图 2-3 显示,在最近 30 天,电视机行业超过 50% 的采购客单价大于 2 135

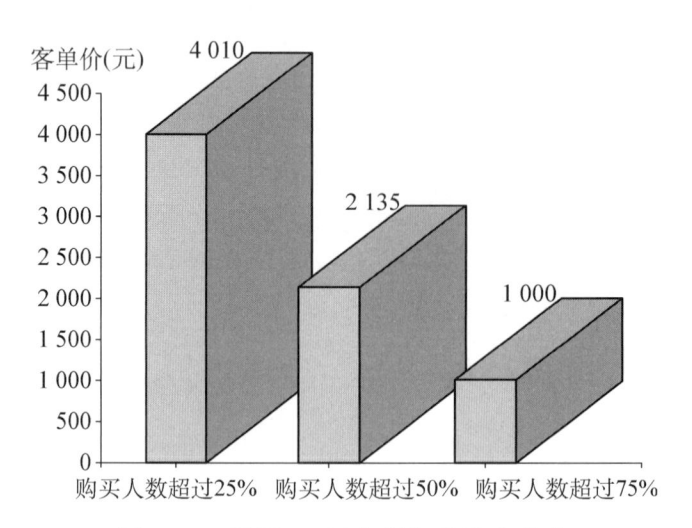

图 2-3 最近 30 天电视机采购客单价

资料来源:阿里巴巴指数官网。
注:客单价是指被支付订单金额除以买家数。

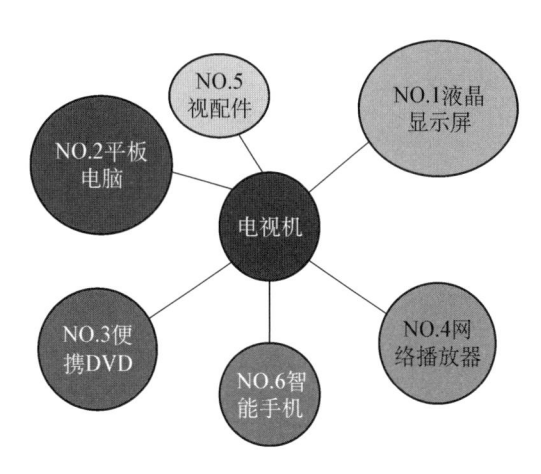

图 2-4 最近 30 天电视机采购关联情况

资料来源：阿里巴巴指数官网。
注：关联强度越大，圆圈也越大。

元。其中，买方集体对电视机采购的主力价位区间是 2 135—4 010元，而且电视机行业的采购商中，通常还会关联采购液晶显示器（见图 2-4）。另外，显示潜在购买者的还有搜索榜（见表 2-6）等。当然，可显示的信息还远不止这些，通过对这些买方信息的观察，可以为卖者优化决策提供一个可能的方向。

表 2-6 最近 7 天电视机各类搜索榜单情况

电视 上升榜			电视 热搜榜		
关键词	搜索趋势	搜索指数	关键词	搜索趋势	全站商品数
① 液晶电视机外壳	↑172%	156	① 液晶电视	6 413	71 181
② 内置 WIFI 电视机	↑146%	86	② 电视	2 862	627 709
③ 22 寸液晶电视机	↑135%	134	③ 电视机	2 761	310 088
④ 宾馆用电视	↑127%	86	④ 平板电视	934	20 089
⑤ 电视机 42 寸液晶	↑109%	51	⑤ 32 寸液晶电视机	901	4 742
⑥ 创维智能电视机	↑100%	128	⑥ 电视机 创维	728	2 610

(续表)

电视　上升榜			电视　热搜榜		
关键词	搜索趋势	搜索指数	关键词	搜索趋势	全站商品数
⑦ 4K 液晶电视	↑93%	86	⑦ 二手液晶电视	723	52
⑧ 创维 32 寸液晶电视机	↑92%	171	⑧ 乐视电视机	689	536
⑨ 100 寸液晶电视	↑83%	260	⑨ 42 寸液晶电视	659	3 830
⑩ 三星等离子屏	↑82%	10	⑩ 二手　电视	588	0

电视　转化率榜			电视　新词榜		
关键词	搜索转化率	全站商品数	关键词	搜索指数	全站商品数
① 宾馆液晶电视	80%	598	① 二手　电视	588	0
② xiaomi TV	75%	21	② 金正液晶电视厂家	206	28
③ 体感电视	75%	725	③ 先科液晶电视 32 寸	186	41
④ 创维网络电视机	75%	476	④ TCL 液晶电视主板	171	45
⑤ 海尔液晶电视 32 寸	75%	59	⑤ 清仓二手液晶电视	156	18
⑥ 液晶电视 32	75%	5 412	⑥ 乐视电视机 4K	140	48
⑦ 理想液晶电视	75%	31	⑦ 4K 液晶电视	134	41
⑧ 电视 28 寸	75%	332	⑧ 液晶电视改装套件	123	16
⑨ 索尼电视 4K	75%	64	⑨ 高普电视机	123	19

资料来源：阿里巴巴指数官网。

注：(1)搜索趋势指所选时间段较上一时间段搜索次数变化的比例；(2)搜索指数指根据搜索次数等因素综合计算得出的数值，数值越大反映搜索热度越大；(3)全球商品数指与该关键词相关的阿里巴巴网站已上网的供应品数量；(4)搜索转化率指在所选时间段，搜索后点击的用户数除以该时段内的搜索用户数；(5)新词榜指全球商品数在 20 个以内的关键词，按照搜索指数从高到低排序的排行榜。新词榜中的关键词搜索量不大，但一旦被搜索，直接获得曝光机会。

最后要说明的是，在网络空间上弹指间看到的这些交互信息，是历史交易信息的记录，这种交易脱离了现实空间的束缚，线上留下的是信息数据，线下完成的是商品流动。线上的满意度交易法则促进了线下的服务创新，的确带来了优质驱逐劣质的效果，形成了买卖双方共赢的结果。

第三章

用户基数、诚信与交互信息结构

交互信息决定交易形成的理论命题是对平台内买卖双方供求关系的剖析，没有涉及对交互信息内容、结构、决定因素等方面的探究。在本章中，我们将进一步深化互联网经济交易命题的内容，尝试打开交互信息结构内涵这一"黑匣子"。重点探究交互信息数量和质量的决定问题，进而立足 Prosumer 对交互信息的选择函数，确立数量与质量的均衡条件，阐释其现实意义。应当说，本章的思考是对马云现象的理论提炼，也是互联网微观经济运行机理的理论总结，同时对指导中国互联网经济的顺畅发展具有一定启发意义。

第一节 背景导入：交互信息的数量与质量

没有一定数量和质量保障的交互信息，是不可能营造出产品种类众多、行业门类庞大的网络经济形态。从马云以及后起的众多互联网企业家发展的轨迹可以看出，吸引用户、累积用户直至优化客户都是普遍的发展思路。比如，阿里巴巴用了将近 8 年多的时间才实现了对用户数量和用户信用的积累。这其中，无论是国内买卖的摊位"诚信通"，还是国外买卖的摊位"中国供应商"，都记录并累计交易商历次交易的诚信信息。毫无疑问，这种积累是马云制胜的关键要素，也是后来竞争者很难逾越的一个极高进入门槛。

一、三点修正：互联网经济的用户基数与诚信

在传统经济学中，完全竞争市场被认为是最为完美的和最有效的市场结构。在那里，分别确立了四个基本前提条件，即市场里有无穷多的买者和无穷多的卖者、产品是同质的、信息是充分的、进出是无壁垒的。这种过于理想式的真空模型在现实经济实践中几乎从未实现过，但这个理论却构成传统经济学指导市场经济完善方向和建构目标的思想基础。从起因上看，上述四个条件无非是为了保证竞争的公平性、有效性，是以价格论作为协调买卖双方矛盾的突破点。然而，在互联网经济中，既然交易达成的问题远远重要于数量选择问题，因此，价格竞争就让位于交互信息共享。正是从这个意义上，互联网经济开始与传统经济的分析逻辑发生变化。在这里，我们仍然希望有无穷多的买者和卖者，可以将其称为用户基数，但我们不需要有同质产品的假说，而且还要求添加用户诚信并保留进出无壁垒。只有存在这三个基本条件，互联网经济才能够实现资源有效配置，才能够成为不同于市场和企业的第三种资源配置形式，也才可以将O2O的线上线下一体互动共赢效果发挥到极致。

（一）用户基数规模与竞争效应无关，而是网络经济效应存在的前提

在第二章中，我们曾经提出互联网经济中的竞争促进共享的现象，其根本的目标不是为了竞争，而是寄希望于网络经济效应及其产生的更大经济效果。显然，既然是网络经济效应就一定需要较为庞大的用户基数作为支撑，否则交互信息的数量可能不足以支持互联网经济的发展。在这方面，美国著名风险投资人 Fred Wilson

（Union Square Ventures 的合伙人）曾提出过一个著名的互联网和移动互联网的行业定律，即网络行业漏斗黄金比例。他的研究是从电子商务行业转化率（电子商务转化率 = 交易次数／访问数）演变而来的网络定律，形状恰似一个漏斗（图 3-1）。

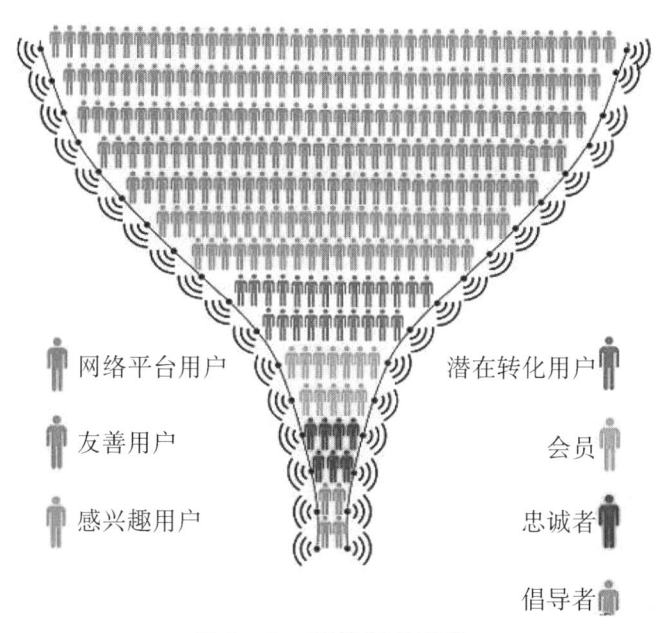

图 3-1　网络漏斗定律

资料来源：http://www.techfrom.com/20157.html。

根据这一定律，研究者发现，在给定网络交易平台上，总访问量用户的 1/3 也就是约 33％的使用者至少会真的使用服务一次，1/10 也就是 10％的用户会经常使用服务，10％的用户会成为该平台的铁杆粉丝。他所做的案例显示，30％的会员/下载，每个月会使用一次；10％的会员/下载，每天会使用一次；高峰时刻同时在线人数是 10％的会员人数。因此，从用户加入会员开始，交易平台的目标是让 1/3 的使用者至少会真的使用服务一次，再让其中的 1/3 成为回头客和忠实用户。这就是互联网业黄金比率或者黄金比例定律。

需要注意的是，即使是在互联网经济中，卖方市场的基本格局没有改变。扩大用户基数首先是吸引潜在的购买者。根据黄金比例定律,如果没有庞大的用户基数,真正能够发生交易的次数就会非常有限,而非常有限的交易数量也无法形成一定规模的交互信息。表面上看,交互信息可以促进商户改进产品、帮助买家做出选择的判断,但从本质上说,交互信息是网络经济效应得以强化的基本条件,人们在获得他人交互信息的时候可以获得利润或效用的提升,而且与交互信息呈现出边际递增的事实。由此,用户基数如果很少或者达不到一定数量,无论是对卖家还是对潜在的购买者,都会成为一个进入的障碍。

(二)剔除产品同质条件与竞争和垄断无关,而是为了强化长尾效应

当大规模的用户基数聚集以后,我们看到的是产品差别化的程度比以前更为显著。传统经济学以产品差别化假定开启了垄断竞争市场结构的研究,但这里的差异化产品仍然强调规模经济效应,属于大批量规模化生产的范畴,成本乃至产品价格占据竞争的主导地位。与此不同,互联网经济中的产品差别化更为细小,甚至不是当下的主流产品,这即是长尾效应的内涵。2004年10月,美国《连线》杂志主编克里斯·安德森(Chris Anderson)在他的文章中第一次提出长尾(Long Tail)理论并警告读者:未来的商业和文化的主导力量不是热门产品,也不可能发生在需求曲线的头部,而是需求曲线中那条无穷长的尾巴[1]。他进一步举例道,在互联网的音乐与歌曲、新书甚至旧书等的销售中,尽管单项的热门制品畅销,高居营业额的前列,但是,由于仓储的无限和联邦特快的存在,使得那些看上去不太热门的制品也在创造着出乎意料的营业额,竟然成为这些新媒体销售收入的

---

[1] 从需求的角度来看,大多数的需求会集中在头部,这部分我们可以称之为流行,而分布在尾部的需求是个性化的、零散的、小量的需求。

图 3-2 长尾效应

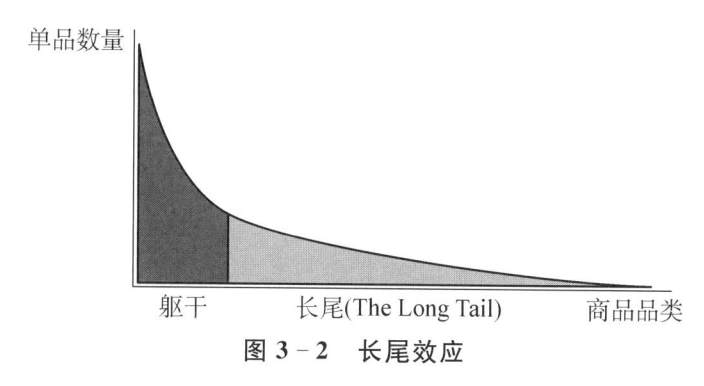

资料来源：百度百科。

主要部分。

互联网经济之所以造就长尾效应，并因此改变传统经济学的"头部效应"，根本的原因在于互联网经济蕴含的交互信息带来了廉价的消费选择和生产改进，即使离开规模经济效应，消费者的个性化需求也可以被满足。当然，这种极具个性的需求往往缺乏价格弹性，是否满意成为问题的全部。因此，当大规模用户基数积累起来以后，就会出现千差万别的个性化需求，也由此驱动了供应商的小批量个性化的创意生产。以马云的阿里巴巴和淘宝为例，它是一个较为典型的"长尾"平台，其成长历程就是把广告商和小微供应商的"长尾"商业化的过程。数以百万计的小微企业和个人，此前从未打过广告，或根本没有能力去打广告。他们小得让那些广告商不屑一顾，甚至连他们自己都不曾想过可以打广告。但马云的淘宝平台却把广告这一门槛降下来：广告不再高不可攀，它是自助的，价廉的，谁都可以做的。与此同时，对成千上万的微信、微博站点和小规模的商业网站来说，在自己的站点放上广告已成举手之劳。除此以外，目前许多的广告还能够以其他廉价的方式开展，如卖者通过以前的交易痕迹自动地向买家提供新的乃至带有个性针对的广告内容，数以百万计的中小企业代表了一个巨大的长尾广告市场。这条长尾能有多长，恐怕谁也无法预知。但我们可以确切知道的是，用户基数越大，长尾就越长。

（三）添加用户诚信与交易无关，而是为了确保用户基数的持续增长

在传统经济学中，诚信问题并不作为理论研究对象，因为经济主体是理性的，诚信既要服从于个人利益最大化，同时又是追求利益最大化的必然结果。在那样一个经济学的世界里，诚信并不需要另外给予规定，竞争带来诚信是基本的推论结果。与此不同的是，在互网络经济中，诚信就显得比较重要。这是因为，从随机游走在网络上的民众转换成为互联网经济的网络基数，就必须满足参与约束条件，即转换可以为他们带来利益的增加。在前面探讨的网络经济效应和长尾效应问题时，利益的增加是建立在交互信息数量扩张的条件之上的。从长期来说，交互信息的质量也需要给予重视。因为，如果交互信息的数量规模很大，但充斥的是虚假信息，这将会对买卖双方的经济行为产生误导作用，进而发生"双亏"现象。此时，用户基数就会流失，互联网经济最终走向崩溃。

此外，网络诚信还会限制网络经济效应和长尾效应的程度。由于互联网交易发生在经济主体互不见面的虚拟空间中，即使图片拍得再清晰、文字描述得再好，如果没有诚信作为前提保障，人们对特定商品的购买仍然很难下决心。例如，美国有一个专门在网上销售钻石的企业——蓝色尼罗河。目前，该网络企业的年销售额是 3 亿多美元，它每年的销售超过了 Cartier、Bvlgari 这些百年奢侈品品牌，而且它的全球影响力也超过了很多传统的、线下销售钻石的品牌供应商。与此对照，国内的宝石或者钻石网络供应商也不少，但鲜有形成强大影响力的商家。原因何在？说到底就是因为我国的网络诚信水平还比较低，人们对这类商品的交互信息仍然存在不少质疑，客观上抑制了那些线上大额支付且要求较高专业知识的商品的交易，限制了产品多样化的水平。

二、两条法则：互联网经济铁律

参照互联网经济对传统经济理论的三点修正，依据"用户基数—交互信息—交易达成"的逻辑思路，我们尝试提出以下两个基本法则。

（一）网络价值的规模报酬递增法则

该法则源自于网络技术发展规律的梅特卡菲定律，即网络的价值与网络规模的平方成正比。换句话说，某种网络，比如电话的价值随着使用用户基数的增加而增加。用公式表示即为，网络的价值 $V = K \times N^2$（K 为价值系数，N 为用户基数）。在这里网络的价值是平台商、购买者、供应商的价值总称。购买者得到的是因为选择权价值提升所带来的多样化和个性化消费的效用提升，供应商获得的是因为有针对性的选择权价值开发带来的商业利润扩张，平台商则在交易规模扩张的品牌提升中获得广告费及交易的分成。从动态角度看，随着网络价值的膨胀，会吸引更多的用户加入，于是网络价值将再次膨胀，如此反复循环自我强化，这就是网络价值的规模报酬递增法则。本质上讲，该法则是网络经济与网络价值关系的形象表述，其应用价值可以初步解释为三点内容：

第一，突破线下市场约束条件下的买方价值创造困境。在线下经济形态中，过剩经济使得买方价值变得非常重要。这里所说的买方价值等同于经济学中的消费者剩余，是消费者主观感受到的消费节余。在实践中，企业家多通过开发新产品、降低价格和广告宣传等手段赢取买方价值，但这些做法的最大缺点是易被其他商家迅速模仿，买方市场约束很难有效解决。相比而言，网络经济可以突破企业竞价的约束条件，它通过线上集合多家有差异的同类产品或者不同类产品的折扣优势，实现消费者和经营者的多赢。而且，网络平台商还有专业市场开发、维护和管理者，可以让线下生产企业节约大量资源和促进自身产品的升级换代，大规模提升客户价值。

第二，有助于促进线下市场的随机交易转向线上市场的稳定交易。在目前的互联经济中，聚集的产品大多是最终消费品，这类产品的最大特点是随机消费特性强，尤其是当提供同类产品的生产企业很多时，某一企业难以观察到自身产品的稳定消费流量。此时，互联网用户基数和交互信息的共同作用，通过漏斗效应可以使潜在的消费流量得到相对稳定的可预测性。而且，随着用户基数和交互信息规模的扩张，这种可预测性的精度将不断提高。其意义在于：商户可以根据交互信息的计算，寻求合理的外包规模和订单计划，确定较佳的库存数量等。

第三，有助于实现线下市场竞争从"红海"向"蓝海"的转型。互联网经济中集聚了多产业的企业，每一个特定产业的企业都因为网络经济效应分享到利益，而且消费者一旦进入互联网进行消费，就相当于进入到具有多样化选择空间的无边界市场。所以，对于供应链而言，在互联网经济中可以规避那种"你死我活"的"红海"竞争，尽管它自己仍然提供单一产品，却因为共享其他产业之产品对消费者的吸引，而成功过渡到一片广阔"蓝海"之中。事实上，互联网经济也是一种动态模式，当它发展到一定规模，用户进入的壁垒也会提高（具体参见本书第四章），只有那些最具有竞争优势、最能够得到消费者认可的供应方才可以进入互联网平台。由此可见，从"红海"向"蓝海"的利益诱惑，以及对供应链具备淘汰或选择能力的入网协议，实质是为企业持续发展提供了一种永久性激励。

（二）诚信创造财富法则

诚信是用户基数的人格化表现，是交互信息质量的衡量标准。在今天这样一个充斥着商业技巧的时代里，诚信似乎显得并不那么重要。但从长远来看,诚信是一切经济活动的基本保障,对于互联网经济的发展尤为重要。诚信即是财富,诚信者更能够创造财富,这是阿里巴巴的理念,也是众多互联网企业(如腾讯、百度等)推崇的法则。可以想像,互联网经济所缔造出来的社会陌生程度要比现实社会更高,人们弹指间留下的信息轨迹乃至经济承诺很可能会因为行为主体的虚幻缥缈而显得更不真实,人性中那些不为别人所见的负面因素也可能得到强化乃至影响他人。可以想像,这样的互联网经济不可能是共享共赢的,也不可能持续地存在下去。

时至今日,互联网经济在全球以难以想像的速度在扩张和蔓延,一个很大的原因是平台经营商对诚信的重视,不遗余力地保护诚信创造财富的机制。绝大多数用户也明白,诚信的缺失最终导致自身利益的损失。根据人民网的调查显示,84.0%的网民支持"建立失信网站黑名单制度",75.3%的网民支持"相关部门定期发布网站失信黑名单",69.9%的网民支持"对发生较重失信行为的网站,依法实施惩戒"。

第二节 信息结构:互联网经济交互信息命题

观察互联网经济运行实践,用户产生信息轨迹,用户基数决定着交互信息的数量和质量。基于交互信息数量和质量的考察与决策,反过来推动着用户基数的变动,所有这一切决定了互联网经济的繁荣水平。基于此,本书尝试提出互联网经济第二个命题。

命题二(互联网经济交互信息结构论):传统经济学立足消费者与生产者的对立关系,通过规模效应(<1)和边际效用递减两个前提建构出理论内核,重点解决企业利润最大化与消费

者效用最大化的矛盾。互联网经济立足"用户基数与诚信决定交互信息质与量进而决定交易发生概率"的理论逻辑。这里,交互信息的数量取决于用户基数,交易信息的质量来源于诚信创造财富的法则。

一、均衡条件：交互信息的数量与质量

命题一仅仅从整体上阐释了交互信息是决定互联网经济交易的关键因素,但从结构视角剖析,交互信息的数量和质量则是实现互联网交易的两个可以具体探究的维度。在现实的互联网经济活动中,Prosumer 会综合利用交互信息做出决策判断。按照对交互信息重视程度,我们可以划分出两种情况：一是 Prosumer 更加重视交互信息的数量而相对轻视质量,二是 Prosumer 更加重视交互信息的质量而相对轻视数量。按照交互信息对 Prosumer 产生的作用,有四种类型：一是交互信息的数量和质量边际贡献递减；二是交互信息的数量和质量边际贡献递增；三是交互信息的数量边际贡献递增,质量边际贡献递减；四是交互信息的数量边际贡献递减,质量边际贡献递增。结合数学原理推算,我们可以假设交易或然方程如下：

$$prob_{ex} = I_Z^\alpha + I_S^\beta \quad （公式 3-1）$$

在公式 3-1 中,$prob_{ex}$ 表示交易达成的可能性,其数值越大,代表交易发生的可能性越高。I_Z、I_S 分别代表交互信息的质量和数量水平,为了模拟运算方便,这里限定交互信息的数量和质量至少要高于一个临界数值,该临界值为 1。由此,我们根据 Prosumer 对交互信息重视程度和交互信息对 Prosumer 产生的作用,可以分为 8 种情形界定 α、β,具体参见表 3-1。

表3-1 对交互信息不同重视程度先对 Prosumer 的作用

对交互信息重视程度	对 Prosumer 产生的作用	α、β 的关系
更加重视交互信息的数量而相对轻视质量	交互信息数量和质量边际贡献递减	$\alpha<\beta; 0<\alpha,\beta<1$
	交互信息数量和质量边际贡献递增	$\alpha>\beta; \alpha,\beta>1$
	交互信息数量边际贡献递增,质量边际贡献递减	$\alpha<\beta; \alpha>1, 0<\beta<1$
	交互信息数量边际贡献递减,质量边际贡献递增	$\alpha<\beta; 0<\alpha<1, \beta>1$
更加重视交互信息的质量而相对轻视数量	交互信息数量和质量边际贡献递减	$\alpha>\beta; 0<\alpha,\beta<1$
	交互信息数量和质量边际贡献递增	$\alpha>\beta; \alpha,\beta>1$
	交互信息数量边际贡献递增,质量边际贡献递减	$\alpha>\beta; \alpha>1, 0<\beta<1$
	交互信息数量边际贡献递减,质量边际贡献递增	$\alpha>\beta; 0<\alpha<1, \beta>1$

如果说求解的是最大化成交数值的话,那么,我们还需要限定约束条件。事实上,在互联网经济中,交互信息尽管是以公共品的形式存在于公共云端,但 Prosumer 要获得一定规模的交互信息,并对这些信息的质量进行揣度,的确是要花费时间和精力的。仍然以简化的形式展开分析,我们可以假定 Prosumer 获取交互信息的数量和质量具有对等性,用影子价格表示即是代表交互信息质量和数量的相对价格是相同的,故两者的相对价格为1。考虑到超过临界值的交互信息数量不可能穷尽,交互信息质量也不可能无任何虚假,这里假定新增的交互信息最大化的数量和质量边界为0.8,由此,约束方程如下:

$$(I_z-1)+(I_s-1)=0.8 \qquad (公式3-2)$$

最后，还要说明的是，表 3-1 中列示的后四种情况与前四种情况是调换了商品数量和质量的关系，属于对偶性质，因此，实际模拟求解时仅仅对前四种情况进行演示。

二、模拟观察：四种类型的均衡解

在给定约束条件下，我们可以求解出最大化的交易可能性数值，并得到交互信息质量与数量的最优解。为此，构造方程系统及拉格朗日方程：

$$\text{Max}：prob_{ex} = I_Z^\alpha + I_S^\beta$$

$$\text{St}：(I_Z-1)+(I_S-1)=0.8 \Rightarrow L = I_Z^\alpha + I_S^\beta + \lambda(2.8 - I_Z - I_S)$$

情形一：交互信息数量和质量边际贡献递减

在 $0<\alpha,\beta<1$ 时方程存在最值和条件极值，求解如下：

$$\frac{\partial L}{\partial I_Z} = \alpha I_Z^{\alpha-1} - 1 = 0 \Rightarrow \alpha I_Z^{\alpha-1} = 1 \quad (公式 3-3)$$

$$\frac{\partial L}{\partial I_S} = \beta I_S^{\beta-1} - 1 = 0 \Rightarrow \beta I_S^{\beta-1} = 1 \quad (公式 3-4)$$

由公式 3-3 和公式 3-4 可以得到以下结果：

$$\frac{\alpha I_Z^{\alpha-1}}{\beta I_S^{\beta-1}} = 1 \quad (公式 3-5)$$

在情形一，已知 $\alpha<\beta$，且 $0<\alpha,\beta<1$，那么，交互信息数量和质量的数值区间分别是 $I_S \in (1.4, 1.8]$，$I_Z \in [1, 1.4)$。证明如下：对公式 3-5 取自然对数整理后，可得：

$$(1-\beta)\ln I_S - (1-\alpha)\ln I_Z = \ln\left(\frac{\beta}{\alpha}\right) > 0，由于 0 < (1-\beta) < (1-\alpha)，则必有：$$

$$\ln I_S > \ln I_Z \Rightarrow I_S > I_Z$$

假如 α 和 β 无限接近,则 $\alpha = \beta$,于是,$I_S = I_Z$,此时 I_Z 最大取值为 1.4。另根据临界值条件 $I_S, I_Z \geqslant 1$,最终得到上述数值区间。同理,在 $0 < \alpha, \beta < 1$,且 $\alpha > \beta$ 时,$I_Z \in (1.4, 1.8]$,$I_S \in [1, 1.4)$。

上述结论的现实含义是指,如果增加的交互信息数量和质量并不能为用户带来更加快速的交易信心提升,而且在交易决策中信息规模(质量)比信息质量(规模)更为重要,那么,只要确保用户获得了一定的交互信息质量(规模),人们更加偏爱于交互信息规模(质量)的积累。

情形二：交互信息数量和质量边际贡献递增

在 $\alpha, \beta > 1$ 时,无最值但有条件极值,我们可以在给定约束条件下,求解方程的条件极值解。在这里,根据方程系统的约束条件,可以得到 $I_S = 2.8 - I_Z$,将其代入目标方程有：$prob_{ex} = I_Z^{\alpha} + (2.8 - I_Z)^{\beta}$,对 I_Z 求一阶导数,可以获得新的条件：$\frac{\partial prob}{\partial I_Z} = \alpha I_Z^{\alpha-1} - \beta(2.8 - I_Z)^{\beta-1}$,且 $\alpha, \beta > 1, 1.8 \geqslant I_Z \geqslant 1$。

依据上述条件,在 $\alpha - 1 > 0$ 的情况下,$\alpha I_Z^{\alpha-1}$ 是关于 I_Z 的增函数;在 $\beta - 1 > 0$ 的情况下,$\beta(2.8 - I_Z)^{\beta-1}$ 是 I_Z 的减函数。于是随着 I_Z 的增加,$\alpha I_Z^{\alpha-1}$ 与 $\beta(2.8 - I_Z)^{\beta-1}$ 的差会逐步扩大。现在,当 I_Z 取最小值 1 时,两者的差值也是最小,代入有 $\alpha - \beta(1.8)^{\beta-1}$,很明显,如果 $\alpha \leqslant \beta$,最小的差也有 $\frac{\partial prob}{\partial I_Z} < 0$。此时,要达到最大化的 $prob_{ex}$ 就需要 I_Z 取最小值 1,那么 $I_S = 1.8$,交易值为 $1 + 1.8^{\alpha}$。

同样的计算方法,我们变换约束条件为 $I_Z = 2.8 - I_S$,代入目标方程得到新的条件：$\frac{\partial prob}{\partial I_S} = \beta I_S^{\beta-1} - \alpha(2.8 - I_S)^{\alpha-1}$,且 $\alpha, \beta > 1, 1.8 \geqslant I_S \geqslant 1$。在 $\beta - 1 > 0$ 的情况下,$\beta I_S^{\beta-1}$ 是关于 I_S 的增函数;$\alpha(2.8 - I_S)^{\alpha-1}$

是 I_S 的减函数。于是随着 I_S 的增加，$\beta I_S^{\beta-1}$ 与 $\alpha(2.8-I_S)^{\alpha-1}$ 的差会逐步扩大。现在，当 I_S 取最小值1时，两者的差值也是最小，代入有 $\beta-\alpha(1.8)^{\alpha-1}$，很明显，如果 $\alpha \geqslant \beta$，最小的差也有 $\frac{\partial prob}{\partial I_S}<0$。此时，要达到最大化的 $prob_{ex}$ 就需要 I_S 取最小值1，那么 $I_Z=1.8$，交易或然值为 $1.8^{\alpha}+1$。

上述答案属于角点解情况，其现实含义是指，如果增加的交互信息数量和质量能够为用户带来更加快速的交易信心提升，而且在交易决策中信息规模（质量）比信息质量（规模）更为重要，那么，用户将会让交互信息的质量（数量）维持在限定的边界数值上，而交互信息的规模（质量）达到最大。

情形三：交互信息数量边际贡献递增，质量边际贡献递减

在情形三的 $\alpha>1$，$0<\beta<1$ 时，求解方程的条件极值解。同样方法，根据方程系统约束条件，可以得到 $I_Z=2.8-I_S$，将其代入目标方程有：$prob_{ex}=(2.8-I_S)^{\alpha}+I_S^{\beta}$，对 I_S 求一阶导数得：$\frac{\partial prob}{\partial I_S}=\beta I_S^{\beta-1}-\alpha(2.8-I_S)^{\alpha-1}$，且 $1.8 \geqslant I_S \geqslant 1$，$0<\beta<1$，则必有 $\beta I_S^{\beta-1}<1$；因为 $\alpha>1$，$(2.8-I_S) \geqslant 1$，则必有也是 $\alpha(2.8-I_S)^{\alpha-1}>1$。显然，$\frac{\partial prob}{\partial I_S}<0$。此时，要达到最大化的 $prob_{ex}$ 就需要 I_S 取最小值1，那么 $I_Z=1.8$，交易或然值为 $1.8^{\alpha}+1$。

情形四：交互信息质量边际贡献递增，数量边际贡献递减

对情形四而言，在 $0<\alpha<1$，$\beta>1$ 时，同样根据方程系统约束条件，可以得到 $I_S=2.8-I_Z$，将其代入目标方程有：$prob_{ex}=I_Z^{\alpha}+(2.8-I_Z)^{\beta}$，对 I_Z 求一阶导数得：$\frac{\partial prob}{\partial I_Z}=\alpha I_Z^{\alpha-1}-\beta(2.8-I_Z)^{\beta-1}$，且 $1.8 \geqslant I_Z \geqslant 1$，$0<\alpha<1$，则必有 $\alpha I_Z^{\alpha-1}<1$；因为 $\beta>1$，则必有

$\beta(2.8-I_Z)^{\beta-1}>1$。显然，$\frac{\partial prob}{\partial I_Z}<0$。此时，要达到最大化的 $prob_{ex}$ 就需要 I_Z 取最小值 1，那么 $I_S=1.8$，交易或然值为 $1+1.8^\beta$。

综合在一起，情形三和情形四的答案仍然属于角点解，其现实含义是指，当交互信息质量（数量）的增加能够为用户提供更多的交易信心，而且交互信息的数量（质量）存在边际贡献递减，此时用户将会让交互信息的数量（质量）维持在限定的最小边界数值上，他会将全部的精力用在提高交互信息的质量（数量）。

三、现实含义：四种情形与四个阶段

在四种模拟情形中，我们得出了互联网交易中用户关于信息结构的均衡问题。从互联网经济发展实践来讲，四种情形对应了四个发展阶段。

第一，在情形三的交互信息数量边际贡献递增而质量边际贡献递减条件下，互联网经济是一个全面关注用户基数的时代，人们对于用户基数规模的重视排在了第一位。实际上，任何一个平台企业或者任何一个国家在其最初从事互联网经济时，吸引用户、做大基数是其营造互联网经济帝国的重要一步。马云通过免费策略挤走 eBay 积累起来自己的用户群体就是最好的一个例子。在这时，用户诚信还上升不到发展的重要位置，用户也是以获取交互信息的数量作为选择交易的关键依据。因此，这种情形可以理解为互联网经济开始步入起步阶段，即第一阶段。

第二，在情形四的交互信息质量边际贡献递增而数量边际贡献递减条件下，用户开始关注诚信问题。他们渐渐发现，过多的用户基数尽管带来了较大的网络经济效应，但海量的交互信息规模仍然需要甄别，过于失真的交互信息虽然积累了规模，但也加大了错误选择的可能。因此，从这个时候起，交互信息质量对交易的边际贡献能力

很大,平台企业和国家也特别关注用户诚信的建设问题。目前,我们观察到马云的淘宝已经开始重视用户诚信问题,并通过各种协议和措施来加强诚信管理。因此,这种情形可以视为互联网经济进入发展阶段,即第二阶段。

第三,情形二是交互信息数量和质量边际贡献双递增条件,撇开哪个因素更大先不说,这种边际贡献递增意指用户无论是关注交互信息数量还是热衷交互信息质量,都会对交易带来更大的好处。这时候,互联网经济进入到用户基数较大、用户诚信较高的状态,用户不必为了达到同样的交易效果而费心费力在交互信息数量和质量的抉择,这也意味着互联网经济进入成熟阶段,此处定位为第三阶段。

第四,情形一给定的交互信息数量和质量边际贡献递减条件,旨在说明用户已经很难通过交互信息数量和质量来改善交易决策。这时的互联网经济已经成为一个巨大的经济帝国形态,用户基数庞大、用户诚信度很高,庞大的交互信息数量和高水平的交互信息质量已经成为一个常态。此时,用户的交易带有较强的随机性质,大品牌和高影响力的交易平台分布在互联网经济体系中,用户对通过增加信息质量和数量提高有效交易的积极性降低。笔者认为,这种情况多发生在互联网经济进入高度发展阶段之后,是第四阶段。

总的来说,立足交互信息数量与质量边际贡献变化划分出来的互联网经济四阶段,与人们对互联网经济发展历程的看法比较一致。比如,在第一和第二阶段是信息经济时代,人们要么关注信息的数量,要么关注信息的质量;第三阶段属于流量经济时代,人们愿意花费更多的时间和精力搜集更多更好的信息;而第四阶段则进入到粉丝经济时代,交互信息转化为忠诚度进而降低了获取和甄别交互信息的努力。

第三节 启发与扩展：互联网经济的反论

将命题一与命题二相结合，我们不难发现，传统经济理论把买者与卖者天然分割，并且表现为大工厂生产什么，人们只能消费什么的特点，而且同一商品买卖双方的关系是价格层面的对立、利益层面的统一关系。在互联网经济中，买卖双方是交互信息的即时生产者，更是交互信息的未来消费者；更重要的是，人们能够以更自由的方式与他人进行合作，此时买卖双方是托夫勒眼中的 Prosumer，也是我们定义的用户概念。Prosumer 的数量规模（用户基数）决定着交互信息数量规模，Prosumer 的诚信水平决定着交互信息质量密度。此时，买者和卖者的天然界限变得模糊，两者的关系成为长期利益的共同体。马云的成功就是利用双方利益一致的诉求将用户基数积累到了一定规模，这时产生的优势是不可替代的。

一、交互信息结构再定位：质量与数量的组合

通过交互信息结构的分解，能够让我们更为清楚地认识到互联网经济的国别形态，发现互联网经济的层次差异性。按照交互信息数量大小和交互信息质量高低进行组合配对，可以在质量—数量坐标上划分出四个基本分类，如图 3-3 所示。

高质量和海量的交互信息组合是第Ⅰ类互联网经济的基本特征，美国是这类的典型代表。在用户基数形成的交互信息数量方面，美国互联网协会发布的报告显示，92%的美国人因各种需求而使用互联网，属于使用互联网最高的国家之一。从全球范围来看，美国人口（3.25 亿）占世界人口的 4.45%，美国网民（2.99 亿）占世界网民的 9.58%，仅次于目前排名第一的中国。从交互信息的质量方面看，诚

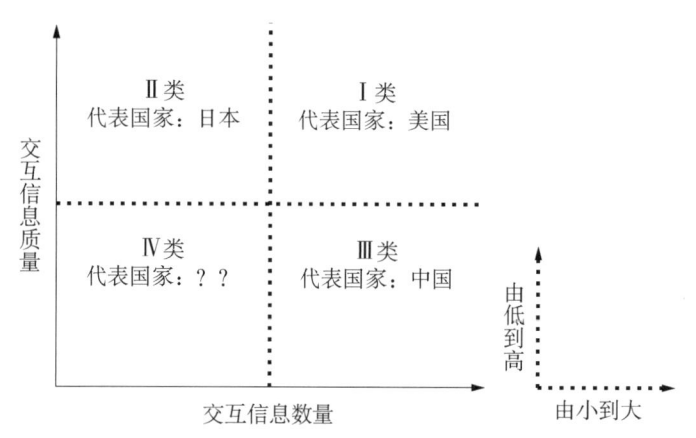

图 3-3 交互信息"质量—数量"组合的国家分类

信创造财富的法则已经根植于美国国民精神之中。现实生活中各种与诚信关联的制度也都是用户在网络中必须恪守的准则,这关系到用户所享受到的种种实际福利待遇。不诚信或者故意违背客观事实的网络经济行为,将会承担巨大的福利损失[①]。从根本上说,美国能成为互联网强国,有赖于先进的教育理念、人性化的企业管理、行业的规则意识和健全的监管体系等因素,而这些又与强大的综合国力密不可分。

对第Ⅱ类国家而言,互联网经济的用户基数规模不大,但用户诚信却比较高。这类国家的互联网经济处于第二梯队,从事互联网经营并不完全是为了某种高大上的创业理想或目标,而是基于发达的线下交易的一种补充。典型的国家是日本。今天有人说日本的互联网经济并不繁荣,无论是乐天购物网站还是各种电商的销售网页,都缺乏创意乃至吸引力,而且日本的网络经济大多数表现为网页经济形态[②],似乎这一切都源于日本国民不喜欢网络经济所致。事实上,

---

① 在美国,不论从事政治还是商业活动,不诚实的人,总会受到惩罚。总统被逼下台,国会议员被判刑,安然、雷曼兄弟等大公司破产,华尔街金融骗子马道夫的下场,都说明了这一点。
② 所谓网页经济是指日本线下生产企业独立做 B2C 网站的占据主流,它们独立支持整个商业链,包括网站设计、网络支付、物流、仓储、生产制造等。在这里,网络仅仅是这些线下商家的另一个销售渠道。

日本的网络经济的确不如中国和美国交易活跃度高,这里有三个原因需要强调:一是日本的线下交易非常发达,线下的服务能力也非常高。二是日本的企业分布和人才分布比较均衡,即使是福岛、爱知等不在一线城市圈的地区,技术普及率也都很高,因此这些企业只要稍微有点规模都会有网络事业部。三是日本人非常看重自己的品牌,无论消费者还是生产者都把诚信看得至关重要。由此,我们可以确信日本互联网经济的交互信息质量是很高的,这与其固有的商业环境、企业习惯、国民文化等密切关联;但由于日本毕竟是人口小国,加之发达繁荣的线下交易和日语文字的限制,用户基数会受到限制,交互信息数量不大也就成为必然。这种客观的状态与互联网经济发展的水平并没有太多的联系。

图3-3中的第三类互联网国家非中国莫属。2014年的中国网民人数高达6.4亿,占到世界网民总数的21.97%,包括电子商务、即时通信、搜索引擎、网络视频等互联网应用的用户群也不断扩大。目前看来,从在线营销和供应链管理的采用,到诸如大数据分析和物联网等尖端创新,中国的各行各业将借助互联网技术实现新飞跃,从这个意义上讲,中国已经成为互联网经济大国。但要注意的是,中国的用户诚信问题仍然是一个大的制约,用户信息质量不高也是一个不争的事实。比如,2011年,马云让B2B的CEO卫哲和COO李恒两名高管自己递交辞呈,原因是调查发现,有2 300个B2B卖家涉嫌欺诈,部分阿里巴巴销售员明知有假却仍然签约[1]。后来又发生了《焦点访谈》的报道。几乎在同时,美国贸易代表办公室也将淘宝列为售卖假货的恶名市场。事实上,在上述事件发生之前,淘宝网上交易留下的交互信息也是以好评、优评占据绝对地位,由此不难想到中国互联网经济交互信息质量的水平。

---

[1] 在报道之前,淘宝已经联合了89个国际知名品牌一起打假。事实上,2010年淘宝400人的打假团队已经删除了1 400万件的涉嫌造假商品。

至于第四类互联网经济形态的国家,大多见于那些人口基数不高、诚信的制度环境还在孕育中的发展中国家。在这些国家,互联网经济比重很低,大多互联网交易属于游击性的,本国也没有高影响力的互联网巨头。

二、理论扩展：多重效应的连锁反馈

总的来讲,互联网经济赋予了经济主体增进福利的新的选择空间。从交易决定到交互信息结构两个命题的分解,我们可以清晰地归纳出一个关键因素关联的逻辑图形,参见图3-4。

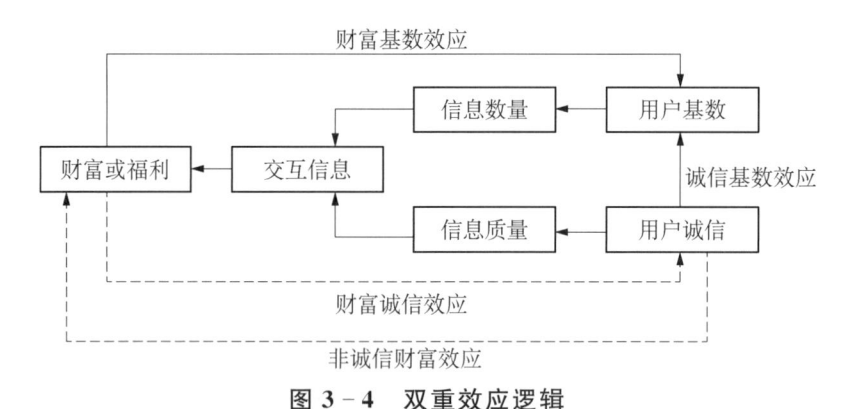

图3-4 双重效应逻辑

注：实线箭头 ——→ 表示正向关系；虚线箭头 ----→ 表示关系无法判断。

图3-4揭示了五个有意思的互联经济现象或关系：一是用户基数决定着交互信息数量规模,用户诚信决定了交互信息质量水平。二是交互信息决定了交易达成的可能性,进而决定了财富或福利的高低。三是财富或福利的变化可以吸引更多的用户加入互联网。四是财富或福利的变化是否可以增进用户诚信水平,此即为财富诚信效应。当这种效应无法成立时,非诚信财富效应就可能比较显著,主要原因是,当非诚信可以获得短期利益时,用户就有可能采取短视化的非诚信行为。五是用户诚信可以促进用户基数的提高,比如,

Prosumer 信任互联网,他在互联网上的交易会在用户诚信的驱动下从一次购买转为重复或多次购买。

假设 N_t 表示用户基数,M_t 表示用户诚信。那么根据前文的讨论,我们可以得到用户基数决定方程 $N_t = f(N_{t-1}, M_t)$,且有 ① $\frac{\partial N_t}{\partial N_{t-1}} > 0$,意指用户基数具有自发的积累性质;② $\frac{\partial N_t}{\partial M_t} > 0$,意指诚信促进了用户基数扩张。现在的问题是,一方面财富基数效应的客观存在能够让互联网经济的繁荣外溢到用户基数上,对用户基数的累积具有显著的正向反馈作用;另一方面,财富诚信效应在扭曲的情况下,很可能会带来非诚信财富效应,那么,互联网的非诚信程度就会增加。与此同时,诚信基数效应将发挥作用,并迅速对用户基数产生负的反馈,而用户基数则在自扩张的条件下进一步衰减。上述三重效应往复积累,最终将使交互信息的数量和质量下降成为难以逆转的事实,互联网经济也就会因为交互信息的原因而遭受巨大冲击乃至陷入危机。

观察我国近年来的互联网经济发展实践,不难看到有一股正在兴起的与财富诚信效应相抵触的激励导向,这在客观上强化了非诚信财富效应的发展趋势。恰恰是这一点,成为我们对中国互联网经济进一步发展最为担心的问题。具体推论如下。

非诚信财富效应推论: 在互联网经济中,交互信息的数量和质量是维持有效运行的极其重要的核心枢纽,"他人评论和消费量是自我消费感知"成为溢价或溢量的前提。对生产者而言,因生产产品和提供服务而产生的价值逐渐低于消费者在使用产品过程中产生的交互信息的体验价值。于是,虚假的历史信息以及扭曲的虚假信息的积累(人情点赞、返现点赞、产业点赞),将成为中国互联网经济发展的致命伤害点。

第四章

平台创新与用户基数

在传统经济理论中,经济主体天然地存在于市场经济之中,市场经济就是一个广义的特定平台。在那里,市场按照结构类型只有"竞争—效率"的高低差别,不存在引力大小的区分。在马云营造的互联网经济实践中,平台的引力决定着用户基数的累计。若平台缺乏引力,用户基数要么累积不到一定规模,要么用户会出现迅速流出。因此,维护并提升平台的引力以及确保用户诚信,成为互联网经济理论的重点关心问题,并决定着创新的方向。前述两个章节重点解释了平台内部的买卖者关系,并确定了"用户基数与诚信和交互信息进而与交易达成"的逻辑链条,属于经济学的供求关系、供求机理研究。在本章中,研究重点将转向平台的性质、平台的建构、平台的创新等方面,属于经济学的市场结构研究。事实上,马云并不是技术的领先者和引导者,但一直是平台创新的风向标,一个重要的原因在于他把握住了合理的创新方向。

第一节 背景导入:从商业模式到共享经济模式的平台

互联网发展实践告诉人们,互联网平台的扩张能力决定了互联网经济的发展水平。与传统市场不同的是,互联网经济中的平台可以跨越时空,超越交易人数的限制,将大量分散的用户信息轨迹汇集起来,形成海量的交互信息,诱发了交易的聚集。例如,2014年淘宝总成交额1.172万亿元人民币,天猫总成交额5 050亿元人民币,巨量的交易背后凸显了平台集聚用户基数的能力。要注意的是,在互联网经济让交易变得更为简单的同时,平台面临交易的不确定性也正在提高。指尖的轻轻一动、鼠标的缓缓一点,都可能预示着平台交易的流失。

一、理论本质：一种资源共享经济模式

放置在实体经济中,平台就是一个有边界的市场空间。在互联网经济中,平台是一个网络空间中的无边界市场。这种无边界的特征,一方面取决于网络空间的无限延展特征,另一方面是多样化商品种类的巨大选择权价值的体现。根据学术界对互联网经济平台的定义,目前存在的几类观点如表4-1所示。

表4-1 学术界关于平台的定义

2007年	徐 晋	平台本质上是一种空间或场所,既存在于现实世界,也存在于虚拟网络空间,它引导、促成双方或多方客户之间的交易,并通过收取适当费用努力吸引交易者使用该空间和场所,最终实现收益最大化
2013年	王 战	平台经济是以信息平台和第三方支付为技术手段,通过发现和创造商机,形成撮合并融合制造业和服务业(协同发展的经济模式)
2012年	费方域	平台有三种定义：一是为能够满足客户核心要求,而且能够通过添加、替换或者去除功能方便修改衍生新产品的平台;二是从商业战略角度,将平台定位为一个行业中价值的控制点,通过掌握这个点提取租金并获得一定的超额利润;三是一种双边市场,两个或两个以上的群体通过这个平台,达成产品和服务交易。"平台经济"是借助于一种交易空间和场所,促成双方或多方客户之间的交易,收取恰当的费用而获得收益的一些商业模式

(续表)

2012年	陈宏民	平台经济是一种新型经济模式。这种经营模式的最大特征是有效搭建双边或多边平台,通过这一平台来连接两类或更多类型的终端顾客,让他们进行交易或者信息交换
2011年	朱晓明	平台型企业1.0和平台型企业2.0的区别在于后者是基于大数据、云计算、平台、移动互联网,且移动互联网优势特别明显的双边市场企业
2013年	陈威如	平台是一种链接双边(或多边)群体、具有同边和跨边网络效应的商业模式
2007年	安娜贝拉·加威尔	平台是一种由多个相互依赖的部件(或称为模块)组成的系统

资料来源:朱晓明等:《数字化时代的十大商业趋势》,上海交通大学出版社2014年版。

上述定义透露出两个共识性的信号:一是强调平台的商业模式性质;二是强调平台在促进交易中的功能性质。如果从组织理论视角解释,网络型组织应该是平台最为合适的称谓。这种组织结构是近年发展起来的一种结构形态,是目前探讨的网络型组织、群体型组织、自设计组织、基于信息组织和后工业化组织的一个统称。说到底,网络型组织是一种独特的经济组织模式。它代表的不只是一种把更传统模式中的因素结合起来的杂交或不完全形式,而是带来了比市场联系更持久而分散、比等级制度的企业更互惠平等的组织绩效(Powell,1990)。现实经济中,产业集群也是典型的网络型组织。若以此界定互联网经济的平台,它在理论上就成为了介于市场和企业之间的一种资源配置模式。因此,探究互联网经济的平台理论,和探究西方经济学的市场理论有着相似之处。

在市场理论中,重点研究资源配置的效率,其核心机理取决于市场竞争的充分程度,市场是一个虚拟化的场所,它本身不存在利益诉求。但在互联网经济中,平台是实在的企业经营者,它有着自己的利益要求。同时平台本身也是开放的,任何试图以强制条款圈定用户的做法都是徒劳,而开放的本质将以平台进出无壁垒为前提。平台内任何用户试图以某种经济优势剥夺其他用户利益的做法也将是徒劳的,用脚投票是平台经济的基本法则,而用户流失将带来平台和用户整体利益的降低。不仅如此,互联网经济中允许多平台共存共荣,同一用户可以在不同平台中同时存在,共同构成不同平台的用户基数。

由此来看,互联网经济的平台是一个资源共享的经济模式,这种资源是用户基数及其产生的交互信息。而且,再大的平台也不应该形成最终的垄断势力,并据此赚取超额收益。这种情况表明,互联网经济中平台理论不是以竞争假说为基本内核的,它所关注的重点是解决平台经济生态系统价值最大化的问题。此时,平台和用户之间的价格对立应退居其次,能否营造出共生、共创、共赢、共享的平台引力系统,成为问题的关键。

二、实践分类：实践的发展与类型

平台可以按照不同标准进行分类,《中国企业报》对近 20 家平台和准平台企业的调研结果显示,按平台性质分类,现有的平台分可以划分为"实物与服务交易平台"和"应用平台"两大类别(见表 4-2)。按照平台功能可以划分为交易平台、媒体平台、支付平台、软件平台四个类别(见表 4-3)。

表 4-2 按平台性质划分

分类依据	具体类别	代表案例	特征
实物与服务交易平台	从产品到平台	传漾广告交易平台、十月妈咪	积累足够的品牌影响力、足够的用户基数和忠诚度
	从传统渠道商到平台	苏宁易购、京东商城、当当网	开放引入外部进驻商,主要凭借强大的物流和服务所能带来的较好用户体验,以及强大效率和供应链优势

(续表)

分类依据	具体类别	代表案例	特征
实物与服务交易平台	新创平台	猪八戒网、阿里巴巴、淘宝	提高个性化的服务体验能力,解决用户信用评级与控制能力
	从信息提供商到平台	慧聪网、中国钢铁现货网	以增值服务聚合用户,提高对用户提供系统集成的网络营销和匹配服务产品的能力
应用平台	应用导入的平台	360、UC、腾讯、百度和新浪	先通过重量级的互联网应用产品获得巨大流量,然后,在此流量的基础上,建立平台服务
	新创平台	苹果和谷歌的应用商店	积累足够的用户基数,引入多边市场

资料来源:根据《中国企业报》报道"平台竞争是互联网时代的制高点"改编。

表4-3 按平台功能划分

类型	平台实例	平台企业案例
交易平台	• 电子商务平台(B2B、C2C、O2O) • 超市、卖场 • 房产经济、约会俱乐部、出版社	• 京东商城、淘宝、携程网、驴妈妈 • 国美、苏宁、家乐福 • 中原地产
媒体平台	• 门户网站 • 电视、网络电视 • 报纸、杂志	• 新浪、搜狐、网易 • 第一财经 • 第一财经
支付平台	• 第三方电子支付 • 电视、网络电视	• 支付宝、东方支付、汇付天下、环迅、快钱 • 银联
软件平台	• 操作系统 • 视频游戏 • 浏览器	• Windows、Linux • 盛大、九城 • Internet Explorer、浏览器

资料来源:朱晓明等:《数字化时代的十大商业趋势》,上海交通大学出版社2014年版。

无论分类标准如何确定,在互联网经济体系中,平台都是该体系架构的中观单元。平台与平台的用户共享特征显然应占据互联网经济研究的主导地位,当然,这也不能排除单体平台之间的竞争乃至替代关系。这就隐含地划分出了互补型平台和替代型平台两个类别。就替代型平台而言,是从同质性平台之间的角度定义的。比如,eBay与淘宝的关系,同为C2C商业平台,但它们之间的竞争关系却比较明显。当然,分布在淘宝平台上的用户并不像淘宝平台那样与eBay的用户具有竞争关系,因为用户可以在两个平台之间同时存在。

从另一个角度看,差异性的平台更多表现为以产业链为导向的功能互补关系,如搜索平台与商业平台的关系。在笔者看来,无论同质平台之间的竞争怎样惨烈,用户最终都要在某一定平台或几类平台商驻足并扩张,这是互联网经济网络效应和价值规模报酬递增效应的根本前提。因此,替代型平台的关系不应是互联网经济研究的核心问题,互联网经济特别关注互补平台的共享特质。

三、基本特性:群体的多元与多边市场

互联网经济案例显示,市场的多边性是平台的基本性质。这里,我们以邮币卡拍卖网站赵涌在线为例。最初,人们进行邮币卡的收藏多是前往邮局或者中间商那里进行购买,如北京的马甸交易市场或者上海的卢工邮币卡交易中心等实地场所。可是,由于空间距离的限制以及卖方的强势地位,许多人无法或者不情愿前往这里进行交易。所以,赵涌在线出现了。从操作层面上看,赵涌首先建立起了一个交易网站,并引入了专家鉴定的增值服务手段,并因此吸引了一批"铁杆级"的收藏爱好者加入,成为该平台的第一批用户。由于滞留在邮币商手中的邮票或钱币成交得并不是很好,这些中间商被游说过来加入赵涌在线,通过拍卖形式进行交易。这个时候,买邮币的人是赵涌在线的客户,通过收取服务佣金成为一边市场;实体中间商也是赵涌在线的客户,也需要在成交后支付佣金,成为他的第二边市场。不仅如此,赵涌在线在积累了大规模的用户基数后,又将业务扩

展到了连环画、瓷器、玉器等领域,这些收藏物品的买卖者构成了赵涌在线的第三边市场、第四边市场……目前,随着平台交互信息的累积,赵涌在线又进一步开发出了成交价格数据走势,待达到一定的积累之后,就会进军邮币卡行情电子报,届时下载信息可以通过收费演化成为第 n 边市场。

当然,实体经济中也有多边市场案例,如百货公司,这表明多边市场不是网络经济的专属特征。但多边市场却是网络经济的基本特征,因为交互信息作为其中的关键一个环节,是一实体经济中很难获取的。

图 4-1 显示了互联网经济多边市场的特性。一个明显的事实是,随着平台多边范围的扩大,用户基数扩张会最终形成利润扩张的事实。这些增量的利润将成为平台商和用户共享的部分,并以此作为用户基数沉淀的条件。因此,用户和平台商是一个利益共同体,用户规模决定了平台的价值。但与传统经济学不同的是,平台商并不能因为用户基数庞大而采取任何有力的控制行为,如定价控制、垄断势力等。事实也的确如此,瑞生国际律师事务所的劳尔斯·柯约比(Lars Kjolbye,2015)撰文指出当出现了一款更受欢迎的平台时,平台商庞大的客户群可能很快就转到别的平台上。这样的转换成本是

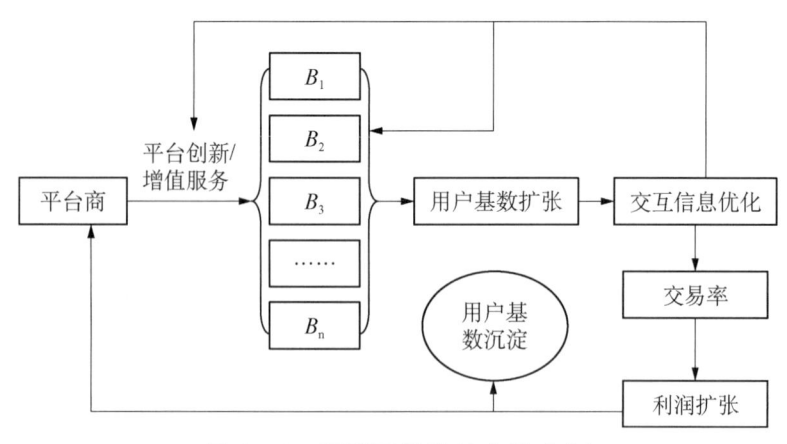

图 4-1 互联网经济的多边市场

注:B_n 代表第 n 边市场。

非常低的。平台商具有很大市场份额,是因为人们在当前对它偏爱,但很难保证未来一定喜欢该平台。从这个意义上讲,实践中也不能根据用户基数的大小认定平台商具有足够的市场力量。结合理论研究,目前人们对多边市场形成了以下的三点共识:

第一,交叉网络外部性。通俗地说,就是指一方用户数量的变化将影响另一方用户数量和交易达成,即用户基数的交易正外部性。比如电商对淘宝的需求取决于有多少用户浏览淘宝网站,而用户愿意浏览淘宝的意愿取决于电商的数量和种类等。普遍认为,交叉网络外部性是双边市场形成的一个前提条件,也是判断该市场是否为双边市场的一个重要指标。

第二,利益一致性。在多边市场中,按照不同参照物可以表现出两类供求关系,一是相对于具体商品而言,电商和网购者是一对供求关系;二是相对于平台而言,平台企业和集聚在平台的用户构成另一对供求关系。但从交互信息角度来讲,电商、网购者和平台企业的需求是一致的,其中,电商和网购者是交互信息生产者与消费者(第一章),平台企业则是交互信息的维护、二次开发者。因此,无论三者未来的利益分配格局如何,对交互信息的共同关注确保了它们的利益要达成一致性的结果。

第三,相互依赖性和互补性。在多边市场中,加入平台的用户一定要对平台提供的产品和服务存在需求。同样,平台方也一定要对进入平台的用户的产品或服务存在需求。只有双边用户同时对彼此所提供给对方的产品和服务产生需求时,平台的创新才具有价值,否则只有一方有需求或双方均无需求,那么平台也将不具有价值。

第二节 平台发展:用户共享的机理

平台发展包括两个层面的问题:一是提高平台的内聚力吸引并

留住用户;二是平台间交叉整合形成的用户基数共享。平台内聚力的核心是平台服务创新和用户体验提升的过程,是单一平台核心竞争力的表现,重点包括四个方面的内容:一是积累诚信提高权威公信力;二是增加服务体验培育用户忠诚度;三是简化操作界面降低学习成本;四是即时处理交互信息实现服务自我完善。客观而言,这些措施重点聚焦于交互信息的数量扩张和质量优化,在第二章已有阐释,本章不再赘述。在本章看来,平台发展的另一个关键是依赖于用户基数(有些文章称为流量)的共享,这是平台生命力的根源,也是驱动网络经济繁荣的根本要素。基于此,笔者尝试提出互联网经济第三个命题。

命题三(互联网经济平台共享命题):传统经济学重点关注以个体 Producer 之间及其与个体 Consumer 的价格竞争关系,由此形成了以竞争——效率为基本逻辑关系的市场结构理论。互联网经济以用户基数及其带来的交互信息为核心线索,但用户基本都存在于平台之上,因此,探究平台——用户基数的发展逻辑就成为支撑互联网经济运行逻辑的根本问题,其中最为关键的就是平台共享机理。具体而言,互联网平台共享发生发展的主要动因在于用户共享所带来的选择权价值驱动,即进入平台的用户,能够为自己带来很大的选择空间,进而让交易更易于发生,最终使得包括平台商在内的所有用户的收益增加。

一、概念解析:平台共享与发展逻辑

在互联网经济中,平台建设的目标在于防止用户流失,即用户从一个平台彻底退出转向另一平台。要看到,用户流失不同于用户流动,用户流动是互联网经济的一种常态。一个用户即可以在这个平台寻求经济利益,也可以在其他平台寻求经济利益,这即是平台共享。

本质上讲,实现平台共享的引力源自于平台已有的特定经济资源,共享无非进一步强化了这种资源优势。朱晓明等人(2014)的研究显示,实体集聚的生态圈引力和数据集聚下的大数据引力是两种最为主要的共享资源(见表4-4)。

表4-4 实现平台共享的两大引力

引力具体来源	优势	案例
生态圈引力	例如,会员资源的共享、利润来源的多元,可以使整个系统在占领新市场时,以高度补贴的免费模式和先天的资源获得平台竞争优势	阿里巴巴从2011年起开始致力于把淘宝网打造为包含团购、物流、营销、仓储、培训等行业的大平台
大数据引力	平台企业通过双向数据挖掘,精确创造出多层次的价值,包括可以更快更好地洞察到用户心思,了解市场变化,并迅速做出反应,调整企业战略方向等	支付宝利用网络优势,通过网上注册、交易记录等信息,随时随地了解用户个体需求;再如,中国工商银行依托往年银行交易积累的数据仓库,建立智能营销信息服务系统

资料来源:朱晓明等:《数字化时代的十大商业趋势》,上海交通大学出版社2014年版。

此外,根据《中国企业报》调研的结论,目前实践中用户基数共享的手段大致经历了"吸引眼球—利益共享—用户共享"三个阶段。比如,在互联网经济早期的发展阶段中,平台往往是通过做广告、做活动的方式吸引用户。虽然这种方式在最初起到了一些作用,但其模仿成本几乎为零,拼钱、拼优惠的"烧钱"行动成为这时期吸引用户的主要模式。经历了这个阶段之后,平台商发现如果用户扩张形成的利益能够为广大用户所共享,就可以让用户因为尝到甜头而继续留下来。比如,让那些带来用户基数的淘宝客从交易中分成的淘宝客推广模式①。除了这种利益共享外,还有一种是用户基数共享。比如,当当网平台与腾讯 QQ 平台之间的共享:当当平台引进腾讯团购平台,而腾讯网购开始将读书频道外包给当当。再比如,糯米网引入人人网的插件,糯米网上用户可以发起拼团的申请,而其人人网的好朋友都能收到。发展到这个阶段以后,平台之间已经不再是恶性的竞争关系,而是合作与共享为主基调的,当然,大家的目的是一致的,都是为了扩大本平台的用户基数。

二、平台共享:一个模型的探讨

在今天这个注重标新立异的注意力时代中,人们的爱好、需求、审美观、价值观等逐渐向个性化发展,求新、求奇、求高级化的消费趋势,强化了人们的个性化、多样化消费要求。为了满足这种要求,线下企业不惜标新立异,开发出品种繁多的新产品,以适应市场需求的多变并提高市场占有率、增加企业利润。但由于缺乏有关消费者个性要求的充分信息,这种极具个性化的创新风险很高。今天的互联网经济正是在这一点上助力了创新。

但是,如果仅仅将消费者对多样化和个性化的需求看成是平台企业涌现的唯一原因的话,那么这种理解就有失偏颇。企业之所以开发平台,除了与现有的技术水平、消费者的多样化偏好等因素有关以外,更为重要的原因是,平台的形成能否为各方带来更多的利益,以及平台的扩张能够为用户带来更大的选择权价值。问题焦点是,互联网平台究竟能够为平台商、用户带来怎样的收益呢?按照互联网经济命题一的内容,这种收益的水平将和交互信息与交易达成的可能性存在紧密的正相关关系。因此,与其说平台扩张产生了"交易

---

① 淘宝客只要从淘宝客网站推广专区获取商品代码,任何买家(包括他自己)经过他的推广(链接、个人网站,博客或者社区发的帖子)进入淘宝卖家店铺完成购买后,就可得到由卖家支付的佣金。简单地说,淘宝客就是指帮助卖家推广商品并获取佣金的人。

经济价值",倒不如说是共享平台的"选择权价值"的效果更为显著。如果这一说法成立的话,那么用户对于"选择权价值"的追求将构成平台发展的一大诱因。

具体论证思路如下:第一步,计算不存在平台时供应商的收益和消费者效用;第二步,计算加入实体平台后,但消费者无法自由选择的供应商收益和消费者效用;第三步,计算加入互联网平台且可以带来选择权价值时,供应商的收益和消费者效用;第四,对上述三种计算结果进行比较。确立了上述论证思路,我们就需要对相关的假设前提做一交代。

假设1:消费者具有显著个性化和多样偏好,他希望得到最符合自己意愿的产品,但如果存在信息不完全,只要价格不高他只能屈从现实。同样,企业对改进产品和服务也具有显著的个性化偏好,如果信息不够充分,它就会参照可参考的案例进行改进,但这样做的效果很可能不好。

假设2:从消费者角度讲,存在三类同等规模偏好的消费者,分别是 $X_A Y_A$、$X_B Y_B$ 和 $X_A Y_B$。他们面临两个供应商 A、B,两类商品 X、Y,在多样化偏好前提下,偏好组合商品 $X_A Y_A$ 的消费者由供应商 A 提供,偏好组合商品 $X_B Y_B$ 的消费者由供应商 B 提供。在搜寻成本很高时,只有两类组合商品可供选择,$X_A Y_B$ 类型的消费者只能迁就现状。但在网络平台上,搜寻成本很低,极具个性化的偏好第三类商品组合 $X_A Y_B$ 的消费者分离出来(假设消费者对第四类 $X_B Y_A$ 组合不感兴趣)。从供应商角度讲,没有网络平台时,问题和改进建议仅仅由消费 $X_A Y_A$ 和消费 $X_B Y_B$ 的人群来提供;有了网络平台时,供应商采集到的建议就有了 $X_A Y_B$ 人群。

可以证明,在消费者总人数规模不变前提下,上述变化增加了两个供应商的建议数量。令消费者总数为 N_0,没有平台时,消费 $X_A Y_A$ 和 $X_B Y_B$ 组合商品人数平均分配为 $N_0/2$,这也是分别给供应商 A 和 B 提供建议的人数。有了平台后,令消费 $X_A Y_B$ 的人数为 N_1,其余仍旧平均,则消费 X_AY_A、X_BY_B 的人数分别是 $(N_0-N_1)/2$。很明显,此时为供应商 A 和 B 提供建议的人数就成为 $(N_0+N_1)/2$,大于没有平台时提供建议的人数规模。

假设 3:为了简化运算过程,我们只探讨商品交易环节,平台商的协议和规则涉及以及供应商的生产是零成本,收益的高低都体现在市场价格高低上。这里,平台商参与利润分配,将按照供应商利润的固定比例分成,分成比例为 $\alpha < 1$。

假设 4:不同的商品差异很可能成为消费者购买的主要原因,因此,在不考虑其他因素的前提下,价格就是供应商决策的变量,且可以制定的价格越高,供应商利润就越大。同时,消费者购买到的是自己偏好的产品将得到效用 β;如果消费者没有购买自己喜欢的产品,总效用减少 δ。

(一) 没有网络平台时的供应商收益和消费者效用

这种情况下,我们关心两个供应商制定怎样的价格决策出售商品。根据经济学理论可知:对 A 供应商而言,如果 β 小于且等于 1.5δ,他将选择只出售给偏好 X_AY_A 的消费者;反之,如果 $\beta > 1.5\delta$,他将选择出售给三类消费者。由于在别无选择的条件下,消费者往往具有较强的容忍度,因此 δ 值往往比较小。因此,最终的均衡将会是无平台的供应商出售给三类消费者,价格定在 $(\beta-\delta)$。此时,供应商的利润 $\pi_Z^1 = 3(\beta-\delta)$,消费者的效用接近为 δ。

(二) 加入实体平台但不具有选择权时的供应商收益和消费者效用

尽管有了实体平台(如百货商场),但由于地理、信息或成本原因,消费者无法在供应商 A、B 的商品间进行组合,因此,市场上仍然只有 X_AY_A、X_BY_B 两类产品。此时,供应商 A 和 B 的均衡条件如下:

$$\pi_A = P_A \times 1 \geqslant (P_B - \delta) \times 3$$
$$\pi_B = P_B \times 1 \geqslant (P_A - \delta) \times 3$$

其中,P_A 表示商品 $X_A Y_A$ 的价格;P_B 表示 $X_B Y_B$ 的价格。求解上述方程,我们可以得到防降价均衡,其结果为:$P_A = P_B = 1.5\delta$;供应商 A 出售商品 $X_A Y_A$ 获得利润与供应商 B 出售 $X_B Y_B$ 商品获得的利润相等,均为 1.5δ;其中,供应商 A、B 分别得到 $\frac{3(1-\alpha)}{2}\delta$ 的利润,而平台商则得到的利润为 $\pi_Z^2 = 3\alpha\delta$,消费者剩余均为 $(\beta - 1.5\delta)$ 的效用。

(三)加入网络平台且带来选择权价值扩张时供应商收益和消费者效用

当供应商 A、B 的两类商品 X_A、Y_A 和 X_B、Y_B 可以自由组合时,对消费者来说就有两个新的商品组合可供选择:$X_A Y_B$、$X_B Y_A$(不考虑这种组合)。我们求解每个消费者购买组合商品时的均衡。在该均衡中,消费者总共消费了三个独立的 $X_A Y_A$、$X_B Y_B$ 和 $X_A Y_B$,拆分开来即为两个 X_A、两个 Y_B、一个 X_B、一个 Y_A。

因为每个供应商的单独商品是独立售出,我们把 X 和 Y 视为两个独立的系统。因此,对独立商品 X 而言,如果:

$$P_B^X \times 1 \geqslant (P_A^X - \delta) \times 3$$
$$P_A^X \times 2 \geqslant (P_B^X - \delta) \times 3$$

则价格组合 (P_A^X, P_B^X) 构成防降价均衡。其中,P_A^X 表示供应商 A 交易单独商品 X 的价格;P_B^X 表示供应商 B 交易单独商品 X 的价格;同理,对 Y 而言,如果:

$$P_B^Y \times 2 \geqslant (P_A^Y - \delta) \times 3$$
$$P_A^Y \times 1 \geqslant (P_B^Y - \delta) \times 3$$

则价格组合(P_A^Y，P_B^Y)构成防降价均衡。其中，P_A^Y 表示供应商 A 交易单独商品 Y 的价格；P_B^Y 表示供应商 B 交易单独商品 Y 的价格。通过求解上述方程，得到均衡价格水平：

$$P_A^X = P_B^Y = \frac{12}{7}\delta, \ P_B^X = P_A^Y = \frac{15}{7}\delta$$

由于平台商的收益是从供应商获取的收益中按照分成比例 α 提取，因此，他的收益来源将分为三个组成部分：一是供应商 A 出售组合品 $X_A Y_A$ 的提成；二是供应厂商 B 出售组合品 $X_B Y_B$ 的提成；三是供应商 A 和 B 共同承担单独商品的提成额。于是，平台商的利润总额为：

$$\pi_Z^3 = \alpha\left(\frac{12}{7}\delta + \frac{15}{7}\delta\right) + \alpha\left(\frac{12}{7}\delta + \frac{15}{7}\delta\right) + \alpha\left(\frac{12}{7}\delta + \frac{12}{7}\delta\right) = \frac{81}{7}\alpha\delta$$

相应的，供应商 A、B 分别得到利润为 $\pi_A = \pi_B = \frac{39}{7}\delta(1-\alpha)$。消费者剩余中，消费者 $X_A Y_A$ 和消费者 $X_B Y_B$ 分别得到($\beta - \frac{27}{7}\delta$)，消费者 $X_A Y_B$ 得到了($\beta - \frac{24}{7}\delta$)。

(四) 综合比较

尽管上述推导得到了相关的结果，但其中仍然存在着一些需要重新界定的问题，比如，平台商之所以选择设立开放平台，至少是能够获得更为高额的利润；同时，用户也必须愿意接受供应商的这一行为。通过具体论证，我们首先可以发现推论 2。

推论 1：存在互联网时的平台商是不会选择不具有选择权价值的平台策略。

具体证明是：假设实施平台战略但不具有选择权价值时的平台商利润存在大于设立开放平台且具有选择权价值时平台商的利润。

则有：

$$\pi_Z^3 < \pi_Z^2 \Rightarrow \frac{81}{7}\alpha\delta < 3\alpha\delta \Rightarrow 81 < 21$$

显然,这存在数理上的悖论,推论2得证。

推论2：是否推动平台经营,还取决于两个重要的因素：一是消费者从产品消费中得到的基本效用水平(β),二是平台商所要求的分成比例水平(α)。

平台经营的充分条件应为：$\pi_Z^3 \geq \pi_Z^1 \Rightarrow \frac{81}{7}\alpha\delta \geq 3(\beta - \delta) \Rightarrow \beta_1 \leq \left(1 + \frac{27}{7}\alpha\right)\delta$；又因为在平台经营必须为所有消费者接受,因此,消费者的最少消费者剩余应该大于或等于0。据此,必要条件为：$\left(\beta - \frac{27}{7}\delta\right) \geq 0 \Rightarrow \beta_2 \geq \frac{27}{7}\delta > 1.5\delta$。将充分条件和必要条件结合在一起,可以发现：当 $\alpha \geq \frac{20}{27}$,有 $\beta_1 \geq \beta_2$。因此,在本模型假定的前提下,只有 $\beta \geq \frac{27}{7}\delta$ 和 $\alpha \geq \frac{20}{27}$ 同时成立时,平台商才会选择平台经营。此外,如果交叉商品偏好的消费者数量越多(包括BA),平台商所要求的最低分成比例(α)就会迅速减低。结合现实来看,β 和 α 的条件是很容易得到满足的,原因是① $\beta \geq \frac{27}{7}\delta$ 是针对那些偏好 $X_A Y_A$、$X_B Y_B$ 的消费者,这类人群具有较高的品牌忠诚度,价格的敏感度却比较小；②在互联网平台中,能够以低成本的方式满足个性化偏好的种类实在太多了,因此,随着用户基数的扩张,平台商要求单边获取的分成比例可以非常低,而利润总量则不见得小。

推论3：设立开放平台且带来选择权价值时,消费者总效用是否提高,取决于个性化消费者的数量和交互信息的贡献。

仅仅把价格作为衡量效用大小的负向指标时,在没有平台的情况下，消费者总剩余等于 δ；在设立开放平台且带来选择权价值扩张的时候，消费者总剩余等于 $\left(3\beta-\dfrac{78}{7}\delta\right)$。显然，只有当 $\beta>\dfrac{85}{21}\delta$ 时，开放互联网平台中的消费者总剩余将大于没有平台时的消费者总剩余。事实上，之所以产生这种现象，原因在于我们设定的模型中那些极具个性化的交叉组合商品 X_AY_B 偏好者仅占用户基数的 1/3。如果放松这个条件，让个性消费者占据绝大多数并考虑到交互信息所带来的消费便利等有利因素，那么，开放互联网平台的消费者总剩余将会显著提高，β 的取值就会更小，此处不再赘述。

第三节 启发与扩展：平台培育与平台生态

由上可知，互联网经济突出关注以个体 Prosumer 集合为特征的联盟与联盟、系统与系统、平台与平台之间的发展联系，因此，加强平台自身的服务创新水平，增强用户体验，扩大交互信息规模和质量，这才是平台吸引用户的根本。

一、免费使用：平台发展的外在推力

在众多的平台企业中，免费使用＋应用收费是塑造和培育多边市场的基本手段，也是实现平台共享的前提（见表 4-5）。这是因为，免费带来了用户基数的积累，应用收费则是网络价值的规模报酬递增法则的体现。但要注意的是，如何收费以及怎样收费却是一个关系重大的问题，eBay 失败的案例则清楚说明了这一点。例如，马云用免费的方式在中国击败了互联网巨头 eBay——他提出对在淘宝上开店的店家免收任何费用，而当时要想在 eBay 上开店，是需要向这个 C2C 平台服务商缴纳一定费用的。在《连线》杂志前主编克里斯·

表 4-5 部分免费平台案例

免费案例	描述	平台类型
亚马逊网站：免费配送	自 2009 年 9 月 5 日零时起，消费者在国内大型网上商城卓越亚马逊购物满足小额消费金额后可以享受全场免运费优惠	交易平台
淘宝网：C2C 免费	淘宝网上线的时候，宣布三年内免费，此举将其他平台上的卖家吸引到淘宝网，也使得许多网用户纷纷开设账户，以娱乐的心态销售商品或者购买商品	
中国电信：易信业务免费	2013 年网易和中国电信联合开发的免费聊天的即时通信软件，有免费海量贴图表情及免费短信及电话留言等功能	
网易：推出免费企业邮箱	网易推出"网易免费企业邮箱"，满足个人站长、小组织、中小企业等用户的邮件联络需求	媒体平台
Google：推出免费办公软件包	Google 的所有产品或服务都对消费者免费，从搜索到电子邮件 Gmail、Talk 到在线办公软件 Apps	
招商等银行：信用卡免收年费	招商、工商、交通等诸多银行出台信用卡刷卡达一定次数后减免年费的举措	
第三互联网支付企业：对个人免费服务	目前第三方互联网支付企业：对于普通的个人消费者则免费提供服务，对于商户收取年费（服务费和开通费）	支付平台
高德导航、百度导航	百度导航、高德导航 2013 年宣布终身免费	
奇虎 360：杀毒软件免费	奇虎为用户免费提供各种互联网安全服务和整套解决方案：上网有"安全浏览器"，网购有"网购保镖"，玩游戏有"360 保险箱"等	软件平台
微信	让使用用户免费视频，免费聊天，免费发布信息	社交平台

资料来源：上海数字化与互联网金融研究中心。转引自朱晓明等：《数字化时代的十大商业趋势》，上海交通大学出版社 2014 年版。

安德森提出互联网经济的免费模式之前，马云已经这么做了。后来免费的模式又被应用到了网络游戏和杀毒软件行业，史玉柱的《征途》和周鸿祎的杀毒软件360都是这么做的,并且一样所向披靡。

二、共生共荣：平台生态圈的内在属性

要注意到,互联网平台还具有一个非常重要的特点,即平台是由一个跨各种形式因素的生态系统所驱动,所有成功的平台都提供一整套应用程序和设置,为用户提供想要的终端体验,并企图吸引用户、开发者和其他市场参与者加入他们的生态系统之中。所以,可以运用共生理论对平台生态圈的问题作进一步思考。

(一) 平台的共生现象解释

共生理论(Symbiosis theory 或译为 Intergrowth theory)首先出现在生物学领域,至今已有一个多世纪。按照德国生物学家德贝里(1879)的定义,共生是相互性活体营养性联系,是一起生活的生物体的某种程度的永久性物质联系。依据这一经典的定义,共生理论应当具有以下要点[①]：①共生现象是一种自组织现象,共生过程是一种自组织过程,它是共生单元之间的某种必然联系,使之结成共生体,并按内在的要求形成共生模式,产生新的共生能量,推进共同进化发展。②合作是共生现象的本质特征之一,但共生理论强调的合作并不排除竞争。③共生过程是共生单元的共同进化过程。④共生进化过程中,共生单元具有充分的独立性和自主性,同时,共生进化过程可能产生新的单元形态,以及产生新的共生形态。⑤共生关系反映了共生单元之间的物质、信息和能量关系,共生关系的发展实质是共生体物质、信息和能量的有效产生、交换和配置的过程。⑥共生关系不仅影响共生单元的存在和发展,而且影响环境中同类单元的存在与发展。⑦共生关系的本质还表现在共生过程将产生共生能量,这

---

① 袁纯清：《共生理论——兼论小型经济》,经济科学出版社1998年版。

种能量是共生关系增加的净能量,不产生正的净共生能量的共生关系是不存在的。⑧进化是共生系统发展的总趋势和总方向。

在互联网平台经济的运行中,经济运行的复杂程度不断提高,不仅供应商的边界开始模糊,而且产业业态间的交互融合也日益显著。在这样的情况下,用户之间原本显著区分的界限正在被密切的依存性质所打破,出现"你中有我,我中有你"的共生形态。同时,平台的复杂性还表现在用户共生关系的多元化方面,不仅依存在同类产业业态内的供应商开始朝着产业边缘化的"长尾"方向发展,而且不同类产业的供应商开始横跨产业边界进入"蓝海"领域。

广义上,平台的共生现象应当具有两种内涵。第一种含义是指在产业链不断细化的前提下,同类互联网经济活动的不同功能环节和不同功能导向但具有经济联系的多平台融合、互动、协调的发展状态。第二种含义是指单一平台内供应同类商品的电商发生的融合、互动、协调的发展状态。比如,在某电商商品供不应求时,它可以向同类近似商品的其他电商采购商品,这时电商间会出现了合作或联盟的现象,这是共生关系,它们通过某种实体的或虚拟的组织中介发生、发展成为共生体。本质上讲,第一种含义强调共生关系形成之前的个体差异,可定义为差异性产业共生,如不同功能的平台之间的共享;第二种含义则把同质性个体作为共生关系产生之前的前提,可视为同质性共生,如电商在单一平台内的共享。狭义上,只要发生了共生,只要形成了多平台或单平台共生体,共生单元在继承和保留原有性质与状态的同时,差异性就会出现,并表现出显著的融合、互动、协调关系。

平台共生的接触方式和机制的总和称为共生界面,它是共生主体之间进行物质、信息和能量传导的媒介、通道或载体,是共生关系形成和发展的基础,也对平台生态系统的形成与优化有着直接的制约作用。结合互联网经济发展实践,共生界面包括四种类型:一是人机交互界面,如网页设计,重点实现电商与网民的用户基数共享;

二是商业模式界面，如 C2C、B2B、C2M 等，能够带来平台商、电商和网民的短期利益共享；三是信息共享界面，如阿里指数公共平台，能够促进电商、网民以及电商与网民的长远利益提高；四是数据共享界面，如大数据分析软件，有利于互联网经济生态系统的持续繁荣。

（二）平台共生的动态演化与淘汰机理

理论上讲，在平台发展的周期上，初创、成长、稳定、衰落是四个主要阶段，这在形态上非常类似于 Logistic 模型[①]。因此，我们可以将平台 A 和平台 B(或者统一平台内的电商 A 和电商 B)的增长曲线设定为如下的微分方程形式：

$$\frac{dY_i}{dt} = K_i Y_i (N_i - Y_i) - M_i Y_i, \quad i = A \text{ 或 } B$$

（公式 4-1）

其中，Y_i 代表平台 i 的用户基数，dY_i/dt 指平台 i 用户基数的增长速度。等式右边的涵义是，平台 i 用户基数的增长速度与下面三者成比例关系：第一，t 时的用户基数 Y_i；第二，最大用户基数(N_i)与当前用户基数 Y_i 的差；第三，用户基数的交易转化(M_i)与用户基数 Y_i 的乘积。此外，参数 K_i 与交互信息规模扩张和优化水平的高低密切相关；参数 M_i 表示的平台 i 的用户流失系数，如平台缺乏诚信导致口碑很不好，M_i 就会比较大。公式 4-1 实质上告诉我们在平台 A 和 B 没有共同出现时，某一平台自身成长的时间路径。依据数学原理，当 $dY_i/dt = 0$ 时，平台 i 将不再随时间变化而变化。由此，我们可以得到平台 A 或产业 B 的用户基数：$Y^* = N - (M/K)$。

现在，两个平台相继出现，并开始朝向共生的方向演进，那么，上述方程将修正为如下的一般形式：

[①] Logistic 模型是荷兰生物学家威赫尔斯特(Verhulst)用来分析人口增长情况的，近年来也越来越多地被用于类似生态系统的经济系统中，并起到了一定的效果。

$$\frac{dY_A}{dt} = K_A Y_A (N_A - Y_A - \beta Y_B) - M_A Y_A \quad （公式 4-2）$$

$$\frac{dY_B}{dt} = K_B Y_B (N_B - Y_B - \beta Y_A) - M_B Y_B \quad （公式 4-3）$$

结合基本方程，笔者认为，两个平台之间可以共享用户基数，共享程度式可以用 β 来表示。这里，为了简化问题，令 $\beta=1$，表示 A 和 B 表示完全共享用户。有了这个基本假定之后，接下来，我们将具体探讨共生均衡状态。

根据上述方程，均衡状态有三种可能，如果 $N_B - M_B/K_B > N_A - M_A/K_A$，那么平台 B 将完全取代平台 A，新的用户基数 $N_B - M_B/K_B$ 大于只单一平台 A 时的用户基数。如果 $N_B - M_B/K_B < N_A - M_A/K_A$，平台 A 保持既定水平。如果 $N_B - M_B/K_B = N_A - M_A/K_A$，平台 B 和平台 A 存在无限多的组合可能。对比这三个均衡条件，笔者认为，在技术许可且不考虑国别大小的前提下，平台所能承载的最大用户基数将会非常大，因此，第三个等式条件有望达成。但问题的关键是，如果某一平台的交易转化率比较低或者口碑不好，那么该平台将最终趋于消亡。这一结论的政策含义也非常显著，即各类平台如果要想持续发展下去，在与其他平台进行共享的同时，要特别注意提高本平台的核心能力，包括平台口碑、交互信息质量、用户体验等，最大化防止用户流失的问题。

第五章

互联网经济与实体经济

——线下线上的均衡分析

伴随着互联网经济的急速发展,人们感受到了来自互联网经济的强大冲击,不少实体商店关门转型,许多零售商撤柜转战线上,过去那种人头攒动的实际交易场景已经很少再有。转而出现的是大众创业、万众创新的欣欣向荣景象,人人都可以成为老板,也不再是空话。两相对比之下,人们似乎得到了一个逻辑因果关系,即实体经济的衰落是因为互联网经的繁荣导致的。言外之意,如果没有互联网,实体经济将会继续红火下去。事实上,这种现象背后隐含地表达了互联网经济与实体经济的关系问题,传统经济学对此没有解释,理论上也无现成观点可以遵循。但笔者认为,纵观全球各国互联网经济与实体经济的关系,这种所谓的因果论并未在日本和美国确切发生,在对互联网经济批评与质疑之前,还需要从理论上解构线下经济与线上经济的均衡问题,这也是拓展互联网经济理论实践内涵的一个重要环节。

第一节 背景导入:互联网与互联网经济

格力电器董事长董明珠女士宣称:"没有实体经济的支撑,马云就是死路一条。"这句话意在揭示互联网经济与实体经济的关系,即互联网经济是实体经济的一部分,而实体经济实际上也是互联网经济的一部分[①]。但在笔者看来,互联网与互联网经济是两种截然不同的事物,前者是一种技术表现形式,后者则是一种经济运行模式。另外,建构在经济模式之中的则是商业模式冲击论,这不过是颠覆性商业创新破坏作用的体现。

一、互联网技术:实体经济的冲击根源

在"实体经济冷、互联网经济热"的事实面前,不少人抱怨互联网的过早来临,颇有些"狼来了"的味道。然而,从技术创新角度讲,互联网技术创新本身就是把"双刃剑",它通过供给和需求两个层面形成了对实体经济的冲击。技术冲击论是传统经济学的重要理论之一,传统经济学认为技术创新特别是那些颠覆式创新在提升经济运行效率的同时,也让坚持旧有经济运行方式的企业或产业遭受重创。把互联网技术等同于互联网经济冲击的认识是错误的,因此不能从技术冲击视角判断线上经济与线下经济的相互关系。

(一)互联网技术是一种供给手段,它显著改变了信息的传播和提供方式,促进了销售渠道的扁平化发展

在传统经济理论中,供给者就是商品提供者,其行为受到生产和销售成本的约束。互联网对生产者的作用恰恰体现在两类成本方面:一是通过企业信息化的改造,有助于改善企业管理水平,降低内部的非效率,从而减少生产成本;二是通过互联网平台直接面对消费实现精准供应,带来更好的销售业绩。比如,互联网作为技术平台,可以将消费者群体庞大的需求信息完整地反馈给企业,有利于企业

---

① 《董明珠:没有实体经济马云死路一条》,搜狐财经,2015年10月12日。

在线下更快速、精准地保证产品的生产、仓储、运输,进而提高企业生产、运营效率。此外,互联网技术还加剧了对传统经济链条后端的冲击,压缩了销售流程,企业线上经营的成本较低,加之线下经济的高效配合,互联网技术成就了企业低成本运营的能力。

(二)互联网技术也是一种需求手段,它对需求的影响是通过"技术创新→消费者偏好→需求扩张"的传统途径完成的

在传统实体经济中,由于距离、时间、空间等硬件方面的限制,消费者的有效需求难以得到很好满足。互联网作为一种技术,可以为消费者提供丰富的信息资源,而且能够提供更为精准的消费偏好。从这个角度说,是互联网技术优化了消费者接受消费信息的方式,提供了满足个性需求的能力。传统经济学认为,技术创新能够改变消费者偏好,进而创造出新的需求,这是以技术创新为关键环节的供给创造需求观点。对互联网技术而言,它在很大程度上并不是创造了新的需求,而是不断发现、挖掘了消费者的个性化需求。在实体经济中,消费者因为搜寻成本的问题,难以做到全面对比,许多个性需求被标准化商品掩埋,造成了需求被压制的现象。互联网技术因为更好地满足了消费者偏好,提高了消费者群体在同样需求数量前提下的价格空间,实现了需求水平的扩张,这种作用是典型传统经济学"技术→偏好→需求"的分析思路。

需要特别说明的是,上述分析是传统经济学技术冲击论的内涵,不论是互联网技术,还是其他新兴技术手段,只要能够满足降低企业成本,更好满足消费者偏好的作用,都可以认定为技术冲击。也正是在这个意义上,互联网技术是一种有利于经济发展且能改善供求关系的手段,线上企业和实体经济也都可以运用互联网这种公共技术。显然,站在技术冲击角度是不能把线下经济的不景气归罪于互联网技术的,因为任何技术创新都会带来一定的冲击。很明显,部分实体企业的萧条是跟不上技术创新的结果,因为与更方便、更快捷、更低价的线上模式相比,这些企业缺乏优质的线下体验。

二、互联网经济:与实体经济互为补充

互联网经济绝不仅仅是互联网技术,它是一种全新的经济运行模式,与实体经济之间存在着密不可分的、相互支撑的关系。

(一)互联网经济可以进一步优化线下资源配置,这当然不是基于价格机制或企业规划的理论,而是在供求一体化过程中,通过交互信息引导实体经济的资源配置

在线下实体经济运行过程中,由于市场是信息不完全的,企业不能完全掌握市场上消费者对产品的需求信息,以及竞争者所有的产品质量、价格等信息,因此价格制定过程部分依赖于投入的信息成本(信息成本由使用者搜寻成本,购置使用成本,供应者生产成本,传递、发送或转移成本等构成)的大小。企业投入大量信息成本,获得在资源配置、价格制定等方面优于竞争者的优势,从而获得丰厚的利润,但付出的信息成本不一定与得到的信息质量成正比,这是线下企业在信息搜寻过程中面临的主要难题。

事实上,作为一种经济运行模式,互联网经济自身并不关心资源配置问题,却实实在在地内生出有利于线下资源配置的变量,不仅会让资源配置获得最大化的生产可能边界,甚至会进一步扩大生产可能曲线的最大边界。因此,至少在资源配置方面来说,线上经济乃是优化线上经济的强大支撑条件。具体表现有两点:一是通过互联网平台把企业和消费者快速全面地连接在一起,出现了具有准公共品特征的基于供求者个体需求的海量交互信息。这些交互信息不仅在互联网平台上传输速度极快,而且获得交互信息所需付出的成本不高,极大地方便了线下经济发展的需求,可以帮助线下经济的资源配置达到最大生产可能边界。二是通过海量个性化信息的归类,可以

为线下企业生产方式的创新提供方向,符合需求的新型生产方式呼之欲出。需要注意到,传统经济理论把发生在生产可能边界的资源配置状态认定为有效标准,却忽略了生产可能边界自身的扩张问题。而后者恰是互联网经济带来的结果。因为,互联网经济提供的即时交互信息不仅能够精准定位线下企业的生产目标,更能够改变线下企业的生产方式和资源利用方式。比如,要推动大批量定制的模块化生产方式,前提是精确了解消费者个性需求内容。在这样的情况下,线上交互信息带来了线下生产方式的革新,资源配置的边界得以扩张。

(二)互联网经济与实体经济是两种互为补充的经济形态,交互信息、生产制造和高效服务共同构成现代经济运行的三种要素

如果把人体比拟为现代经济构架,互联网经济就是"大脑",线下实体经济就是"躯干",诚信就是神经中枢,而基于大数据运算的交互信息则是"心脏"。因此,在诚信不存在缺失的前提下,只有与互联网经济进行融合,实体经济的发展才能正常运行。相反来讲,互联网经济也不可能脱离实体经济而存在,实体经济是互联网经济顺利运行的物质基础,诸如产品生产支持、售后服务支持以及仓储物流支持等,都离不开线下经济子系统的完善。由此来说,互联网经济要以实体经济为基础,实体经济的完善需要互联网经济提供条件。从内容上看,交互信息、生产制造和高效服务将构成现代经济架构的三种核心要素,这也是互联网经济与实体经济相互联接作用的必然结果。

具体而言,在线经济运行中,服务存在的主要形式是在线客服,以及快捷的物流信息调度服务和支付诚信服务,消费者可以通过商家提供的在线服务充分了解商品或服务的各种信息,通过物流可以实现足不出户地便捷购物。线下企业的服务形式则更加丰富,主要体现在优质的售前、售中和售后服务等。这在目前的线上线下融合的 O2O 零售模式得到了很好的印证。因此,在线上线下共同构成的经济体系中,服务的形式虽有不同,却是支撑经济运行效率的前提。与此同时,互联网经济可以提供充分而低廉的交互信息,线下实体经济则专门从事生产制造,这种有序协调的分工状态是按照交易链条自发形成的,是"线上经济驱动线下经济,线下经济成就线上经济"的分工结构。正是在这个意义上,交互信息、生产制造和高效服务共同成为互联网经济与实体经济相互融合三大要件,三者之间的有效关联与互动也理应是线下经济与线上经济走向一体的主要基础。

(三)从发展趋势上说,互联网经济与实体经济最终要实现一体化融合

必须看到,互联网经济与实体经济之间的关系并非是一方吞并另一方,而是互相推动,最终实现有效融合、一体发展。实践中,线下实体不断运用互联网技术和思维,完善生产经营模式,优化资源配置、扩大生产边界。虽然互联网使消费过程变得更加便利、快捷,但许多的消费体验最终还是需要通过线下实体店完成。因此,互联网经济与实体经济实现一体化的关键在于如何在线上经济和线上经济之间建立有效联系。为此,需要不断释放互联网经济与实体经济的创新活力,促进二者的有效融合。本质上讲,作为经济运行模式,互联网经济与实体经济并无截然的分割,跨界是一种新的发展趋势。在这里,线下经济可以向线上经济拓展,线上经济也可以向线下拓展,线上线下一体化发展特征越来越明显。

还要注意的是,在现代经济体系中,经济运营模式不再是单向的线上到线下或线下到线上的模式,而逐渐变成从线下到线上最终再回归线下的模式,实体经济与互联网经济之间的界限越来越模糊。例如,O2O就是线下企业运用互联网,把线上的消费者带到线下实体店消费的模式:消费者在线支付商品、服务,再到线下去提取商品、享受服务。这就是说,商家通过互联网发布打折信息、预定线下服务的信息等方式,把线下实体店的信息推送给互联网用户,用户在线筛

选产品和服务，并完成在线结算，最终商家将线上潜在消费者成功转化为线下客户。

总的来讲，互联网经济与实体经济的融合为实体经济创造出更广阔的发展空间，使线下实体资源的利用率也得到提高，所以，互联网经济和实体经济之间并非替代关系，而是呈现出逐渐深度融合、互相促进的发展趋势。

第二节 数量关系：线上线下经济的均衡解析

尽管我们在理论上可以表明线上经济与线下经济是互为补充的关系，两者的互动融合直至一体化发展是必然的发展趋势。但这仍然无法解释互联网经济繁荣与实体经济萧条之间的关系。尽管技术冲击论的观点可以对这种线上经济与线下经济的背离有所解释，但仍然难以彻底厘清两种经济模式之间的关系，包括线上经济的繁荣是否挤占了线下经济的发展空间，或者说线下经济的萧条是否源自线上经济的挤压，等等。基于此，笔者提出互联网经济第四个命题：

命题四（互联网经济发展的路径依赖命题）：交易成本过高或者过度不发达的线下经济难以满足经济主体的有效需求，互联网经济则因其独特的经济优势可以迅速填补这一需求空间，这种需求上的补充功能会因为互联网经济加速发展转换为替代关系——实体经济受到挤压。但在另一种情况下，即从一开始，高度发达的线下经济就能够为经济主体提供很好的满意度，互联网经济就难以挤压实体经济的发展，两者将会达到一种功能性均衡状态。

一、线上与线下：规模的累积效应与分流效应

纵观互联网经济发展实践，由于线上线下经济都是以完成商品交易为核心目标，因此互联网经济出现之后，线上经济对线下经济将会产生虹吸或者扩散效应。同时，作为各自相对独立的经济运行状态，线上经济或者线下经济的增长速度变化率也会具有自我集聚或者发散的可能形态。

具体而言，在互联网经济产生之前，线下经济已经存续并发展，无论线下经济是否存在机制障碍或运行不畅的困境，线下经济在时间上是先于线上经济的。当互联网经济出现以后，线下经济中的部分环节、部分业务乃至部分经济群体会转移到线上。当然，这种从线下到线上的转换，既可能因为高质量大密度交互信息的引导带来线下经济的扩张，也可能因为经济活动的完全替代导致线下经济的萎缩，这就是互联网经济扩散和虹吸效应的内涵，可将这种现象定义为线上（线下）经济的分流效应。

此外，无论是线上经济还是线下经济，各自增长速度的变化率还会和各自的总量规模有关。因此，伴随着各自经济规模的扩张，两类经济的增长速度的变化率也会出现变化。这里要注意区分两种情形：第一种情形是，经济增长速度的变化率随着自身经济规模的扩大而递增；第二种情形是，经济增长速度的变化率随着自身规模的提高而衰减。可把这种现象定义为线上（线下）经济的累积效应。

为了形象地展示两大效应的表现形式，笔者分别把互联网经济规模和实体经济规模分别设定为 H 和 S，而且它们都是时间的动态函数。其中，$\dot{H}$ 和 $\dot{S}$ 分别代表线上经济增量和线下经济增量。在理论意义上，我们假设两类经济的增量函数分别如公式 5-1 和 5-2。

$$\dot{H} = f(H, S) \qquad \text{（公式 5-1）}$$

$$\dot{S} = g(H, S) \qquad (公式 5-2)$$

于是，$\frac{\partial \dot{H}}{\partial H}$ 和 $\frac{\partial \dot{S}}{\partial S}$ 分别表示线上经济和线下经济的累积效应；$\frac{\partial \dot{H}}{\partial S}$ 和 $\frac{\partial \dot{S}}{\partial H}$ 分别表示线上经济和线下经济的分流效应。

正如我们在第一章探讨马云成功的因素时指出的那样，实体经济的发展状况对互联网经济初始发展的作用具有显著的影响。在第三章中，我们指出了日本互联网经济的发展特征，并说明正是因为日本实体经济的成熟和完善，才诱发了日本互联网经济扩张速度不高的事实。很明显，在尝试判断累积效应和分流效应的符号之前时，我们首先需要弄清楚它们与哪些关键因素有关。笔者认为，尽管两类效应表达的是规模化数量指标，但决不能因此忽视两类经济模式的质量关系，包括互联网经济交互信息的质量，实体经济的完善程度两个主要因素。事实上，正是建立因为质量组合差异，才引起了累积效应和分流效应的巨大差异。

（一）关于分流效应的符号判别

对于线上经济而言，互联网经济分流效应表示为 $\partial \dot{H}/\partial S$，其含义是指随着线下经济规模的扩张，线上经济增长速度的变化率将怎样变化。根据命题一结论，互联网经济中交互信息决定着交易达成的概率，进而决定着用户基数的扩张能力。由于线上经济（H）的规模与用户基数以及交互信息数量具有同向关系，因此，我们将把交互信息质量作为判断线上经济分流效应的第一尺度，并明确指出，只要线上经济的交互信息质量很高，不论线下经济是否完善，线下经济规模（S）的扩张都会加速度流向线上经济体，此时就有条件（$\partial \dot{H}/\partial S$）> 0。反之，如果交互信息的质量很差，却不一定能够判断出分流效应一定为负，此时，实体经济的服务体验和运行效率水平就成为第二个关键因素。这是因为，当互联网经济的交互信息质量较差时，如果实体经济质量较高,那么,线上经济增幅逐步减少,反而被实体经济吸收过来,此时分流效应($\partial \dot{H}/\partial S$)<0。如果实体经济运行质量也较差,线上经济的服务体验和选择便利性等优势依旧有一定的吸引力,此时,分流效应仍然是($\partial \dot{H}/\partial S$)>0(见图5-1)。简而言之,互联网经济分流效应实质探讨的是实体经济中的客户流出与否的问题,如果交互信息较为优质,实体经济客户则流入线上;如果交互信息质量较差,客户则根据实体的经济运行质量来判断是否流入线上。

对于线下经济而言,实体经济分流效应表现为$\partial \dot{S}/\partial H$(实质探讨互联网经济中客户流出与否),其含义是指随着线上经济规模的扩张,线下经济增长速度的变化率将怎样变化。由于这一效应反映的互联网经济规模扩张的作用,因此,我们仍然将交互信息质量作为根本判定标准,并认为,如果交互信息质量高,无论实体经济质量如何,实体经济总量增速的变化率也为负,即($\partial \dot{S}/\partial H$)<0。反之,如果交互信息质量低,无论实体经济质量如何,客户流动的加速度也都会从线上转到线下,即($\partial \dot{S}/\partial H$)>0(见图5-1)。很明显,判断互联网经济中客户(对信息质量的预期值太高)是否流入实体经济,仅仅取决于交互信息质量的优劣,质量高(有信心)则不流入实体经济,质量低(失望)则选择流入实体经济。

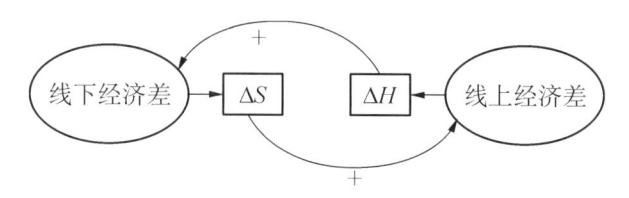

图 5-1 线上经济和线下经济质量都不高时的用户流失

(二) 关于累积效应的符号判别

对于线上经济而言,累积效应表示为$\partial \dot{H}/\partial H$,其含义是指随着线上经济规模的扩张,线上经济增长速度的变化率将怎样变化。这种情况仍然要以交互信息质量作为第一判断标准。不同的是,线上经济的累积效应是从交互信息质量较差作为分析起点,即交互信息较差时,无论实体经济运行好坏,线上经济增长速度的变化率为负,有 $\partial \dot{H}/\partial H < 0$。其根本原因是,探讨互联网经济的累积效应要首先弄清楚"鸡和蛋"的关系。也就是说,实践中是先有线下经济后有线上经济、先有线下客户后有线上客户的。依据这样的事实,我们就可以确知,当互联网经济交互信息质量不高时,线下客户流入线上经济的速度放慢甚至停止(也可能为负,即线上流出)。当交互信息质量较高时,线下客户就需要根据实体经济运行质量来具体判断。也就是说,如果实体经济运行质量不高,则线下客户加速流出,导致线上规模增幅不断扩张,有 $\partial \dot{H}/\partial H > 0$;如果实体经济运行效率较高,则线下客户流入线上速度减慢甚至停滞,则有 $\partial \dot{H}/\partial H < 0$。总体而言,正是因为"线下在前、线上在后"的缘故,这里讨论的互联网经济累积效应机理与互联网经济分流效应机理相同,只不过在分析对象上前者关注线下经济规模变化对线上经济增长速度变化率的影响,后者关注线上经济规模变化对自身经济增长速度变化率的影响。

对于线下经济而言,累积效应表示为 $\partial \dot{S}/\partial S$,判定其符号相对比较简单,标准是线下经济的运行质量。如果线下经济质量高,则累计效应为正,有 $\partial \dot{S}/\partial S > 0$。如果线下经济运行质量较差,则累计效应为负,有 $\partial \dot{S}/\partial S < 0$。

针对上述分析结论,我们可以总结出表 5-1。

表 5-1 两类经济分流效应和累积效应的符号判别

效应分类	对应情况	符号
线上经济分流效应 ($\partial \dot{H}/\partial S$)	交互信息质量好	正
	交互信息质量差,实体经济质量好	负
	交互信息质量差,实体经济质量差	正

(续表)

效应分类	对应情况	符号
线下经济分流效应 $(\partial \dot{S}/\partial H)$	交互信息质量好	负
	交互信息质量差	正
线上经济累积效应 $(\partial \dot{H}/\partial H)$	交互信息质量不好	负
	交互信息质量好,实体经济质量好	负
	交互信息质量好,实体经济质量差	正
线下经济累积效应 $(\partial \dot{S}/\partial S)$	实体经济质量好	正
	实体经济质量差	负

二、数量均衡关系：动态相位图方法

公式 5-1 和 5-2 是两个双变量自控微分方程,因此,我们可以根据数学方法在二维空间构思双变量相位图。在构思之前,只需要探究两个基本条件：(1)对任意函数 $dy/dt = f(x, y)$ 确定一条分界线,称之为 $dy/dt = 0$,它为任何预期的均衡提供一个发生的地点;更重要的是,它把相空间分成两个区域,一个是 $dy/dt > 0$ 的区域,一个是 $dy/dt < 0$ 的区域。(2)一条实线。在此线上,由 dy/dt 的任意非零值所反映的 y 的递增和递减可以标示出来。很明显,在我们研究的问题中,有两条分界线,一条是 $dH/dt = 0$ 线,另一条是 $dS/dt = 0$ 线。而这两条线在二维空间中均是可以绘出的。一旦绘出这些分界线,确定在这些线的哪一边应标上加号,哪一边应标上减号,也就不再困难了。

回到我们讨论的线上经济与线下经济的关系问题上。已知自控方程(公式 5-1 和 5-2),那么,两条分解可以表示为两个方程的图形：

$$f(H, S) = 0 \quad (\dot{H} = 0 \text{ 的曲线}) \quad (\text{公式 } 5-3)$$

$$g(H, S) = 0 \quad (\dot{S} = 0 \text{ 的曲线}) \quad \text{（公式 5-4）}$$

在 H、S 的二维空间上，根据隐函数法则，可以确定 $\dot{H} = 0$ 和 $\dot{S} = 0$ 曲线的斜率为：

$$\frac{dH}{dS}\bigg|\dot{H}=0 = -\frac{\partial f/\partial S}{\partial f/\partial H} = \frac{\frac{\partial \dot{H}}{\partial S}}{\frac{\partial \dot{H}}{\partial H}} \quad \partial f/\partial H \neq 0 \quad \text{（公式 5-5）}$$

$$\frac{dH}{dS}\bigg|\dot{S}=0 = -\frac{\partial g/\partial S}{\partial g/\partial H} = \frac{\frac{\partial \dot{S}}{\partial S}}{\frac{\partial \dot{S}}{\partial H}} \quad \partial g/\partial H \neq 0 \quad \text{（公式 5-6）}$$

更具体来讲，当且只有当 $\partial f/\partial S$ 和 $\partial f/\partial H$ 的符号相反时，公式 5-5 的曲线才能出现在第一象限，意味着 H 和 S 可以同时为正值，否则该曲线只能出现在第二或者第三象限。这里要注意，尽管 H 不可能为负值，但这条分界线反映出来的线下经济规模递增或递减的情况仍然适用。此结论同样适合公式 5-6。依据前文的分析结论，按实体经济质量和交互信息质量的好换，我们可以形成四种组合类型，每种组合中都有独特的分流效应与累积效应特征。

第一种情况是实体经济和交互信息质量都较好。此时在分流效应和累积效应方面分别有如下条件：

对线上经济：$\begin{cases} \dfrac{\partial \dot{H}}{\partial H} < 0 \\ \dfrac{\partial \dot{H}}{\partial S} > 0 \end{cases}$ 于是，曲线 $\dot{H} = 0$ 斜率 $\dfrac{dH}{dS}\bigg|\dot{H}=0 = -\dfrac{\partial f/\partial S}{\partial f/\partial H} > 0$

对线下经济：$\begin{cases} \dfrac{\partial \dot{S}}{\partial H} < 0 \\ \dfrac{\partial \dot{S}}{\partial S} > 0 \end{cases}$ 于是，曲线 $\dot{S} = 0$ 斜率 $\dfrac{dH}{dS}\bigg|\dot{S}=0 =$

$$-\frac{\partial g/\partial S}{\partial g/\partial H} > 0$$

用图形表示为图 5-2 或 5-3。图 5-2 中 $\dot{S}=0$ 的斜率大于 $\dot{H}=0$ 斜率。极端的例子是 $\partial g/\partial S(>0)$ 相对于 $\partial g/\partial H(<0)$ 的绝对值很大（或者说 $\partial g/\partial H$ 数值很小），这说明实体经济的累积效应很强，同时，在交互信息质量较高时，实体经济遭受互联网经济的分流能力很弱。这种情况只有在实体经济质量超强的时候才可以发生。道理相似，图 5-3 表明交互信息质量超高的情况。

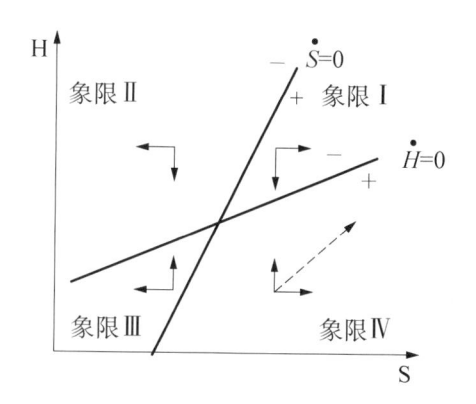

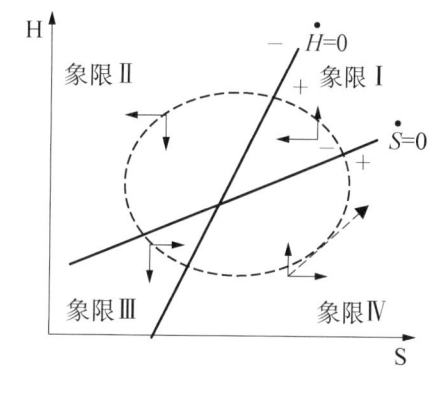

图 5-2 双优模式 a(实体质量更好)

注：我们关注互联网经济的起始状态，因此分析前提是实体经济对互联经济的影响。

图 5-3 双优模式 b(交互信息更好)

注：我们关注互联网经济的起始状态，因此分析前提是实体经济对互联经济的影响。

第二种情况是实体经济和交互信息质量都较差好。此时在分流效应和累积效应方面分别有如下条件：

对线上经济：$\begin{cases}\dfrac{\partial \dot{H}}{\partial H} < 0 \\ \dfrac{\partial \dot{H}}{\partial S} > 0\end{cases}$ 于是，曲线 $\dot{H}=0$ 斜率 $\left.\dfrac{dH}{dS}\right|_{\dot{H}=0}=$

$-\dfrac{\partial f/\partial S}{\partial f/\partial H} > 0$

对线下经济：$\begin{cases} \dfrac{\partial \dot{S}}{\partial H} > 0 \\ \dfrac{\partial \dot{S}}{\partial S} < 0 \end{cases}$ 于是，曲线 $\dot{S} = 0$ 斜率 $\dfrac{dH}{dS}\Big|_{\dot{S}=0} =$

$-\dfrac{\partial g/\partial S}{\partial g/\partial H} > 0$

图 5-4 和图 5-5 分别表示了这种情况。在图 5-4 中，$\dot{H} = 0$ 的斜率大于 $\dot{S} = 0$ 斜率。极端的例子是 $\partial f/\partial S (>0)$ 相对于 $\partial f/\partial H (<0)$ 的绝对值很大（或者说 $\partial f/\partial H$ 数值很小），这说明尽管交互信息较差，但更差的实体经济仍然造成线下客户快速转移到线上经济来；同时，较差的交互信息并未造成互联网经济线上客户的大规模流出。这说明，相对于更差的线下经济，线上经济差的程度轻一些。同样的分析思路，图 5-5 表明线下经济差的程度轻一些。

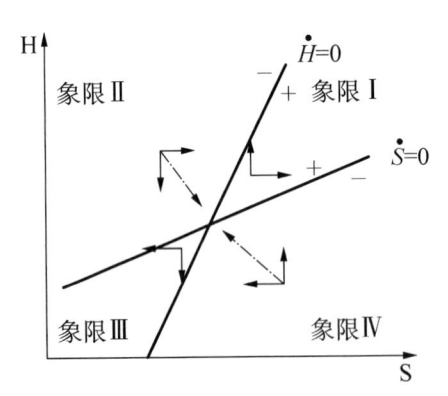

图 5-4 双差模式 a（线上经济弱优于线下）

注：我们关注互联网经济的起始状态，因此分析前提是实体经济对互联经济的影响。

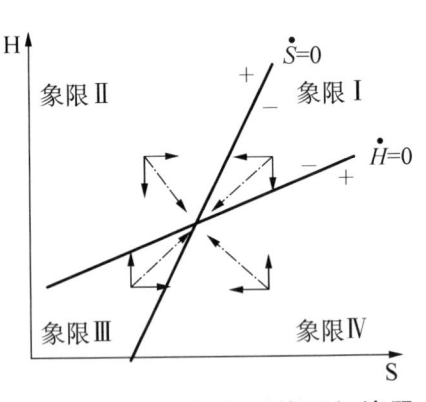

图 5-5 双差模式 b（线下经济弱优于线上）

注：我们关注互联网经济的起始状态，因此分析前提是实体经济对互联经济的影响。

第三种情况是实体经济质量好而交互信息质量差。条件如下：

对线上经济：$\begin{cases} \dfrac{\partial \dot{H}}{\partial H} < 0 \\ \dfrac{\partial \dot{H}}{\partial S} < 0 \end{cases}$ 于是，曲线 $\dot{H} = 0$ 斜率 $\dfrac{dH}{dS}\Big|_{\dot{H}=0} =$

$$-\frac{\partial f/\partial S}{\partial f/\partial H} < 0$$

对线下经济：$\begin{cases} \dfrac{\partial \dot{S}}{\partial H} > 0 \\ \dfrac{\partial \dot{S}}{\partial S} > 0 \end{cases}$ 于是，曲线 $\dot{S}=0$ 斜率 $\dfrac{dH}{dS}\Big|_{\dot{S}=0} =$

$$-\frac{\partial g/\partial S}{\partial g/\partial H} < 0$$

第四种情况是实体经济质量差而交互信息质量好。条件如下：

对线上经济：$\begin{cases} \dfrac{\partial \dot{H}}{\partial H} > 0 \\ \dfrac{\partial \dot{H}}{\partial S} > 0 \end{cases}$ 于是，曲线 $\dot{H}=0$ 斜率 $\dfrac{dH}{dS}\Big|_{\dot{H}=0} =$

$$-\frac{\partial f/\partial S}{\partial f/\partial H} < 0$$

对线下经济：$\begin{cases} \dfrac{\partial \dot{S}}{\partial H} < 0 \\ \dfrac{\partial \dot{S}}{\partial S} < 0 \end{cases}$ 于是，曲线 $\dot{S}=0$ 斜率 $\dfrac{dH}{dS}\Big|_{\dot{S}=0} =$

$$-\frac{\partial g/\partial S}{\partial g/\partial H} < 0$$

由于第三种和第四种情况分界线斜率为负，因此，两条分界线将落在第二或第三象限。但这并不改变第一象限 H 和 S 的变动情况，因此，我们将任选一种情形示例，图 5-6 对应第三种情况，图 5-7 则

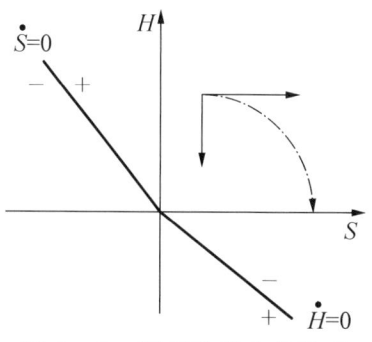

图 5-6 线下优线上差模式　　图 5-7 线上优线下差模式

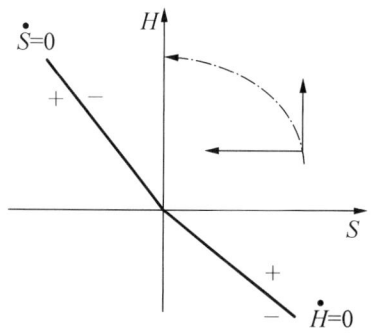

对应第四种情况。

三、均衡路径解析：动态演化轨迹

互联网经济作为最近十几年间的新生事物，是在线下经济已经发展到一定规模时才开始起步的。据此，我们可以假定在线上经济起步发展时，线下经济已经具有了初始的经济规模 S_0。在这样的状态下，观察上述四类情况的相位图，我们可以得到几个重要的结论：

第一，在双优模式中，如果线下经济起初服务体验和运行效率更高，那么，线上经济的发展起点是从图 5-2 的第Ⅳ象限开始的，线上经济规模与线下经济规模表现出同步扩张且无收敛的特征，这种情形对应的典型国家是美国。从动态意义上看，随着互联网经济的扩张，线上与线下经济规模的组合点就可能落在第Ⅰ象限。此时，如果线下经济质量仍然更高，那么，线下经济规模会进一步扩张，而线上经济规模则适量减少，两者稳定在实体经济规模略和互联网经济规模双高的状态。如果交互信息质量得到优化且变得更高，那么，图 5-3 显示的涡旋均衡就会发生，互联网经济与实体经济在交互变动中最终收敛到稳定的比例关系。要注意的是，双优模式下的涡旋均衡无法用数量关系来解释其含义，这种线上与线下经济的均衡点往往代表着两种更高质量的经济规模的比例关系。在实践中，双优模式对应的典型国家是美国和日本。目前日本的互联网经济与实体经济的关系还处于图 5-2 的状态，而美国则因为互联网经济高度渗透的原因，已经迈入图 5-3 的状态。

第二，在双差模式中，由于起始条件假定线下经济质量差，互联网经济在起步发展时或多或少可以解决人们对线下经济不满的问题，因此，分析的起点是从线上经济交互信息质量弱优出发。此时，线上经济与线下经济的规模关系从图 5-4 的第Ⅳ象限开始，线上经济规模扩张的同时,线下经济规模缩小,且呈现出收敛均衡的特征,显然,这种均衡是鞍点均衡。理论上说,如果实体经济的初始规模很大,两种经济规模的运动轨迹很可能会从第Ⅳ象限进入到第Ⅰ象限。假定线上交互信息质量依然弱优,那么,实体经济和互联网经济的规模就会同时扩张,两种经济模式进入到低水平扩张状态。多数情况下,随着互联网经济规模的快速扩张,用户基数扩张中形成的较差交互信息的质量会变得更差,线下经济质量可能出现弱优的可能,此时线上经济与线下经济的动态关系反映在图 5-5 的第Ⅰ象限,两种经济规模将会同时收缩,直至达到均衡比例关系。在实践中,双差模式对应的典型国家是中国,目前中国互联网经济与实体经济的关系还处于图 5-4 的替代关系状态。

第三,在优与差的两种组合中,实体经济与互联网经济的规模存在显著的替代关系。如果交互信息质量优而实体经济质量差,则互联网经济最终一统天下,如果实体经济质量优而交互信息差,则互联网经济完全被挤出。

总的来说,上述模型形成的线上和线下经济规模的关系,揭示了互联网经济在发展之初会受到来自实体经济运行质量这一初始条件的影响,由此形成了双扩张或者线上替代线下的关系。一旦互联网经济规模积累到一定程度,交互信息的作用就变得越发重要,甚至会改变线上线下经济规模的关系。由此来看,实践中认定互联网经济繁荣是以实体经济衰落为代价的观点,值得商榷,这是互联网经济路径依赖命题作用使然。在笔者看来,互联网经济与实体经济在本质上并不是一对完全分割对立的经济形态,它们共同构成了国民经济的整体。如果线下经济线上化实现了经济总量的扩张,那么,国民经济仍然可以判定为增长或发展。反之,线下经济线上化带来的是经济总量萎缩,那么,国民经济衰退的趋势也就在所难免。

第三节 启发与扩展：实践引证与内涵

仔细探究路径依赖命题和模型演化轨迹背后的问题，我们可以发现，中国和日本、美国之间将出现互联网经济发展思路的分野。

一、补充解释：正确认识中美日互联网经济

数据显示，美国和日本互联网经济相对规模在全球各国名列前茅（图5-8），从2010年到2013年，互联网经济占GDP比重不断扩张，但绝对增长幅度小于中国。这是否说明美国和日本的互联网经济增长潜力不如中国强大，竞争力有衰退趋势呢？

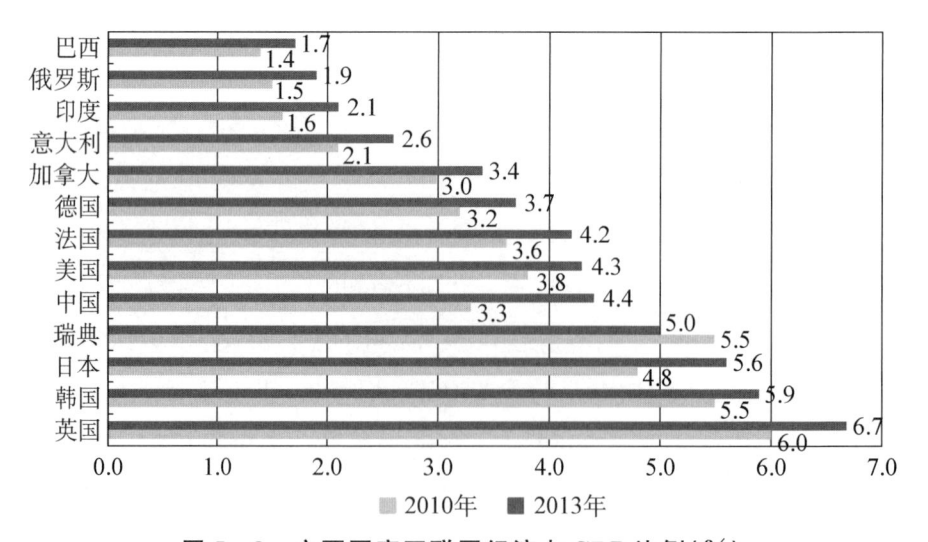

国家	2010年	2013年
巴西	1.4	1.7
俄罗斯	1.5	1.9
印度	1.6	2.1
意大利	2.1	2.6
加拿大	3.0	3.4
德国	3.2	3.7
法国	3.6	4.2
美国	3.8	4.3
中国	3.3	4.4
瑞典	5.0	5.5
日本	4.8	5.6
韩国	5.5	5.9
英国	6.0	6.7

图5-8 主要国家互联网经济占GDP比例（%）

资料来源：麦肯锡全球研究院分析。

注：大多数国家的C2C（消费者对消费者）网络零售主要是个人在二级市场的交易，且可忽略不计。但在中国，它包含未进行公司注册的小微企业的销售额。如果包括C2C在内，中国互联网经济占GDP的比重达7%，高于任何一个国家。

第五章　互联网经济与实体经济 | 135

　　从中美日互联网经济公司情况来看,根据俄罗斯工程师将全球196个国家35万个网站数据整合起来制作的"互联网星球图"(见图5-9),在全球互联网公司级别和数量规模上,美国仍然是领导者,中国互联网如百度、阿里巴巴、腾讯、新浪和网易等发展势头较强劲,而日本本土知名的互联网公司却寥寥无几,互联网公司数量也明显少于中美两国。

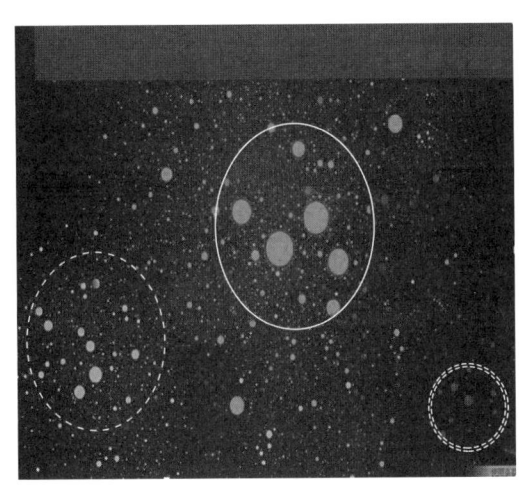

图 5-9　互联网星球

注:实圈代表美国,单虚线圈代表中国,双虚线圈代表日本。

　　那么,这是否意味着日本互联网经济发展水平最差呢?笔者认为,答案就在于日本有着超强的实体经济质量。众所周知,日本东京是线下实体店最为密集的城市,大街小巷遍布着各种连锁便利店。日本7-11、全家、罗森便利店等总数超过5万间,随处可见的药妆店,如松本清、杉药局等,总数超过2万间。再加上遍布各地的大型百货与特色卖场以及自动售货机,让日本人在自己的生活圈与视野可及处,几乎可以买到他的生活所需的物品。日本人从这种线下优质的体验与服务得到了满足,反而让电子商务的体验与服务无法超越线下实体店。因此,正是日本发达的连锁实体商业掣肘了线上互联网发展的生存空间与创业空间。日本电子商务领域折射出来的,也是日本线下实体业与互联网博弈的一个侧面,即过于发达的线下服务体系反而让互联网创业的空间被压缩[①]。日本互联网经济由此只是发挥着一个展示线下产品的线上陈列台,线上成交率较低,线下向线上迁移率也较低。日本有着有限的国土面积、高密度的人口、较高的城市化水平,使得高水平的线下运行效率足以满足人们的需求。日本互联网平台可以进入人们的生活,但很难出现类似中国和美国互联网经济的强劲发展势头。

对美国来讲,互联网技术最早发端于美国,互联网经济在美国发展的历史也由来已久,全球最大的互联网后台服务基础设施在美国。与此同时,得益于美国诚信监管制度的影响,线下经济的高质量同样确保了线上交互信息的高质量。因此,实践中的美国互联网经济与实体经济已经高度融合,无论两者在数量比例上的关系如何变化,线上线下经济质量的共同提升已经成为事实。在 Forrester 每年发布的《网上零售现状》调查中,美国 74% 的受访零售商表示,2014 年网上销售额的增长率比 2013 年至少高 10%,而 27% 的受访者表示增长了 25% 以上。同时,由美国商务部 2014 年公布的 2005 年至 2014 年线上零售业收入占零售总收入的比例的数据(见图 5-10),不难看出,美国线上零售量稳步增长,线下向线上迁移的速度较快,也促进了互联网经济的快速发展。一个显著的事实是,美国互联网经济发展过程中,线上经济是对线下传统零售业的补充,线下零售业虽然在互联网经济热潮中拥有较快的向线上迁移的速度,但依旧占据主导地位,2014 年线下零售业收入仍旧占全部零售业总收入的 93.6%,而且线下零售业收入比重在不同的时点(月度)上也有增加的特征。

[①] 王新喜:《中国互联网创业活力为何碾压日本?》,http://tech.sina.com.cn/zl/post/detail/i/2015-08-12/pid_8485262.htm

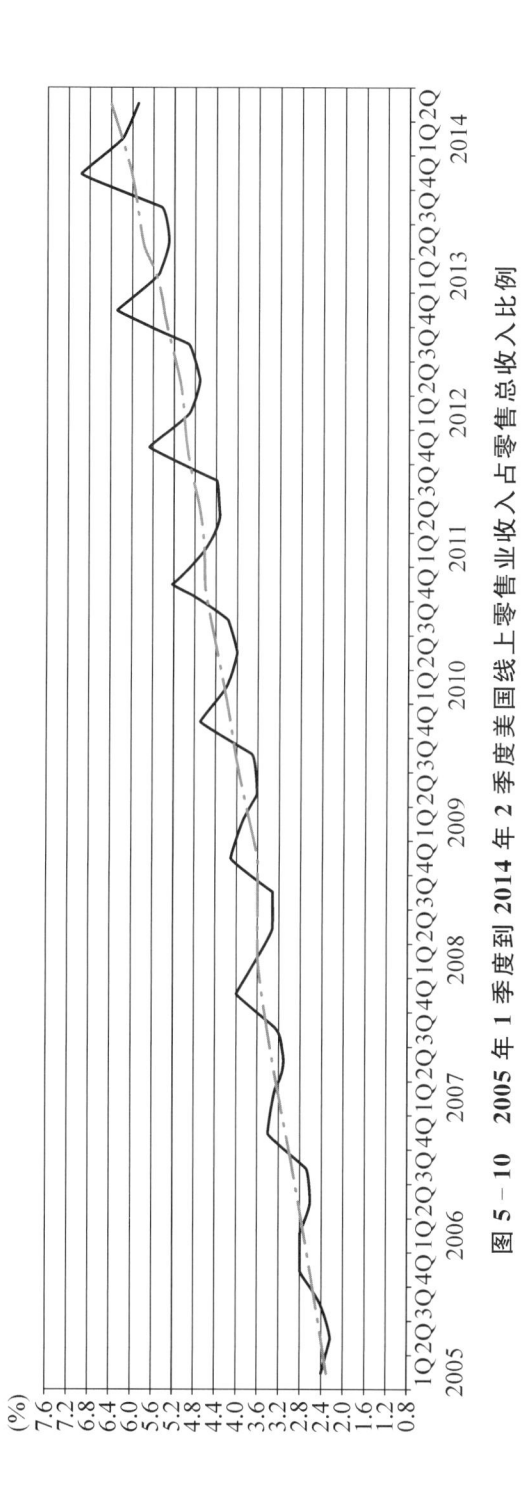

图 5－10 2005 年 1 季度到 2014 年 2 季度美国线上零售收入占零售总收入比例

资料来源：美国商务部，转引自 http：//www.199it.com/archives/278527.html。

注：实线代表按月份测算的在线零售业收入占总收入比重；虚线代表按季度测算的在线零售业收入占总收入比重。

另外，麦肯锡2011年的一份报告中明确指出，数据已经渗透到美国所有产业和商业，成为了一个重要的生产要素。这意味着，互联网在美国经济和社会中已经发挥着类似于水、电（电力和通信）、煤或广播电视等关键公共服务设施的作用，没有互联网行业就没有美国当代的经济和社会生活。从这个意义上说，美国互联网经济与实体经济的关系已经不能再使用数量或规模的关系来衡量，图5-3所揭示的涡旋均衡客观上体现了线上线下经济一体化互动的特征。

还原到中国实践，我们注意到，中国实体经济质量不高是一个不争的事实，线下服务体验差、商品价格不透明、营销环节繁冗等诸多问题都造成了线下经济发展的畸形状态，消费者对解决这些问题有着强烈的渴求。从这个意义上说，互联网经济的到来迎合了人们的这种要求，互联网似乎造就了一种全新的经济环境。但纵观这些年互联网经济发展的实际情况，不难发现，互联网经济改变最大的是中国经济的供求习惯与行为。一方面，互联网用给予了消费者更多的消费选择，以消费者为中心的时代来临，引起了消费者心理期望值在短时间的急剧膨胀；另一方面，互联网驱动型企业、行业与乃至整个服务业也从互联网消费者的习惯和需求出发，用互联网惯用的商业策略来回馈对方。但在线下经济质量较差的惯性作用下，线下实体供应者转移到线上的目的部分是为了消化库存，部分只是看到互联网商机，却没有从根本上同步改善和优化自己的生产效率，线上经济呈现野蛮式膨胀的特征。因此，线上经济与线下经济基于数量层次的替代关系不断被强化。显然，中国互联网经济野蛮式成长背后若没有交互信息质量增强的支撑，很难想像这种发展将走向何处。实体经济质量和交互信息质量若得不到有效提高，双差模式最终引发的结果只能是国民经济发展质量的降低，互联网经济大国最终幻化为一个"泡沫"。

二、实践内涵：新实体经济形态

总的来说，互联网经济不可能脱离实体经济而独立存在，它是一种新的实体经济，实质是通过交互信息促成实体经济的存在方式和生产方式的变革。这种新的实体经济形态，是虚拟经济、实体经济两大经济形态的链接。

第一，区分线上经济和线下经济互动效果的高下，关键标准不是交互信息对消费者的作用，而是对实体企业的引领作用。线上经济对线下经济的作用是通过交互信息这个纽带发生的，但作用的对象在不同国家中却有显著的差异。比如，同样是互联网经济，中国与美国具有显著的差异。美国是以企业为导向的，而中国的互联网经济则更多地反映了消费者驱动的形态。笔者认为，随着互联网经济更深入地渗透到各个实体行业，这一现象将发生改变。企业利用交互信息的程度将会显著提高，只有这样才能真正改善实体经济的运营效率，并最终转化为生产效率的提升。

表 5-2 中美两国互联网经济的差异

		中国	美国
消费者	互联网使用		
	● 用户（万）	63 200[①]	27 700
	● 普及率（%）	46	87
	网络零售		
	● 规模（10亿美元）	295	270
	● 占零售业百分比（%）	7—8	6
	电商平台	淘宝/天猫	eBay
	● 商品数量（万）	80 000	55 000
	● 活跃买家（万）	23 100	12 800
	智能手机普及率（占手机总装机量比例）	54	69
	互联网用户中社交网络普及率（%）	60	73

(续表)

		中国	美国
企业	云服务渗透率(%)	21[2]	55—63[4]
	中小企业运营中互联网使用率(%)[3]	20—25	72—85

注：[1] 到 2014 年 7 月。
　　[2] 2012 年麦肯锡中国首席信息技术官调查。
　　[3] 采购、销售、营销中对使用互联网的回答。
　　[4] 比例随云计算解决方案类型而变化。
资料来源：转引自 http://www.jdxfw.com/html/2014/sjbg_0726/27025.html。

第二，交互信息改变了实体经济的存在方式，链状经济是新实体经济的基本形态。互联网经济生成的交互信息使单体产业的存在形式发生了变化，它不再是原来的一条生产线、一个工厂或者某几个工厂的叠加，而是演变成为没有任何产权关系的企业的链接。而且，企业在链接的过程中将根据交互信息的要求，形成供应链和需求链的无缝对接，促成服务链和生产链的高效匹配。因此，通过交互信息接形成的企业链接效果是经济发展的第一要素，其次才是单个实体产业的生产效率。从宏观上说，当单体产业变成一种链状形态后，交互信息的数量和质量将决定产业链的价值水平，并引起不同国家竞争能力的分化。那些拥有高质海量交互信息以及单体产业高效率的国家，就成为主导全球经济发展的新的引领者。

总的来说，中国线下经济线上化现象，只是互联网经济迈向新实体经济的第一步，要重视线上经济线下化和线上线下经济一体化进程。这里，所谓线上经济线下化特指互联网经济交互信息质量提高形成的对线下经济发展的促进作用，线上线下经济一体化则指两种经济模式相互促进、相互带动带来的经济质量共同提升的过程。

附：中美日互联网经济发展特征比较

一、互联网交易特征与网络消费习惯

网络消费习惯取决于消费的信任程度。例如,手机作为通话、社交、游戏工具很正常,使用频率也很高,但要让手机变成一个消费门户,如果没有信任体系作为基础,它比当年 PC 购物更加艰难,也是一件难以想象的事情。当然,它更不同于通话、社交、游戏,两者的安全感受完全不同,消费者利用移动互联网进行消费,是完成从体验到形成消费决策,最终产生购买的行为。这背后如果没有高度安全的支付平台,没有相比线下实体经济而存在的价格、质量、便利性等方面的优势,消费者不会乐意将消费从线下转移到线上。因此,由于各国消费者进行网络消费的习惯不同,互联网经济发展速度也存在差异。

(一) 美国

来自 eMarketer 的数据显示,截至 2015 年,网购渗透率超过 70%。同时,eMarketer 预计 2016 年美国零售业电子商务销售额将达到 38 490 万美元,相比 2015 年的 33 890 万美元增长 13.6%(见图 A-1)。

年份	电子商务销售额(百万美元)	变化率(%)
2011	194.7	15.2%
2012	225.5	15.8%
2013	258.9	14.8%
2014	296.7	14.6%
2015	338.9	14.2%
2016	384.9	13.6%
2017	434.2	12.8%

图 A-1　2011—2017 年美国零售业电子商务销售额及变化率

资料来源：www.emarketer.com。

可见,美国的实体经济虽然非常成熟,但消费者对于网购的热情并未消减,网络购物销售额一直保持在10%以上的增长率,这也是促进互联网经济逐渐发展的原因——消费者的热情推动着互联网经济不断发展。

(二) 日本

中文互联网数据资讯中心数据(图A-2)显示(2013年),在日本,每个月使用一次电子商务进行交易的比例最大,占全国电子商务使用频率总数的27.9%,而每个月使用两三次的人和2—3个月才使用一次的人的比例,分别是25.6%、23.3%,与每个月使用一次的消费者占比相距不大。这三种消费者所占的比例达到全体网上购物消费者的75%。可见,日本消费者参与网上消费的热情整体来说比较低。

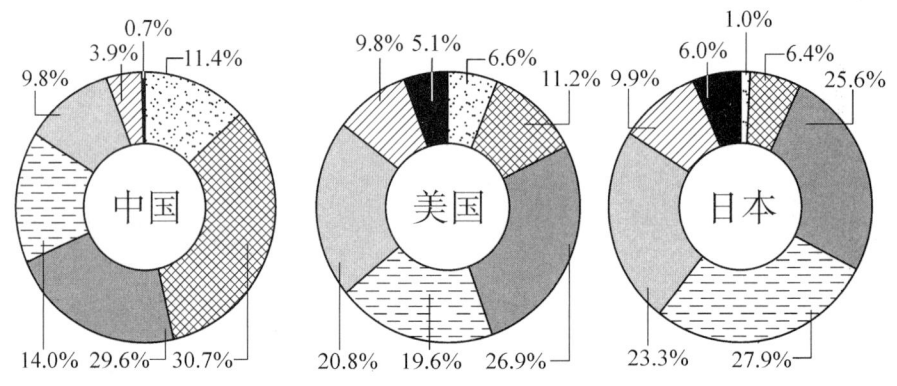

图A-2 2013年中国、美国、日本消费者电子商务使用频率

资料来源:中文互联网数据资讯中心。

日本消费者更倾向于在线上浏览商品,而在实体店中进行消费。有数据显示,在日本,只有少部分的顾客乐意单纯在网上购物,而超过三分之二的顾客虽然也有网购经验,但仍需要去实体店确认商品。可见,日本消费者对实体店依然抱有很高的期待,同时,线下实体经济的地位远远高于线上互联网经济的地位。

(三) 中国

中国互联网经济发展得如此迅速,并已经成为拉动国民经济增长的因素之一,这离不开中国消费者高涨的网上消费热情。不管是商家还是居民,都逐渐在互联网经济发展过程中体验到跨越时间、空间和人为条件上限制的互联网经济带来的便利。

根据艾瑞咨询发布的2014年中国网络购物市场数据(见图A-3),中国网络购物市场交易规模在2011年至2014年,一直保持45%以上的年增长率。特别是2011年,网络购物市场交易规模增长率达到了70.2%。2014年达到网络购物交易规模约2.8万亿元,相比2013年增长48.7%。可见中国网络购物交易规模仍然维持在较高的增长水平,并将继续保持高速增长。很明显,中国消费者在享受着互联网经济带来的快捷、便利的服务的过程中,已经逐

图A-3 2011—2018年中国网络购物市场交易规模实现及预测

资料来源:www.iresearch.com.cn。

注:网络购物市场规模为C2C交易额和B2C交易额之和。

渐适应了网上消费,并随着移动互联网的普及,消费者也越来越习惯移动互联网消费。移动端消费成为主流,能反映出中国互联网基础设施正步入成熟。

(四) 中国、美国、日本的对比

根据数据综合分析可知,中国、美国和日本消费者网络消费习惯不同,对于每周使用电子商务一次以上的消费者,中国、美国、日本的消费者比例分别是42.1%、17.8%、7.4%。显然,中国比美国和日本的网购消费者占比高很多,中国消费者在三个国家中似乎最热衷于使用互联网进行交易。这引发了中国互联网经济的迅速发展,并衍生出"互联网经济"模式。中国因此成功搭上了互联网浪潮,互联网经济极大改变了社会生产方式和人们的生活方式。

二、互联网用户基数的差异

美国一直是全世界通信产业和互联网产业的引领者,互联网普及率也较高,因此带动线上经济快速成熟。截至2015年年底,美国拥有3.15亿居民,2.55亿网民,1.84亿在线购买者。美国是世界上在线零售领域最大的市场。美国和日本的互联网普及率都超过人口比重的70%;中国网民达6.88亿,同时互联网普及率首超50%(2016年)。但中国和美国网民一天的上网时间超过3小时的比例超过60%,而日本仅为32%(见图A-4)。虽然日本有着相当高的互联网普及率,网民却只有1.01亿,线上消费也较不活跃。所以,互联网普及率的高低不完全是促进互联网经济发展的原因,在线购买率才是互联网经济发展程度的反映。

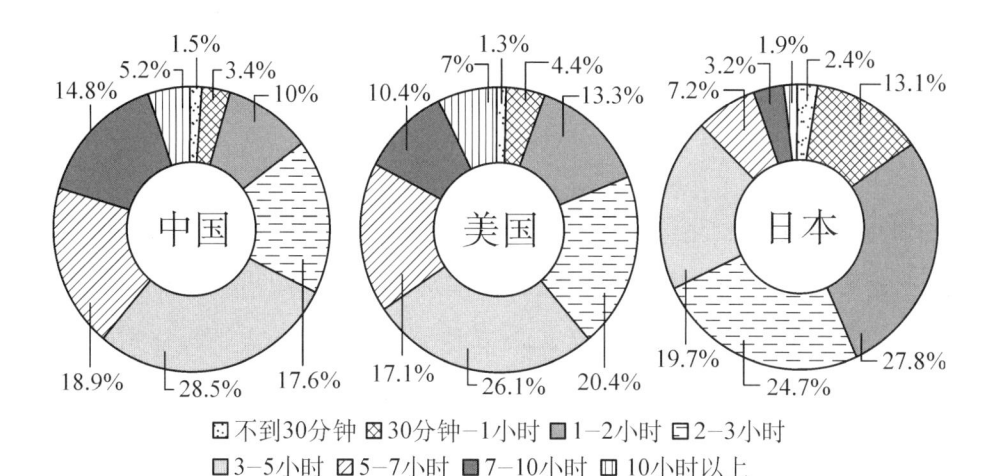

图 A-4　中国、美国、日本网民每天上网时间

资料来源：中文互联网数据资讯中心。

三、互联网经济行业环境

（一）实体经济与互联网经济的关系

美国线上经济虽然发展得比日本更成熟，但线上电商平台仍旧无法与实体连锁店抗衡，新的行业模式仍未在美国的国民经济中占据主导地位，类似沃尔玛、百思买等连锁零售企业为了在互联网经济的潮流中不被淘汰，也都建立了相应的电商平台，逐渐实现线上线下一体化。

日本实体经济在经济发展中的支撑作用远远大于互联网经济的作用，同时日本在实体零售领域在全球处于领先地位，并掌握着一些游戏规则，它覆盖广泛且运转高效的流通业，汇聚着全球各国的商品。日本实体经济依赖于强大的工业支撑，以及落地环节的各种精细化、人性化服务。相对而言，互联网经济的发展规模受到一定限制。

在中国，线下企业纷纷开始向线上拓展市场，利用互联网促进企业经营水平的扩张，并正在冲击着传统的线上经济模式。

（二）创业氛围不同

美国自由的创业氛围保证了人们开展互联网经济创新，日本的企业较为重视传统，许多企业或创业者都固守既有的精益求精、追求稳定的商业规范和企业流程，发展互联网经济较为困难。特别是在创业环境氛围与文化方面，日本的文化是不鼓励创业的。日本企业比较注重维持保守的传统企业管理文化——终身雇佣制，因此对创业者冒险的创业行为存在偏见。所以，日本勇于创新冒险的公司较少。

中国创业门槛较低，创业氛围正热，已经出现了许多成功的产品和商业模式，如微信、小米等。但也出现了一些问题，如假冒伪劣商品，以及传销性质的伪创新和游击型电商等。

四、经济形势影响互联网经济的发展

自1995年以来，日本居民的工资一直处于慢性下降状态，美欧则一直处于上升状态。同时，日本经济已多年处于下行趋势。2016年2月日本政府发表了上一年GDP速报值，2015年实际GDP的增长率为0.4%，其中个人消费减少0.8%，出口减少0.9%，企业设备投资增加1.4%等，综合呈"负增长"。日本国内个人消费不振、出口形势低迷、老龄少子化、生产供过于求、经济靠外需刺激等问题不仅是日本经济面临的难题，也不利于日本互联网经济的发展。因为互联网经济发展前期属于探索模式，需要耗费大量资金，需要政府扶持，而日本整体经济下行使互联网经济的发展缺少动力支持。

美国互联网经济的发展始终都有政府在经济、法律方面的支持，使得美国互联网经济发展得比日本更迅速且成熟。即使在互联网泡沫破裂期间，亚马逊、eBay等公司依旧保持稳定发展。科尔尼在2015年发布的《2015年全球零售电子商务指数》显示，美国经济持续增长，消费者信心逐渐提升，美国电子商务市场在2015年的排名中跃居第一，实现了15%的增长率。可见，美国的互联网经济仍处于快速平稳运行的快车道上。

中国互联网经济起步较晚，前期推进较缓慢。1997年至2006年的10年间，中国的互联网经济发展速度加快。2006年以来，互联网经济的发展进入新的一轮快速增长时期，互联网普及率逐渐上涨，人民币逐渐升值，中国经济保持中高速增长，这对中国互联网经济来说，是重要的内在支撑。

五、总体评价与启示

关于互联网经济，我们更多地关注美国，但也应该仔细研究日本互联网经济的发展，虽然其发展速度不及中美两国，但日本企业更关注的是线下以客户为中心的服务意识。相比之下，中国企业普遍缺乏日本企业拥有的精细化精神，这对于当前O2O模式尤为重要。如果缺乏这种精神，互联网大国就会沦落为互联网弱国。

中国互联网经济发展过程中，无论是发展条件——行业政策、信用体系、支付渠道的建设，还是主观意愿——网民对网络交易的信任和认可，均存在较大问题。中国互联网经济的基础设施建设还不完善，网民对网络交易的信任水平偏低。因此，如何促进线上基础设施建设、提升网络交易的安全性、获得线上用户的信任等，将成为中国互联网经济亟待解决的重要问题。

第六章

互联网所有制与分享经济制度

当马云着力打造互联网经济帝国的时候,他或许没有预见到一种全新的、有别于传统经济的互联网经济模式正在悄然走近。在这种经济模式中,尽管个体冲突与矛盾还时常发生,但共享与分享却开始成为人人得益的前提条件;尽管任何生产资料的私有性质没有发生根本改变,但私有公用却成为普遍的事实;尽管人们追求利润最大的本性岿然不动,但免费甚至可盈利的普遍服务却随处可见。在如此众多有悖于传统经济模式的判断中,互联网经济与生俱来的互联网所有制就成为解释以上全部问题的根本线索。在这种所有制下,私与公、当前与未来、个体与全体之间形成了一种独特的关系纽带,并业已成为维系互联网经济运行的基本制度。

第一节 背景导入:互联网所有制的内涵与特征

互联网所有制最早是由姜奇平(2014)先生提出来的,在他看来,互联网经济创设了以平台免费使用权+应用收费为基础的互联网所有制经济运行方式。对用户而言,他们借助云端①,零成本地复制他们所需的信息资产以及数据化的生产(消费)资料;借助平台,低成本使用物流和支付体系,在不改变各自私人属性前提下,凭借使用权而非支配权介入资本运作,创造财富。一旦盈利则部分对价给生产(消费)资料所有者,如果亏损却不需承担生产(消费)资料的损失。

一、前提条件:互联网所有制形成的基础

普遍认为,所有制特指对生产资料的占有形式,即生产资料所有制。按照占有主体的差异,公有制和私有制是两种基本的所有制形态,产权则是经济所有制关系的法律表现形式。在实践中,虽然两种基本所有制结合可以形成混合所有制,但这与互联网所有制的性质与特征却完全不同。最大的差异在于互联网所有制中生产资料具有极强的准公共品属性。

(一)互联网经济中的交互空间具有无限性,交互信息是关键生产要素,且具有可复制、可重复使用的特征,这是传统经济要素所不具有的性质

在工业化时代,以机器设备表征的资本(生产资料)天然具有不可复制的、排他的、专用的基本属性。一部分人或特定经济活动使用这些资本,就意味着其他人或其他经济活动不能同时使用这些资本。而且,无论是谁要使用这些资本,都需要按照竞价原则或者重要性原则来决定。由此,竞价原则决定了资本的私有制内容,重要性原则决定了公有制的由来。

在数据时代(DT),服务是一切经济活动根本驱动力,服务的能力和水平不取决于人和资本的差异,而取决于极具个性化的服务体

---

① 云就是一种公共服务,其形态和内涵意喻体现交互信息特征的公共数据池。

验和服务内容。这种体验和内容需要全面精准的大数据来支撑，而大数据本身就是交互信息的量与质表现。从这个意义上说，交互信息成为一切经济活动核心要素，是一切产业经济活动价值来源和价值增值的根源，离开交互信息的支撑，便会再次发生"脱离需求的供给和脱离供给的需求"现象。还需要看到的是，互联网经济的网络空间本身就具有无边界性，它可以承载一切可能的经济活动，经济主体可以免费使用网络空间带来的交易便利，指尖经济、视觉经济推动着经济效率和有效收益的加速增长。

在用户交易与互动过程中，交互信息被不断积累、储存下来。根据信息生产力的特性[①]，一旦信息资产、知识资产在总资产中的比重不断加大，超过50%，资产通过复制而"公有"就可能成为一种制度现象。这时，体现为交互信息"私有公用"的互联网所有制具备了出现的充分条件。

（二）互联网经济的交互信息是"公用"的结果，任何试图将交互信息进行私有私用的努力既是不经济的，也是无意义的

交互信息是用户交易达成后留下的结构性或非结构性的数据，是一方用户对另一方用户特质与要求的评价。这些数据经汇总、分析形成的规律性结果，就是数据化的资产，并成为所有用户收益函数的内生变量。理论上讲，经济主体可以通过个人力量搜集并占有交互信息，形成数据化资产的排他性和收益的独享。但要注意的是，这种个人的尝试是不会成功的。原因有三：一是交互信息是即时交易的结果，要进行即时处理、即时反馈才具有效果，那种依靠搜集而建成的信息池即使有了数量的规模，但因为缺乏时效性，其经济价值会降低。二是独享交互信息的成本是巨大的，这不仅反映在搜集信息

[①] 姜奇平：《互联网所有制——为新的社会经济形态奠基》，《互联网周刊》2014年6月20日。

的时间成本和交易成本上,也体现在交互信息的更新所需的持续投入,以及被快速模仿替代的风险①。三是以购买方式获取交互信息,会成为信息拥有者与信息搜集者之间的一种买卖,在短期利益的驱使下,就很难确保信息质量是否准确与可靠。

从这个意义上讲,交互信息是用户"公用"的结果,反过来又成为用户实现利益提升的手段。当然,不是所有的交互信息都具有用户公用性质,只有那部分存储于云端的数据会被公用(也被称为"公共云"),而基于大数据进行的深加工乃至重新决策和设计的深化数据,不会是免费使用的。从机理上看,在互联网经济中,借助信息空间的无限延展性,私人将基础设施(IaaS)、"厂房"(PaaS)和"设备"(AaaS)等基础生产资料免费提供给线上用户,一方面部分用户运用自己的创造性劳动(如应用开发者)实现价值增值并部分对价给生产资料的私人提供者;另一方面,线上用户遵照约定免费使用基础设施开展经济活动,随着经济活动规模扩张,交互信息的数量不断积累,最终成为私有公用的数据化资产。数据化资产出现后,借助数据可零成本复制,数据化的生产资料在保留支配权条件下,以平台方式(部分)开放这些数据生产资料的使用权,根据用户使用多少的情况,按照用户收益或者使用数据资产数量支付一定对价给数据生产资料所有人。用户仅仅凭借使用权,而不需要支配权,就可以介入知本运作,创造财富。

二、内涵特征:互联网所有制的特殊性质

在现今所能观察到的各种所有制形态中,互联网所有制具有极

---

① 目前,互联网界在"公有云"之外提出的"私有云"(企业独立拥有或独立承租的云系统)和"混合云"(由私有云和公有云的云系统共同配合而提供IT能力的混合型云系统)等部署模型。事实上,不是所有企业都适合建立私有云,在实践中仍存在有待解决的技术问题和成本问题,特别是担心花费大量预算和精力部署的私有云又很快被其他新技术替代。

其特殊的内容。比如,这种所有制是确保互联网经济有效运行的基本条件,却是自发生成的制度形态;这种所有制在普遍服务与个人盈利之间建立了动态的正向累积关系;它还从根本上撼动了公平与效率、闲置与繁忙等矛盾,缔造出新的分配法则。

(一) 互联网所有制是一种自发的产权制度,具有共享自实现特征

在传统经济学中,互联网技术和网络基础设施的价值是由排他性的供求关系决定,交易后的技术和设施属于私有产权,并通过对私人生产和经营效率的改进实现私人收益提升。与此不同,在互联网经济中,互联网技术和网络基础设施在初始产权上虽然归私人所有(如阿里巴巴),但私人却并不愿意独自专享。原因是,以交互信息为内容的数据资产是一种更为高级的生产资料,但它无法由私人生产出来,线上用户的累积以及用户间经济活动的往来是生成交互信息的唯一手段。因此,出于私人利益最大化的目的,"私有公用"特征的互联网所有制具有了自发出现的性质。还要看到的是,用户积累内生出数据资产只是互联网所有制自发性的第一步;反过来,数据资产又成为提高用户收益的关键变量。很明显,这种源自互联网经济的内在激励机制实现了数据资产和用户利益互为因果的生产关系,互联网所有制同样确保了用户共享的自发实现。

(二) 互联网所有制以"公共免费+应用收费"为保障条件,内含了独特的收益索取权

理论上讲,所有权是所有制的核心,所有权的核心是收入索取权。在公有制经济中,平等的、无差异的公有权,表现为资本收入索取权的平等和无差异,即任何个人之间的收入的差别,原则上只能由其劳动贡献的大小造成,而不由劳动以外的因素造成。对私有权而言,资本收入的差异因为资本占有的不平等性而天然地具有合理性。与此不同,在互联网所有制中,交互信息本身具有双重的公与私特

征：一是在使用方面。互联网基础设施的拥有者同时是交互信息的产权所有人,这是私有权的体现。但基础设施和公共交互信息(公共云)的公用特性却在用户之间是平等的、无差异的,这又是公有权的体现。二是在用户收益方面。通常来说,影响用户收益增加的因素包括公共交互信息(云)、用户个体能力和增量交互信息三种要素。在这里,公共交互信息是"(平台+用户)公有权"的生产资料,具有免费使用要求。用户个体能力是"用户私有权"生产资料,由此引致的收益索取权归私人所有。增量交互信息是理论上属于"(平台)私有权"的生产资料,内容上是二次开发数据,开发主体既可以是平台商和数据商,也可以是用户。这些数据可以更好地服务于互联网经济的运行,因此属于高质交互信息的内容。

要注意的是,用户是不能免费使用平台商和数据商二次开发产生的高质交互信息的,这部分具有私权至上的特性,属于应用收费的内容。对用户而言,当其自行进行数据二次开发时,就会产生两种效果:一是自行开发生产的高质交互信息归自己所使用,二是这些信息会通过更好的交易结果以数据形式沉淀下来成为平台商的私权。在这样的情况下,平台商会根据用户对公共交互信息(公共云)二次开发的努力程度给予一定的权限,包括可以允许该用户享用他所掌握的全部用户高质信息的部分内容。基于此,体现为"应用收费"的平台与用户的共享特性。由于交互信息(大数据)具有自生扩张的性质,因此,这种私有公用的共享边界不断被扩大,收益的增加速度将不断提高。

(三)互联网所有制隐含地提出了"交互信息+能力"的自雇佣就业模式

在互联网所有制中,由于每一个用户都拥有部分交互信息的公用权,因此他法定地拥有与生产资料即数据资产"相结合"进行经济活动并取得能力收入的权利;也就是说,具有自雇佣的权利,这也是万众创业、大众创新的制度保障。要注意的是，与公有制经济不同，这种自雇佣的就业模式是以个人利用交互信息的能力作为前提条件，而不是来自体制本身的制度规定。也正是因此，能力与交互信息的结合程度决定了自就业水平。

最后，笔者对互联网所有制重申并明确以下三点要义：一是互联网所有制体现了共享经济内涵，但因为用户驾驭交互信息能力存在差异，共享并不等于平均，分享或协作的特征更加明显；二是互联网所有制以私为前提，以公为手段，普遍服务与私人盈利的矛盾得以解决；三是互联网所有制实现了"让别人变得更强，自己才能更强"的理念，也因此修正了"天下没有免费午餐"的内涵。

三、运作机制：互联网所有制的规定性

互联网所有制是支撑互联网经济运行的基本制度，它不仅内在地规定了互联网经济体系中不同用户主体之间的产权关系乃至分配关系，也外在地规定了经济运行过程中的主权决定机制。

（一）互联网经济体系用户主体的产权划分

我们所说的用户专指供求一体化的 Prosumers，他们是互联网基础设施的实际使用者，也是交互信息的生产和使用者，交互信息就是源自 Prosumers 交互经济活动的数据沉淀。因此，用户是互联网经济的基础性主体。当然，免费提供网络基础设施或者创设独具吸引力的平台运营商也是互联网经济不可或缺的基础性主体。除此之外，在互联网经济生态圈中，还有一批专门对公共数据化的交互信息进行二次开发、开展线上线下供应乃至投资经营的数据商，他们的存在使得交互信息的质量得到优化，但使用这些二次开发的数据通常是要收费的。因此，数据商是互联网经济中的第三大主体。

根据对交互信息产权性质划分，笔者描述了互联网所有制公（公

用)权和私(私有)权的主体构成等式(见图6-1),即"私有权主体=平台运营商+数据商";"公用权主体=平台运营商+数据商+用户"。需要特别指出,这里列出的数据商与平台商只是按照互联网经济活动类型的划分,实践中两者在主体构成上很可能是同一角色,比如,阿里巴巴既是平台商,也是数据商。不仅如此,目前许多传统的IT厂商正加速向大数据方案提供商转型(表6-1)。还要注意到,在两个产权等式的主体构成中,用户是也仅仅是有使用权(公用权)而无私有权的一方。

私有权主体=平台运营商+数据商

数据开发商+数据供应商+数据经营商

平台运营商+数据商+用户=公用权主体

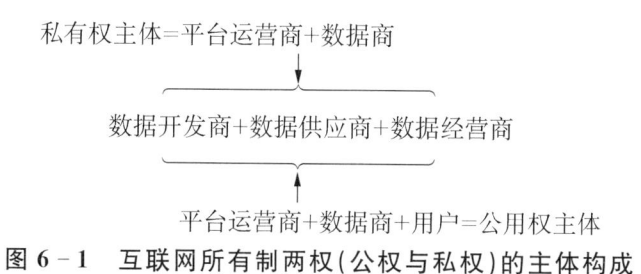

图6-1 互联网所有制两权(公权与私权)的主体构成

表6-1 2015年度中国大数据综合服务提供商TOP20

排名	单位名称	排名	单位名称
1	IBM	11	Cloudera
2	Oracle	12	Fujitsu
3	SAP	13	Splunk
4	Teradata	14	华为
5	HP	15	SAS
6	Google	16	阿里
7	Amazon	17	HprtonWorks
8	Microsoft	18	VMWare
9	Dell	19	Informatica
10	EMC	20	百度

资料来源:《2015年度中国大数据综合服务提供商TOP100》,《互联网周刊》2016年第2期。

(二) 互联网所有制的主权诉求

经济学中,"主权"一词最初出现在消费者主权概念中,其基本含义是,在私有制经济中,稀缺资源的配置最终是由消费者的选择引导的,给定各种资源的相对稀缺程度和社会生产函数(技术条件),各种变量最终是由消费者的偏好决定的。消费者在经济运行过程中的主导作用,就被称为"消费者主权"。后来,又相继提出生产者主权、计划者主权等。本质上讲,经济学中"主权"概念所着重申明的,就是哪一种经济行为主体在经济运行过程中具有实际影响力或发言权,在引导和决定资源配置过程中发挥实际的作用。

表6-2 互联网所有制中三大主体经济主权的内在规定性

主权	互联网经济发展的阶段	原因说明
用户主权	第一阶段	用户基数决定交互信息数量规模,这一阶段用户拥有绝对发言权,是启动互联网经济建设的根本
平台商主权	第二阶段	交互信息质量成为互联网经济发展的决定性因素,平台商试图通过私权的使用来控制信息质量
数据商主权	第三阶段	以交互信息再挖掘的私权为核心,体现为数据商的二次开发能力和增值服务能力,决定线上经济质量
混合主权	第四阶段	互联网经济进入高度成熟阶段,各类主体各司其职、通力合作,共同维护发展环境,引导互联网经济生态系统的完善。此时,用户需求内容主导数据商开发方向,数据商开发方向主导平台商功能定位,平台商类型主导用户需求内容

在互联网经济中,行为主体的构成有其特殊性的一面。从最直观的意义上说,互联网所有制内在规定了三大主体的主权内容。一是用户主权,体现为"以用脚投票"为特征的用户流动和用户流失现

象。用户主权的核心思想是,互联网经济的运行需要一定用户基数来支撑,但用户基数是否能够积累到一定规模,不是平台商能说了算的事,最初的决定权力在用户手中。二是平台商主权。随着用户基数规模的达标,交互信息质量优劣将成为决定互联网经济成败的关键。但要看到,决定交互信息质量的不是用户自身,而是平台商科学的引导和管理,因此,平台商占据主导地位。三是数据商主权。对于一个交互信息数量多、质量好的线上经济体系,数据的二次开发能力或者交互信息再挖掘程度变得至关重要,它不仅决定了互联网经济进一步发展的方向,而且是线上线下经济融合的核心要素。由此,数据商占据主导地位。此外,在一个达成线上线下经济有机协调的互联网经济生态圈中,三大主权也不排除混合共同主导的现象。

第二节 理论机理:交互信息的联合生产与分配特征

互联网所有制是共享经济的制度基础,这与马云倡导的"3W"[①]理念相同。实践中,阿里云的长期定位就是将阿里自身的技术与产品经验赋能给合作伙伴,以合作伙伴商业成功为责任,以云计算生态共同发展繁荣为成功标准[②]。因此,从理论视角上分析,传统经济学重点关注以私有产权为基础的私有制经济运行方式,隐喻地表达了"谁投资—谁收益—不分享"的个体理性法则。互联网经济则以交互信息联合生产的方式创造了"私权公用"的所有制形式,较为有效地

[①] 马云说,做任何生意,必须想到"3W",即三个 Win。第一个 Win 是客户 Win,你做任何事情,客户首先要赢;第二个 Win,合作伙伴一定要赢;第三个 Win,你要赢。三个 W,少中间任何一个赢,这个生意都没法做下去。

[②] 阿里云总裁胡晓明也表示,希望能帮助 10 000 个阿里云上的创业企业最终成长成为阿里巴巴这样的有影响力的企业。

解决了公与私、公平与效率的对立问题，形成了一种独特的共享经济模式。但要明确的是，这种私权公用特性的互联网所有制对交互信息质量的提高并不是天然就具有显著效果。由此，我们得到了关于互联网所有制的命题五。

> **命题五（互联网所有制的"私权公用"命题）**：当互联网经济体系中用户对自身能力建设有条件且有动力时，惩罚性的分享制度设计更有利于交互信息质量的维护；反之，当互联网经济的用户平均能力得到提高或者用户有进行能力建设的强大意愿以后，激励性分享制度安排就更具有适用性。

一、交互信息生产方式：特征与假定

用户使用互联网基础设施和消费交互信息的过程，也是生产交互信息的过程，这种信息生产与消费的即时性特质，来自互联网信息管理技术，也因此营造出交互信息的联合生产现象。通常来讲，合作就是指经济主体结合在一起从事经济活动的行为。因此，交互信息的联合生产本身就包含了合作的含义，只不过它是众多合作行为当中的一种具体形式。在笔者眼中，所谓联合生产是指用户在"公用"生产资料的同时，通过经济活动的连接，自发共同生产交互信息。在实际的经济生活中，我们会发现许多具有联合生产性质的案例，比如地方政府向中央政府缴税的行为，构成地方政府对中央政府财政收入的联合生产；再比如，中国古代寓言故事《三个和尚抬水吃》，也是典型的关于水的联合生产；此外，还有股份制企业中股东的生产决策和收益分配，等等。就互联网交互信息而言，联合生产具有以下四个特征：

第一，联合生产性质的交互信息可以重复使用，在产权上归属平台商(数据商),但使用上仍然是部分或者全部归属用户。

第二,用户数量至少是 n 人(>2)。与线下实体生产不同,线上用户不需要在事前共谋,他们在线上进行经济活动的目的不是生产交互信息,但最终出现的交互信息却是所有用户线上经济活动的产物。并且,这一点对每一个用户而言都是共同知识(common knowledge)。

第三,联合生产是一个包含生产(交互信息)和分配(利益共享)的两阶段问题。一旦涉及分配问题,就必然存在某种形式上的共享制度安排。理论意义上讲,完全共享制度,即100%共享,特指用户可以全部免费使用所有用户生产出来的全部交互信息,部分共享则表示用户只享受部分交互信息,使用其余交互信息需要缴费。不同的共享制度会对交互信息的联合生产发生强烈作用,并成为平台决策者的一个重要参量。

第四,在完全共享条件下,交互信息就是公共品,这会带来搭便车的问题,因此,这里不予讨论。实践中,没有一个平台厂商会采用交互信息完全开放的做法,大都会按照用户对交互信息的贡献水平给予一定的公用权限。

必须看到的是,上述特征只是回答了互联网所有制下交互信息数量的生产和分享原则,却没有解决交互信息质量的提高和维护问题,这恰是笔者要在互联网所有制条件下讨论的问题。为此,我们将依据互联网所有制下不同的交互信息分享制度就此问题展开讨论。当然,任何理论性的研究都离不开相关假设,这里也不例外。根据交互信息生产的基本性质和特征,作如下假设:

假设 1:公共交互信息(云)、用户个体能力和增量交互信息是影响用户收益的三种要素。在这里,公共交互信息是与互联网交易相伴而生的,不存在用户生产的问题,且在数量意义上对所有用户免费共享;但是,增量交互信息是二次开发的数据,定义为高质交互信息,不是全部免费共享。

假设 2：有 n 个用户活跃在线上（$n \geq 2$），第 i 个用户效用函数（u_i）取决两个变量①：用户个体能力（用投入时间 x_i 代表）和享用的优质交互信息（g_i）。并且 $\frac{\partial u_i}{\partial x_i} > 0$，$\frac{\partial u_i}{\partial g_i} > 0$；$\frac{\partial^2 u_i}{\partial x_i^2} < 0$，$\frac{\partial^2 u_i}{\partial g_i^2} < 0$。这表明个体能力和高质交互信息都是正常品，同时在用户个体意义上也符合边际效用递减的规律。

假设 3：为简化分析，这里不考虑平台商或数据商的二次开发问题，因此，第 i 个用户希望免费享用优质交互信息的数量占全部优质交互信息总规模（G）的一个部分，即 $g_i = \alpha \cdot G$。这里，α 代表高质交互信息的私权公用水平，是互联网所有制的核心制度变量。

假设 4：决定交互信息质量水平的因素是用户投入数据维护的时间和精力，并且存在维护时间越长交互信息质量越高的关系。此处，将高质交互信息函数形式定义为：$G = f(l_1 + l_2 + l_3 + \cdots + l_n) = f(L)$。

假设 5：每一个用户都把效用最大化作为目标，但所受到的约束条件为每一个用户都有最大的时间限制，表示为：$x_i + l_i = m_i$。

二、互联网所有制的两种分享制度：高质交互信息的决定

根据假设 2，我们结合实践可以确立两种交互信息的私权公用模式。第一种是激励性模式，即按照用户在交互信息深度维护上的投入时间来分配免费使用高质信息的水平；第二种是惩罚性模式，即按照用户不重视数据维护时投入到自身能力建设上的时间比例确立分享高质交互信息的水平。从数学意义上讲，激励性模式的用户可以获得的高质交互信息与其用在这项活动中的时间呈完全正相关关

---

① 由于完全免费共享的公共交互信息属于公共品，且与用户基数大小有关，因此在我们假定用户规模 n 给定的前提下，就不再单独列出这个影响用户收益的因素。

系,函数表达式上为 $\frac{\partial g_i}{\partial G} = \frac{l_i}{\sum l_i} = \frac{l_i}{L}$。在惩罚性模式中,用户免费使用到的高质交互信息水平与其用于能力投入的时间占全部用户能力投入的时间比重完全负相关,公式表示为: $\frac{\partial g_i}{\partial G} = \frac{1}{(n-1)} \cdot \frac{(\sum x_i - x_i)}{\sum x_i}$。

情形一:激励性模式用户决策分析

根据假定,笔者可以列出用户 i 效用最大化的拉氏方程:

$$L_i(x_i, l_i) = u_i(x_i, g_i) + \lambda(m_i - x_i - l_i)$$

其中, $g_i = \frac{l_i}{L} \cdot G(L)$;于是,我们可以求解出以下条件:

$$\begin{cases} \frac{\partial L_i}{\partial x_i} = 0 \Rightarrow u^i_{x_i} = \lambda \\ \frac{\partial L_i}{\partial l_i} = 0 \Rightarrow u^i_{g_i} \left[\frac{l_i}{L} \frac{\partial G}{\partial L} + G(L) \frac{(L - l_i)}{L^2} \right] = \lambda \end{cases}$$

$$\Rightarrow \frac{u^i_{g_i}}{u^i_{x_i}} \left[\frac{l_i}{L} G_L + G(L) \frac{(L - l_i)}{L^2} \right] = 1 \qquad \text{(公式 6-1)}$$

假定联合生产函数 $G = f(L)$ 是 r 阶齐次方程,由欧拉定理我们可以知道, $G_L \cdot L = r \cdot G(L)$,代入公式 6-1,最终结果为:

$$\frac{u^i_{g_i}}{u^i_{x_i}} G_L \left[\frac{(r-1)}{r} \frac{l_i}{L} + \frac{1}{r} \right] = 1 \qquad \text{(公式 6-2)}$$

令, $s = \left[\frac{(r-1)}{r} \frac{l_i}{L} + \frac{1}{r} \right]$,则 $\frac{\partial s}{\partial r} = \frac{1}{r^2}(\frac{l_i}{L} - 1) < 0$。于是,我们有,当 $r = 1$ 时, $s = 1$,私人 i 决策的均衡条件变为 $\frac{u^i_{g_i}}{u^i_{x_i}} G_L = 1$;当 $r > 1$ 时,

$s<1$，私人 i 决策的均衡条件变为 $\dfrac{u^i_{g_i}}{u^i_{x_i}}G_L>1$；当 $r<1$ 时，$s>1$，私人 i 决策的均衡条件变为 $\dfrac{u^i_{g_i}}{u^i_{x_i}}G_L<1$。

情形二：惩罚性模式用户决策分析

同样列示用户 i 效用最大化的拉氏方程：

$$L_i(x_i, l_i) = u_i(x_i, g_i) + \lambda(m_i - x_i - l_i)$$

其中，$g_i = \dfrac{1}{(n-1)} \cdot \dfrac{(\sum x_i - x_i)}{\sum x_i} \cdot G(L)$（除 i 外用户平均能力投入时间占能力总投入时间的比例）；则最优条件为：

$$\begin{cases} \dfrac{\partial L_i}{\partial x_i} = 0 \Rightarrow u^i_{x_i} + u^i_{g_i} G(L) \dfrac{1}{(n-1)}(\dfrac{x_i - X}{X^2}) = \lambda \\ \dfrac{\partial L_i}{\partial l_i} = 0 \Rightarrow u^i_{g_i} \dfrac{\partial G}{\partial L} \dfrac{1}{(n-1)}(\dfrac{X - x_i}{X}) = \lambda \end{cases}$$

$$\Rightarrow \dfrac{u^i_{g_i}}{u^i_{x_i}} \dfrac{1}{(n-1)} \left[(\dfrac{X-x_i}{X})G_L + (\dfrac{X-x_i}{X^2})G(L) \right] = 1$$

$$\Rightarrow \dfrac{u^i_{g_i}}{u^i_{x_i}} G_L \dfrac{1}{(n-1)} \left[\dfrac{L(X-x_i)}{rX^2} + \dfrac{(X-x_i)}{X} \right] = 1 \quad \text{（公式6-3)}$$

其中 $L = M - X$。

令 $ss = \dfrac{1}{(n-1)} \left[\dfrac{L(X-x_i)}{rX^2} + \dfrac{(X-x_i)}{X} \right] \Rightarrow ss$

$$= \dfrac{1}{(n-1)} \dfrac{(X-x_i)}{X} (\dfrac{M}{rX} - \dfrac{1}{r} + 1)$$

假设其他用户的平均投入能力提高的时间为：$\overline{x_1} = \dfrac{\sum\limits_{j\neq i} x_j}{n-1}$，则可将 ss 转换为下述等式：$ss = \dfrac{1}{n}(\dfrac{M}{rX} - \dfrac{1}{r} + 1)$。理论上讲，在惩罚性模

式下,当 n 比较大时,用户 i 用于能力提高的时间将接近于 $\overline{x_1}$(大数原理),最终,$ss = \frac{1}{n}(\frac{M}{rX} - \frac{1}{r} + 1)$。

根据公式 6-3,可以发现:当 n 比较大时(实际情况也是如此),用户 i 愿意花在自身能力提高上的时间数量取决于他所预期其他用户花在能力提高上的时间多少。比如,当他预期其他用户用于能力提升的时间总和 $\sum_{j \neq i} x_j$ 非常大时,ss 值将会很小,由此决定用户 i 的均衡条件 $\frac{u_{g_i}^i}{u_{x_i}^i} G_L$ 可能很大,从而他不愿意将时间花在交互信息质量提升(数据挖掘),而希望投入到能力建设的时间(x_i)也就越大。反之,当大家都积极维护交互信息质量时,用户 i 也会致力于信息质量提高。因此,惩罚性模式下,用户的维护时间投入决策不仅明显地依赖于其他用户的决策,也带有明显的攀比特征。

对比激励性模式,可以发现:X 与 $\frac{M}{n}$ 之间的关系,是判别两类分享权制度下用户关于高质交互信息意愿分享数量大小的阈值。具体证明如下:

假设 $ss > s \Rightarrow \frac{1}{n}(\frac{M}{rX} - \frac{1}{r} + 1) > [\frac{(r-1)}{r} \frac{l_i}{L} + \frac{1}{r}] \Rightarrow X <$

$\frac{M}{n + (n \frac{l_i}{L} - 1)(r-1)}$。由于 n 比较大,x_i 接近于 $\overline{x_1}$;则,l_i 也接近于均值;于是,$(n \frac{l_i}{L} - 1)$ 接近于 0。最终,上述假设成立的条件退化为:$X < \frac{M}{n}$。符合这一条件时,惩罚模式下用户更愿意提高交互信息质量。当 $X = \frac{M}{n}$,两种模式下的决策一样;如果 $X > \frac{M}{n}$,惩罚模式下的用户更不愿意在交互信息提高上花费精力。

很明显,同样是私权公用的互联网所有制,在不同的分享制度下,用户对交互信息质量的维护意愿会存在显著差异。笔者认为,由于惩罚模式具有攀比特征,因此当用户能力普遍不高($X < \frac{M}{n}$)而且没有条件或不愿意进行能力投资时,惩罚性的分享制度安排更有利于交互信息质量提高。这种情况对中国当下互联网经济的发展更具有借鉴意义,因为中国互联网经济多以小微型、游击性的散户为主,他们缺乏能力投入而且先天条件不足。同样的道理,当互联网经济的用户平均能力得到提高或者用户有进行能力建设的强大意愿以后,激励性分享制度安排就更具有适用性。

第三节　启发与扩展:互联网所有制的困境

正是信息基础设施和数据资产所拥有的独特性质,才造就了互联网经济特殊的互联网所有制形式。在笔者看来,互联网所有制内含了"人人为我,我为人人"的共生、共创、共赢、共享的经济伦理法则,但要达成这种目标却需要通过有效的制度设计解决用户理性与平台理性、平台理性与互联网经济理性的矛盾。因此,如同公有制和私有制一样,互联网所有制并非毫无瑕疵的,其在交互信息上的私权公用特征蕴含了诸多亟待解决的问题。

一、基本矛盾:互联网所有制的公权与私权对立

互联网所有制在理论上描绘了一幅共享共荣的图景,但这并不意味着这种独特的所有制没有缺陷。恰如公有制和私有制一样,互联网所有制也有其固有的基本矛盾。在笔者看来,这种矛盾源于交互信息"私有公用"的权利主体特性(见图 6-1),也就是说,互联网交互信息的公权主体与私权主体在长期利益一致的前提下,依旧存在

着诸如"信息搭便车"和"诚信控制软约束"的二权对立问题,这从根本上决定了互联网所有制的基本矛盾。从表现形式上看,基本特征如下:

(一)个体用户交互信息的公权与私权对立,即信息完全问题

大数据无论规模体量如何庞大,单点数据如何复杂,用户个体交互信息都是最基础的单元和细胞。每一个用户在免费获取和使用公共交互信息的同时,自身个体特质的交互信息也正作为公共品被其他用户共享。在这里,用户个体的私有交互信息成为换取他人交互信息的手段,这种交换规模越大,用户可以"公用"的交互信息数量就越大。毫无疑问,这当然有利于用户福利水平的提高,但同时却带来了信息安全的风险。也就是说,站在个体用户角度来看,当每一个用户以出让自己的交互信息作为换取他人交互信息的条件时,个人经济福利改善与个人隐私安全风险之间成为一个悖论。

(二)个体用户增量交互信息质量维护成本的私权与公共交互信息使用数量的公权的对立,即交互信息质量维护成本问题

公共交互信息是互联网经济交易的伴生物,也是对所有用户免费开放和共享的内容,这是用户使用公权的表现。在这里,由于伴生性的特殊性质,公共交互信息不会出现传统经济学"公共地悲剧"的现象。但要注意的是,公共交互信息并不等于交互信息质量水平高,此时,能否确保信息的质量水平取决于用户投入精力的大小。这种成本是由用户自身承担的,是用户维护成本私权的表现。在这样的情况下,通过设计出较为有效的高质交互信息分享制度的确可以改善用户维护信息质量的意愿,但并不能从根本上解决交互信息质量降低问题。因此,互联网所有制无法培育出理想的互联网经济生态圈,交互信息的私权公用性质却可能加重交互信息的质量下降,因为,人人共享信息总量可能带来人人对信息质量不负责的问题。

(三) 平台内交互信息的私权与公权对立,即作假谋求利益问题

作为单点数据形态的交互信息,是由每一个用户生产出来的。个体用户在生产交互信息之前,可以在实事求是或者歪曲事实之间进行选择。一旦交互信息生产出来之后,用户则拥有整体的使用权。由于交互信息的生产方式能够为个体用户创造收益,根据非诚信财富效应推论,每一个用户搭乘他人交互信息却不对自己信息负责的投机行为难以避免,交互信息质量堪忧。因此,平台免费的公用权尽管可以带来用户的集聚,并创造出同样具有公用权的交互信息集合,但理论上的公用权必然要求权利与责任应当具有对等地位。实践中,人人公用却会造成责任主体缺失,特别是在用户对短期利益的偏爱重于对维护信息质量获得的长期收益时,公用权造成的互联网经济扭曲的程度加大。此时,在命题一的驱使下,作假交互信息甚至会成为用户谋求短期利益的一种手段。

(四) 不同平台交互信息的公权与私权对立,即平台商管理问题

对免费平台供应商而言,交互信息是用户个体在特定平台(如社交网站、交易网站、网页浏览等)交互行为的数据沉淀,平台商拥有内部所有交互信息的私有权。但从互联网经济整体来看,这种平台内交互信息的私有权是一种按照平台主体归属划分的权利束。要注意的是,用户对相似功能的平台具有无差异性,特别是在用户自由流动的情况下,特定平台商任何试图利用交互信息私有权优化交互信息质量的尝试,并不会影响用户对不同平台交互信息的公用性质。最终来看,不同平台交互信息的数据共享是必然的发展趋势,平台对用户信息的私有权最终形成互联网交互信息的公用权。在这种情况下,平台商维护交互信息质量的努力会降低,因为任何试图以私有权方式控制平台交互信息质量的做法都可能遭到"用脚投票"的威胁,通过设置用户进入壁垒确保用户交互信息质量的尝试,都会面临被

替代的风险,正如淘宝取代 eBay 一样。

(五)机会"公"与盈利"私"之间的对立,即搜索为王的道德滑坡问题

互联网经济创造出了海量的交互信息,这是信息资产私权公用的结果。但如何从海量信息中转化为个体利益,却需要持续不断的私人投入,这恰是盈利"私"的表现。正如魏则西案例暴露出的百度搜索引擎危机一样,当医德狠狠地让位于利益之后,搜索引擎就蜕变成恶人手中的杀人工具。报道称,百度 2013 年的广告总量是 260 亿元,莆田的民营医院在百度上就做了 120 亿元的广告,这意味着 60% 的投入都给了搜索引擎。甚至有医院在搜索引擎上的推广费用占到营业额的 70%、80%。毫无疑问,在互联网经济时代,私权公用解决了上线问题,但私人资本的多寡却决定着能否脱颖而出的问题。前者只是让你有赚钱的机会却很渺茫,后者是制胜王道却需要高额的资本投入来支撑。

二、互联网所有制的现实困境:分配比例的异化

在互联网经济中,交互信息变成了最有价值的财富增值手段,传统有形资产所有权对创造财富价值的影响不断下降,并且可能被使用权所取代。然而,私权公用不代表从事公益活动和慈善行为,其背后不可忽视的仍是理性的经济冲动。从现实层面上看,互联网所有制背后的各个主体都有其利益最大化的诉求,网络基础设施的维护与更新和数据的深度开发,也都需要投入巨大经济资源,这在客观上使得私权公用的免费特征往往流于形式化的口号意义。

事实上,由于平台商最具有专业化的分析团队、先进的技术实力和充足的资金保证,因此,交互信息的二次开发大都是由平台商开展的,用户自身进行的二次数据挖掘大多是精准营销和服务体验层面

的内容。由此,互联网经济中的高质交互信息基本全部为平台商所私有,这也成为平台商向用户征收云计算服务费的一个主要业务。除此之外,平台商提供的网络基础设施的确具有免费试用特征,但用户如果要在网络设施上获得增值服务,则需要交纳费用,如广告费和佣金等。此外,平台还需要设置用户诚信壁垒,保证金则是不可避免的。对用户而言,免费使用网络基础设施可以享受平台商的品牌溢出效应。但另一方面,越是品牌溢出效应大的平台商,扣点率就越高。广发证券零售研团队对阿里巴巴深度研究的报告显示,天猫服装的广告费率为 10.3%[①],加上 5% 的交易佣金后,天猫服装品类商家的费用率约为 15.3%,高于聚美优品开放平台服装 14% 的扣点率(不承担物流),也高于唯品会扣除仓储物流费用后 12.4% 的扣点率。究其根本在于天猫拥有更强的流量基础和平台价值,仅服装一项约占天猫 GMV 的 40%。

根据上述分析并依据前面章节内容,我们可以建立出一个基于平台商和电商用户矛盾的互联网经济扩张链条。在这个链条中,互联网经济总的实际营业收入可以用 Y 来表现,其中平台商分得的比例为 d,即扣点率,包括交易佣金、广告收费和云计算服务费等。相应地,$1-d$ 就是电商分得的收益比例。需要注意的是,平台商收益的一部分用于维持自身企业化的运营(支付工资、管理费用等),另一部分则用于平台网络基础设施维护和大数据二次开发的投资(I_P),以提升平台影响力和吸引力,进而实现用户基数(N)的扩张。与此同时,扣点率过高也会对电商用户形成挤出效应。无论最终影响的结果如何,用户基数决定了意愿的潜在交易总量,互联网经济也把它

[①] 2014,阿里广告收入 297 亿元,占总收入的 57%,并有望在 2015 年超越百度成为中国最大网络广告平台。在操作上,阿里巴巴广告收入大多按效果付费,而交易佣金直接按交易额扣点,因此无论是广告还是佣金,都高度依赖于平台整体 GMV 的扩大,而这背后的核心基础是阿里自创立以来搭建的商品交易平台所汇聚的庞大用户和流量规模。

称为商品交易总量(GMV, Gross Merchandise Volume)①。此时,电商和平台商都需要做出最大努力,特别是电商通过服务能力和体验水平的投资(I_D)实现货币化率(Y/GMV)的提高。我们可以用图6-2来展示这一逻辑链条的传导机制。

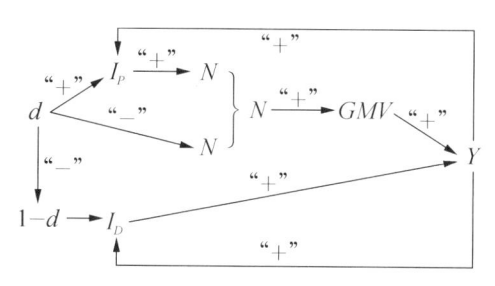

图 6-2　互联网经济扩张链条中的平台商与电商的现实矛盾

立足图6-2,让我们进一步探究互联网所有制运行过程中存在的现实困境。比如,随着扣点率的提高,平台商投资的力度增强将带来品牌效应的提升,进而实现用户基数扩张,但也会因为扣点率提高挤出部分成本敏感型用户。假设该平台已经具有很好的品牌效应,用户有进有出的结果并没有减少用户基数规模,那么,GMV也会增加。与此同时,由于扣点率的提高,用户用于数据挖掘和自身建设的投资能力将会降低,这会对实际营业收入产生抑制作用。一种情况是平台品牌影响力很强(如天猫),GMV增加驱动的实际营业收入提高大于电商投资降低引起的实际营业收入降低,最终结果是互联网经济的实际营业总收入增加,并在投资增加的支撑下,引起平台价值

---

① 在内容构成上看,GMV = 1 销售额 + 2 取消订单金额 + 3 拒收订单金额 + 4 退货订单金额。因此,GMV是流水,只要你下了订单,生成订单号,就算入到GMV。从运用角度说,GMV虽然不是实际的交易数据,但具有一定的参考价值。因为只要用户点击了购买,无论你有没有实际购买,都算在GMV里面,不管有没有退ABILITY,或者有没有发生实际支付。对用户而言,GMV可以用于研究顾客购买意向,顾客买了之后发生退单的比率,GMV与实际成交额的比率等,许多大型平台型网站多会参考使用该项指标。

的进一步提高。还有一种情况则是,扣点率带来 GMV 降低,引起用户流失,导致营业收入规模持续缩减。一般而言,发生第二种情况的原因是平台品牌影响力和用户吸引效应不高,或者平台间的竞争过于激烈。由此可见,互联网所有制所构造的美好景象仍然难以破解短期利益分配的魔咒。平台商试图通过分享用户收益来增强平台引力的努力将与用户自身利益实现发生一定的冲突,此时,共享与担当如何调和,私权与公用如何协调,都需要深入思考。

在实践中,广告费、佣金、云计算服务费等属于用户使用平台的边际成本,是用户扣点率的表现,其总和基本可以占到销售单价的 4%—5%。如果把(电商)用户自身承担物流成本、包装成本、拍摄成本、产品成本、税收等计算进来,产品销售价格高于产品成本的 1.67 倍以上,仍几乎是微利,这还不算进货与库存产生的资金时间成本。比如,根据金错刀先生《天猫开店成本分析》的估算,如果在天猫商城开一家网店,电商需要支出的成本占销售价格的比例分别是:扣点成本 4%、税收 8%、拍摄和制造费 3%、人工费 15%、广告成本 10%,即使不将包装成本和物流成本包括进来,以上成本总和占销售单价比例已经达到 40%。假设商品售价为 P,生产成本为 C,则可以汇总如下公式:$0.4P+C=P$,从而价格 $P=1.67C$。因此,在互联网经济中,与大型平台商相比,许多商家不要说难以赚到大钱,能够维持日常成本开支已是相当不易。向阿里巴巴商家提供优化在线商铺咨询服务的商家曾表示,根据行业的不同,淘宝网商家赚钱的只有 3% 至 10%。与此同时,大型平台商则积累了巨额财富。以 BAT 为例,从净利率上来说,阿里巴巴是三巨头中最高的,而且在 2013 年得到了比较显著的提升。事实上,支撑阿里巴巴的高利润率,来自于 1.68 万亿 GMV、525 亿元营收等财务指标,更来自于 2.55 亿活跃用户、127 亿订单、8 亿在售商品等营运指标。这些足以证明阿里巴巴已经蜕变成为中国平台价值最大的平台商。

表 6-3　BAT 2009—2013 年净利润率情况

	2009 年	2010 年	2011 年	2012 年	2013 年
百度	33.39%	44.54%	45.78%	46.88%	36.62%
腾讯	41.98%	41.31%	35.88%	29.13%	27.15%
阿里巴巴	-2.74%	3.24%	14.50%	13.13%	44.99%

资料来源：相关公司年报。

尽管如此，我们仍不能简单地因为电商微利而否定互联网所有制私权公用所带来的经济运行效率的改善。这是因为，大型平台商在用户规模积累到一定水平后，必然关注用户商品的品牌水平，只有大量品牌用户的存在，才能够带来平台价值的有效扩张。比如，就御泥坊、三只松鼠、阿芙精油等具有较好知名度的品牌商品进驻而言，因为用户信任这些品牌，电商节约了大量的推广和广告成本，其利润水平也会比较高。与此同时，平台商通过利润积累催育更多的高质交互信息以供用户使用，这本身也是有助于互联网经济发展的好事。但要注意的是，互联网所有制如果完全依靠私人平台商去运营，是否能够破除"过分趋利"的经济动物本性？是否能够破除以广告搜索为制胜法则的资本魔力与诚信经营的对立，并在更大程度上达成私权公用和"人人为我、我为人人"的效果呢？恐怕这还是需要培育企业家的责任意识和奉献意识，因为它们也是维系互联网所有制有效运行的最为重要的保障条件之一。

附1：2016年天猫收费标准

一、保证金

商家在天猫经营必须交纳保证金，保证金主要用于保证商家按照天猫的规则进行经营，并且在商家有违规行为时根据《天猫服务协议》及相关规则规定用于向天猫及消费者支付违约金。续约商家须在当年续签要求的时间内一次性缴纳次年度保证金；新签商家在申请入驻获得批准时一次性缴纳当年度的保证金。保证金根据店铺性质不同，金额如下：

品牌旗舰店、专卖店：带有TM商标的10万元，全部为R商标的5万元；

专营店：带有TM商标的15万元，全部为R商标的10万元；

特殊类目说明：

a. 卖场型旗舰店，保证金为15万元；

b. 经营未在中国大陆申请注册商标的特殊商品(如水果、进口商品等)的专营店，保证金为15万元；

c. 天猫经营大类"图书音像"，保证金收取方式：旗舰店、专卖店5万元，专营店10万元；

d. 天猫经营大类"服务大类"及"电子票务凭证"，保证金1万元；

e. 天猫经营大类"医药"，保证金30万元；

f. "网游及QQ"、"话费通信"、"旅游"经营大类的保证金为1万元；

g. 天猫经营大类"汽车及配件"下的一级类目"新车/二手车"，保证金10万元；

保证金不足额时，商家需要在15日内补足余额，逾期未补足的天猫将对商家店铺进行监管,直至补足。

二、技术服务费年费(下称"年费")

商家在天猫经营必须交纳年费,年费金额以一级类目为参照,分为3万元或6万元两档,各一级类目对应的年费标准详见"天猫2016年度各类目技术服务费年费一览表"。

续签商家2016年度年费须在2015年12月26日前一次性缴纳;新签商家在申请入驻获得批准时一次性缴纳2016年度的年费。

(一) 年费返还

为鼓励商家提高服务质量和壮大经营规模,天猫将对技术服务费年费有条件地向商家返还。返还方式上参照店铺评分(DSR)和年销售额(不包含运费及"其他"一级类目)两项指标,返还的比例为50%和100%两档。具体标准为:协议期间(包括期间内到期终止和未到期终止,实际经营期间未满一年的,以实际经营期间为准)内DSR平均不低于4.6分;且达到"2016年天猫各类目技术服务费年费一览表"中技术服务费年费金额及各档返还比例对应的年销售额(协议有效期跨自然年的,则非2016年的销售额不包含在年销售额内)。年费返还按照2016年内实际经营期间进行计算,具体金额以天猫统计为准。年销售额是指:在协议有效期内,商家所有交易状态为"交易成功"的订单金额总和(虚假的交易订单等违规订单除外)。该金额中不含运费,亦不包含因维权、售后等原因导致的失败交易金额。

(二) 年费结算

a. 因违规行为或资质造假被清退的不返还年费。

b. 根据协议通知对方终止协议,按照实际经营期间,将全年年费返还均摊至自然月,按照实际经营期间来计算具体应当返还的年费。

c. 如商家与天猫的协议有效期起始时间均在2016年内的,则入驻第一个月免当月年费,计算返年费的年销售额则从商家开店第一天开始累计;如商家与天猫的协议有效期跨自然年的,则非2016年的销售额不包含在年销售额内。

d. 年费的返还结算在协议终止后进行。

e. "新车/二手车"类目,技术服务年费按照商户签署的《天猫服务协议》执行。

非2016年的销售额是"交易成功"状态的时间点不在2016自然年度内的订单金额。

(三) 跨类目入驻

就高原则,年费按最高金额的类目缴纳;但实际结算按入驻到结算日期,成交额占比最大类目对应的标准返还。

若经营过程中增加的类目对应的年费与原有年费不一致,商家须补交差额部分。

三、实时划扣技术服务费

商家在天猫经营需要按照其销售额(不包含运费)的一定百分比(简称"费率")交纳技术服务费。天猫各类目技术服务费费率标准详见"2016年天猫各类目技术服务费年费一览表"。

附2：天猫2016年度各类目技术服务费年费一览表

（2016年4月18日修订）

(1) 涉及跨类目问题费用缴纳及返还，全部参照相对高的类目的标准，即入驻时缴纳年费参照商户选择经营的类目中对应年费金额的最高档，结算时参照年费有效月份内销售额占比最大类目对应的返还标准；年费返还条件：除表格中规定的销售额条件外，商户店铺在协议期间（包括期间内到期终止和未到期终止，实际经营期间为准，以实际经营期间内各项DSR平均不低于4.6分。

(2) 由于类目划分较细，二级类目、三级类目仅列出与一级类目扣点或固定年费不同的类目，各一级类目下完整的二级类目、三级类目列表以商品发布页面为准。

(3) 该标准在法律允许范围内如需调整，天猫将依法提前公示并通知商家。

天猫经营大类	一级类目	技术服务费费率	二级类目	三级类目	技术服务费费率	四级类目	技术服务费年费（元）	返50%年费对应年销售额（元）	返100%年费对应年销售额（元）
服饰	服饰配件/皮带/帽子/围巾	5%					30 000	180 000	600 000
	女装/女士精品	5%					60 000	360 000	1 200 000
	男装	5%					60 000	360 000	1 200 000
	女士内衣/男士内衣/家居服	5%					60 000	180 000	600 000
鞋类箱包	箱包皮具/热销女包/男包	5%					60 000	180 000	600 000
	女鞋	5%					60 000	180 000	600 000
	流行男鞋	5%					60 000	180 000	600 000

（续表）

天猫经营大类	一级类目	技术服务费费率	二级类目	技术服务费费率	三级类目	技术服务费费率	四级类目	技术服务费费率	技术服务年费（元）	返50%年费对应年销售额（元）	返100%年费对应年销售额（元）
运动户外	运动鞋 new	5%							60 000	360 000	1 200 000
	运动服/休闲服装	5%							60 000	360 000	1 200 000
	运动/瑜伽/健身/球迷用品	5%	电动车/电动车配件	2%					60 000	180 000	600 000
	自行车/骑行装备/零配件	2%	其他二级类目	5%					60 000	180 000	600 000
	户外/登山/野营/旅行用品	5%							60 000	180 000	600 000
	运动包/户外包/配件	5%							60 000	180 000	600 000
珠宝配饰	ZIPPO/瑞士军刀/眼镜	5%							60 000	180 000	600 000
	手表	5%	瑞士腕表	2%					60 000	180 000	600 000
			智能腕表	2%					60 000	180 000	600 000
	饰品/流行首饰/时尚饰品	5%	其他二级类目	5%					60 000	180 000	600 000

第六章 互联网所有制与分享经济制度 | 177

（续表）

天猫经营大类	一级类目	技术服务费率	二级类目	技术服务费率	三级类目	技术服务费率	四级类目	技术服务费率	技术服务费年费（元）	返50%年费对应年销售额（元）	返100%年费对应年销售额（元）
珠宝配饰	珠宝/钻石/翡翠/黄金	5%	黄金首饰（新）	0.50%					60 000	180 000	600 000
			K金首饰	2%					60 000	180 000	600 000
			一铂金/PT（新）	2%					60 000	180 000	600 000
			其他二级类目	5%					60 000	180 000	600 000
化妆品（含美容工具）	彩妆/香水/美妆工具	4%							30 000	360 000	1 200 000
	美发护发/假发	4%							30 000	360 000	1 200 000
	美容护肤/美体/精油	4%							30 000	360 000	1 200 000
家装家具家纺	基础建材	2%	家用五金	5%					30 000	180 000	360 000
			其他二级类目	2%					30 000	180 000	360 000
	家居饰品	5%	施工保护	2%					60 000	180 000	600 000
	五金/工具	5%	钢材	2%					30 000	180 000	360 000
			铝型材	2%					30 000	180 000	360 000
			其他二级类目	5%					30 000	180 000	360 000

(续表)

天猫经营大类	一级类目	技术服务费费率	二级类目	技术服务费费率	三级类目	技术服务费费率	四级类目	技术服务费费率	技术服务年费(元)	返50%年费对应年销售额(元)	返100%年费对应年销售额(元)
家装家具家纺	电子/电工	5%	电线	2%					30 000	180 000	600 000
			其他二级类目	5%					30 000	180 000	600 000
	特色手工艺	5%							60 000	180 000	600 000
	家装主材	5%	浴霸	2%					30 000	180 000	600 000
			其他二级类目	5%					60 000	180 000	600 000
	商业/办公家具	5%							60 000	180 000	600 000
	住宅家具	5%							60 000	180 000	600 000
	床上用品	5%							60 000	180 000	600 000
	居家布艺	5%							60 000	180 000	600 000
	鲜花速递/花卉仿真/绿植园艺	5%							30 000	180 000	600 000
	全屋定制	2%									
图书音像	书籍/杂志/报纸	2%							30 000	180 000	600 000
	音乐/影视/明星/音像	2%							30 000	180 000	600 000
乐器	乐器/吉他/钢琴/配件	2%							30 000	180 000	600 000

(续表)

天猫经营大类	一级类目	技术服务费费率	二级类目	技术服务费费率	三级类目	技术服务费费率	四级类目	技术服务费费率	技术服务费年费（元）	返50%年费对应年销售额（元）	返100%年费对应年销售额（元）
	餐饮美食	0.50%							30 000	180 000	600 000
	休闲娱乐	0.50%							30 000	180 000	600 000
	电影/演出/体育赛事	0.50%							30 000	180 000	600 000
	本地化生活服务	0.50%							30 000	180 000	600 000
	医疗及健康服务	3%							30 000	180 000	600 000
	教育培训	0.50%							30 000	180 000	600 000
服务大类	婚庆/摄影/摄像服务	0.50%							30 000	180 000	600 000
	购物提货券/蛋糕面包	0.50%							30 000	180 000	600 000
	超市卡/商场购物卡	2%							30 000	180 000	600 000
	个性定制/设计服务/DIY	2%							30 000	180 000	600 000
	网店/网络服务/软件	2%							30 000	180 000	360 000
	装修设计/施工/监理										
	室内设计师	2%							30 000	180 000	360 000

（续表）

天猫经营大类	技术服务费费率	一级类目	技术服务费费率	二级类目	技术服务费费率	三级类目	技术服务费费率	四级类目	技术服务费费率	技术服务费年费（元）	返50%年费对应年销售额（元）	返100%年费对应年销售额（元）
汽车及配件		汽车/用品/配件/改装	3%	汽车美容/保养/维修	2%	汽车养护品	2%	底盘装甲	3%	30 000	180 000	600 000
						其他三级类目		其他四级类目	2%	30 000	180 000	600 000
				汽车零配件	2%	其他三级类目	2%			30 000	180 000	600 000
						油品		汽车发动机机油	1%	30 000	180 000	600 000
								其他四级类目	2%	30 000	180 000	600 000
				汽车影音/车用电子/电器	2%					30 000	180 000	600 000
				汽车GPS导航仪及配件	2%					30 000	180 000	600 000
				实体服务	2%					30 000	180 000	600 000

(续表)

天猫经营大类	一级类目	技术服务费费率	二级类目	技术服务费费率	三级类目	技术服务费费率	四级类目	技术服务费费率	技术服务费年费(元)	返50%年费对应年销售额(元)	返100%年费对应年销售额(元)
	汽车/用品/配件/改装	3%	汽车改装	2%							
			加油卡/加油充值	0.5%					30 000	180 000	600 000
			出租/培训/代驾/其他	0.5%					30 000	180 000	600 000
			其他二级类目	3%					30 000	180 000	600 000
汽车及配件	摩托车/配件/骑士装备	2%							30 000	180 000	600 000
	整车(经销商)								500 000	50 000 000	不返还
	新车/二手车(品牌商)								1 000 000	技术服务年费(人民币40万元)×人民币100元)×人民币100元,则阶梯技术服务年费返还金额=固定技术服务年费(人民币60万元)+阶梯技术服务年费返还金额=店铺全年交易成功买家数(去重后)×人民币100元;如店铺全年交易成功买家数(去重后)×人民币100元>阶梯技术服务年费返还金额为0,超出部分不再另收。详情请看FAQ。

(续表)

天猫经营大类	一级类目	技术服务费费率	二级类目	技术服务费费率	三级类目	技术服务费费率	四级类目	技术服务费费率	技术服务费年费（元）	返50%年费对应年销售额（元）	返100%年费对应年销售额（元）
电子票务凭证	电子凭证	0.50%							30 000	180 000	600 000
居家日用	居家日用	5%							60 000	180 000	360 000
	节庆用品/礼品	5%							60 000	180 000	360 000
	收纳整理	5%							60 000	180 000	360 000
	家庭/个人清洁工具	5%							60 000	180 000	360 000
	洗护清洁剂/卫生巾/纸/香薰	2.50%							60 000	180 000	360 000
	厨房/烹饪用具	5%							60 000	180 000	360 000
	餐饮具	5%							60 000	180 000	360 000
	宠物/宠物食品及用品	5%	犬主粮	2.50%					30 000	180 000	360 000
			狗零食	2.50%					30 000	180 000	360 000
			猫主粮	2.50%					30 000	180 000	360 000
			猫零食	2.50%							
			其他二级类目	5%					30 000	180 000	360 000

第六章 互联网所有制与分享经济制度 | 183

(续表)

天猫经营大类	一级类目	技术服务费费率	二级类目	技术服务费费率	三级类目	技术服务费费率	四级类目	技术服务费费率	技术服务费年费(元)	返50%年费对应年销售额(元)	返100%年费对应年销售额(元)
母婴	奶粉/辅食/营养品/零食	2%							30 000	180 4000	600 000
	童装/婴儿装/亲子装	5%							60 000	180 000	600 000
	童鞋/婴儿鞋/亲子鞋	5%							60 000	180 000	600 000
	孕妇装/孕产妇用品/营养品	5%	孕产妇营养品	2%					60 000	180 000	600 000
			孕产妇护肤/洗护/祛纹	2%					60 000	180 000	600 000
			妈妈产前产后用品	2%					60 000	180 000	600 000
			孕产妇奶粉	2%					60 000	180 000	600 000
			其他二级类目	5%					60 000	180 000	600 000
	玩具/童车/益智/积木模型	5%	早教/智能玩具	5%	早教机/点读学习机	2%			60 000	180 000	600 000
					其他三级类目	5%			60 000	180 000	600 000

(续表)

天猫经营大类	一级类目	技术服务费费率	二级类目	技术服务费费率	三级类目	技术服务费费率	四级类目	技术服务费费率	技术服务费年费（元）	返50%年费对应年销售额（元）	返100%年费对应年销售额（元）
母婴	玩具/童车/益智/积木/模型	5%	学习/实验/绘画文具	2%					60 000	180 000	600 000
			儿童包/背包/箱包	5%					60 000	180 000	600 000
	尿片/洗护/喂哺/推车床	2%	背带/学步带/出行用品	5%	汽车安全座椅/安全背带	3%			30 000	180 000	600 000
					其他三级类目	5%			30 000	180 000	600 000
			童床/婴儿床/摇篮/餐椅	5%					30 000	180 000	600 000
			婴儿手推车/学步车	5%					30 000	180 000	600 000
			其他二级类目	2%					60 000	180 000	600 000
	模玩/动漫/周边/cos/桌游	5%									

（续表）

天猫经营大类	一级类目	技术服务费费率	二级类目	技术服务费费率	三级类目	技术服务费费率	四级类目	技术服务费年费（元）	返50%年费对应年销售额（元）	返100%年费对应年销售额（元）
食品	零食/坚果/特产	2%						30 000	180 000	600 000
	酒类	2%						30 000	180 000	600 000
	咖啡/麦片/冲饮	2%						30 000	180 000	600 000
	茶	2%						30 000	180 000	600 000
	粮油米面南北干货/调味品	2%	米/面粉/杂粮	1%				30 000	180 000	600 000
			食用油/调味油	1%	蚝油	2%		30 000	180 000	600 000
					鱼露	2%		30 000	180 000	600 000
					花椒油	2%		30 000	180 000	600 000
					麻油	2%		30 000	180 000	600 000
					香油	2%		30 000	180 000	600 000
			其他二级类目	2%	其他三级类目	1%		30 000	180 000	600 000
	水产肉类/新鲜果蔬/熟食	2%						30 000	180 000	600 000
保健品及医药	传统滋补营养品	3%						30 000	180 000	600 000
	成人用品/情趣用品	3%						30 000	180 000	600 000

(续表)

天猫经营大类	一级类目	技术服务费费率	二级类目	技术服务费费率	三级类目	技术服务费费率	四级类目	技术服务费费率	技术服务费年费（元）	返50%年费对应年销售额（元）	返100%年费对应年销售额（元）
保健品及医药	保健食品/膳食营养补充食品	3%							30 000	180 000	600 000
	OTC药品/医疗器械/计生用品	3%							30 000	180 000	600 000
	精制中药材	3%							30 000	180 000	600 000
	隐形眼镜/护理液	3%							30 000	180 000	600 000
3C数码	网络设备/网络相关	2%							30 000	360 000	1 200 000
	DIY电脑	2%							30 000	360 000	1 200 000
	品牌台机/品牌一体机/服务器	2%							30 000	360 000	1 200 000
	数码相机/单反相机/摄像机	2%							30 000	360 000	1 200 000
	MP3/MP4/iPod/录音笔	2%							30 000	360 000	1 200 000
	手机	2%							30 000	360 000	1 200 000
	电脑硬件/显示器/电脑周边	2%							30 000	360 000	1 200 000

(续表)

天猫经营大类	一级类目	技术服务费费率	二级类目	技术服务费费率	三级类目	技术服务费费率	四级类目	技术服务费年费（元）	返50%年费对应年销售额（元）	返100%年费对应年销售额（元）
3C数码	笔记本电脑	2%						30 000	360 000	1 200 000
	3C数码配件	2%						30 000	360 000	1 200 000
	电子元器件市场	2%						30 000	360 000	1 200 000
	闪存卡/U盘/存储/移动硬盘	2%						30 000	360 000	1 200 000
	电玩配件/游戏/攻略	2%						30 000	360 000	1 200 000
	平板电脑/MID	2%						30 000	360 000	1 200 000
	智能设备	2%						30 000	360 000	1 200 000
	办公设备/耗材/相关服务	2%						30 000	360 000	1 200 000
	电子词典/电纸书/文化用品	2%						30 000	180 000	600 000
	包装	2%						30 000	360 000	1 200 000
家用电器	影音电器	2%						30 000	360 000	1 200 000
	厨房电器	2%						30 000	360 000	1 200 000
	生活电器	2%								

（续表）

天猫经营大类	一级类目	技术服务费费率	二级类目	技术服务费费率	三级类目	技术服务费费率	四级类目	技术服务费费率	技术服务年费（元）	返50%年费对应年销售额（元）	返100%年费对应年销售额（元）
家用电器	大家电	2%							30 000	360 000	1 200 000
			口腔护理	5%	电动牙刷	2.5%			30 000	360 000	1 200 000
					其他三级类目	5%			30 000	360 000	1 200 000
			美发工具	5%	电吹风	3%			30 000	360 000	1 200 000
					其他三级类目	5%			30 000	360 000	1 200 000
	个人护理/保健/按摩器材	5%	美容/美体辅助工具	5%	体重秤/健康秤	3%			30 000	360 000	1 200 000
					电子计步器	3%			30 000	360 000	1 200 000
					其他三级类目	5%			30 000	360 000	1 200 000
			按摩器材	3%					30 000	360 000	1 200 000
			家用保健器材	3%	家用氧吧	3%			30 000	360 000	1 200 000
			家用护理辅助器材	5%	其他三级类目	5%			30 000	360 000	1 200 000

第六章　互联网所有制与分享经济制度

（续表）

天猫经营大类	一级类目	技术服务费费率	二级类目	技术服务费费率	三级类目	技术服务费费率	四级类目	技术服务费费率	技术服务费年费（元）	返50%年费对应年销售额（元）	返100%年费对应年销售额（元）
家用电器	个人护理/保健/按摩器材	5%	清洁美容工具	5%	剃须刀	2%			30 000	360 000	1 200 000
					其他三级类目	5%			30 000	360 000	1 200 000
			各类配件	5%	清洁美容工具配件	5%	剃须刀配件	2%	30 000	360 000	1 200 000
							其他四级类目	5%	30 000	360 000	1 200 000
			其他二级类目	5%					30 000	360 000	1 200 000
网游及QQ	网络游戏点卡	0.50%	w-网页游戏	30%					10 000	360 000	1 200 000
			其他二级类目	0.50%					10 000	360 000	1 200 000
	腾讯QQ专区	0.50%							10 000	360 000	1 200 000
	网游装备/游戏币/账号/代练	3%							50 000	1 000 000	2 000 000
话费通信	移动/联通/电信充值中心	0.40%							10 000	360 000	1 200 000
	合约机	0.50%							10 000	180 000	600 000

(续表)

天猫经营大类	一级类目	技术服务费费率	二级类目	技术服务费费率	三级类目	技术服务费费率	四级类目	技术服务费年费（元）	返50%年费对应年销售额（元）	返100%年费对应年销售额（元）
话费通信	手机号码/套餐/增值业务	0.50%	3G无线上网资费卡	1%				10 000	180 000	600 000
			新人网手机号套餐	3%				10 000	180 000	600 000
			其他二级类目	0.50%				10 000	180 000	600 000
旅游	特价酒店/特色客栈/公寓旅馆	2%	酒店客栈	3%且每间每夜最高30元				15 000	180 000	360 000
			酒店客栈套餐	2%				15 000	180 000	360 000
	景点门票/实景演出/主题乐园	2%（单款商品的单笔交易最高100元）						15 000	180 000	360 000
	度假线路/签证送关/旅游服务	2%（单款商品的单笔交易最高100元）						15 000	180 000	360 000

第六章 互联网所有制与分享经济制度 | 191

续表

天猫经营大类	一级类目	技术服务费费率	二级类目	技术服务费费率	三级类目	技术服务费费率	四级类目	技术服务费费率	技术服务费年费（元）	返50%年费对应年销售额（元）	返100%年费对应年销售额（元）
旅游	国内机票/国际机票/机票增值	2%	航司机票套餐/航司机票增值服务/航司机票套票	1.25%					0	0	0
			其他二级类目	1.50%					0	0	0

资料来源：https://rule.tmall.com/tdetail-3263.htm?spm=0.0.0.0.ZjQqIt&tag=self。

第七章

互联网经济与宏观经济政策

互联网经济与实体经济并非是相互割裂的封闭经济体系，无论是经济规模替代关系论，还是功能互补关系论，都是线上经济与线下经济之间某种经济关联的具体表现。但要注意的是，基于实体经济运行特征和规律构思出来的经济政策内容，是以不存在互联网经济子体系为基本前提的，因此形成的政策自然也不会考虑互联网经济的影响。实践中，我们也不难发现，在互联网经济存在的条件下，经济政策的确发生了某种放大或者缩小、有效或者失效的问题，研究互联网经济与经济政策的关联，既是对传统经济理论的一种必要补充，更是有效利用和发挥互联网经济功能的重点内容。

第一节 背景导入：互联网经济对经济政策的影响

传统经济学对宏观经济政策的探讨是从国民收入决定和货币供求原理中引出的。要探究互联网经济与经济政策的关联，还需要对经济政策的理论由来进行了解，进而探寻互联网经济对财政政策和货币政策的作用。

一、财政政策：互联网经济消费与投资的影响

在宏观经济学中，财政政策的基本思想是通过扩大或减少政府购买或政府投资的规模，在投资乘数的作用下形成对国民收入的放大或缩小效果。很明显，投资乘数是维系财政政策效果的关键环节。如果投资乘数被放大，财政政策的效果会更为显著；反之则反是。同样，如果投资乘数具有更好的可控性，实施财政政策的目标精准性也会更高，反之则精准性降低。从这个意义上说，探究互联网经济对财政政策的作用时，就可以聚焦到投资乘数这一关键点上。具体判断有二。

（一）互联网经济对消费数量的"二增一减"作用

互联网经济存在的条件下，居民消费 C_d 可以分拆为两个组成部分，一是线下的居民消费 C_d^1，二是线上的居民消费 C_d^2。与没有互联网经济时的消费总量 C_d 相比，C_d^1 和 C_d^2 的总和数量并不一定明显增加。在具体阐释两者关系之前，笔者将对互联网经济存在时的消费机理进行解析。

一是数字化的非货币幻觉效应。在互联网经济中，用户进行交易的一般等价物既非金银等贵金属，也不是国家的法定纸币，而是储存在支付宝或者余额宝或者微信红包中的"货币数字"。在行为经济学家看来，心理账户的存在将诱使人们对同样等值的货币产生不同的心理感觉，从而引起不同的消费行为。比如，人们更重视货币的相对而非绝对计算——在买房时会认为 10 元钱无关紧要，而在支付一餐饭费时却不这样想；同样，找到 100 元钱将比供暖费从 1 950 元下调到 1 835 元带给人更多快乐——尽管后者实际上给钱更多。同样的道理，当等值的纸币以数字形式存在特定电子账户后，人们只是轻松敲击键盘就把钱花出去的时候，一般等价物的"非货币幻觉"效应

就会加大,这将会加速人们线上消费的速度、扩大线上消费的规模。从影响因素上讲,人们不可能把全部货币都转化为电子数字,因此,储存为电子支付数字的数量就是影响线上消费的关键因子。通常来看,越是富有的或者可支配收入较多的人,其转化为数字货币的比率就更高。这表明,在总量意义上,随着国民收入的提高,由非货币幻觉效应引致的线上消费总规模就会越大。

　　二是交易效率的引致效应。在互联网经济中,交易效率的极大改善是实现并扩大线上消费规模的重要因素。第一种表现是搜寻消费信息成本降低的消费扩张。比如,通过互联网的筛选、整合等功能,或者利用专业的搜索平台或软件进行同类商品快速比对分析,消费者能够进行信息过滤,从而高效地寻找到符合自身需求的商品,极大地节省了获取信息的时间。第二种表现为消费体验的全新冲击扩大消费意愿。比如,在互联网上进行消费,和传统的逛街一样具有较好的休闲体验感。不同的是,互联网上的消费体验更为丰富,可以让"逛街者"按照自己的主观意愿进行重点浏览,而且对时间没有限制,也不会遭遇"面对面"的讨价还价尴尬等。第三种表现是大数据精准营销带来的消费扩张。比如,阿里巴巴 G-Aliba 消费者行为模型就是以消费者导向(Consumer Orientation)为核心的精准营销方式。在这里,运用大数据模型建立数据之间的整合和关联分析,商家可以确知买了某种饰品的用户还购买了什么,进而推知饰品真正的使用者和用途,有助于明确品牌定位;通过分析用户喜欢什么,还喜欢什么,可以推知他真正的家庭状况和偏好,进而探索用户需求;对于购买了奶粉的妈妈,分析她一年前是如何开始关注、查询和判断的,又是在哪里、何时发生了购买行为……并据此了解其购买前的全链路;此外,还有哪个产品在哪个城市哪个小区更受欢迎,是在电脑、pad 还是手机发生购买的……当这许多的数据被关联和整合后,与此关联的一切被还原了,并可以数据、模型、产品、平台形式展现及应用,这里将关联整合大数据的应用称之为全息大数据①。从经济变量上讲，尽管这种效应引致的消费扩张与国民收入没有直接联系，但它反过来却引起居民边际消费倾向的提高，这恰是我们关心的问题。

三是海外代购分流效应。在互联网经济中，消费者能够利用网络空间的无限延展性在全球范围内购买商品，这使得异地消费及无国界消费成为一种趋势。虽然在理论上我们难以判断无国界消费是否一定会抑制本国消费总量或者降低本国居民花在本国商品上的消费支出比例，但对于有较强支付意愿和能力、内外商品质量差异较大的国家（如中国）来说，互联网诱发的海外代购规模的确比较庞大。中国电子商务研究中心监测的数据显示，2014 年中国内地"海淘族"规模已达到 1800 万人。预计到 2018 年，中国的"海淘族"人数将达到 3560 万人，海淘规模将达到 1 万亿元人民币。一些专业人士则认为，海淘将成为今后网购增长的新动力。从宏观经济视角来看，海外代购是国内消费者购买国外商品的行为，是国内消费的溢出效应，也会产生对原本应当发生在国内消费数量的削减。这意味着，在同样国民收入的前提下，平均消费倾向降低，进而带动边际消费倾向的降低，导致投资乘数的减小。

在实践中，海外代购并非是无限扩张的，诸如假冒、投诉、配套服务等问题，都是制约消费的重要因素。因此，综合线上与线下的消费的结果，并结合以上关于互联网经济的"两增一减"效果，笔者认为，在正常情况下，互联网经济出现后，居民消费总量应当是变大，即互联网经济的扩张提高了本国居民的消费总量，或者说提高了本国居民的边际消费倾向。

（二）互联网经济对投资决定因素的转换

在传统经济学中，私人投资的水平与利率呈现负相关关系，与国

---

① 霍志刚、张陆：《阿里巴巴 G-Aliba 消费者行为模型——全息大数据营销研究探索》，《阿里商业评论》。

民收入呈现正相关关系。由于利率是货币供求的均衡结果,因此,货币市场与商品市场之间就实现了一体联动的效果。与此不同,在互联网经济条件下,信息基础设施是免费享用的,每一个电商是否进行投资不完全取决于利率的高低,而是和互联网经济带来的回报率息息相关。但一个有意思的现象是,电商要想提高回报率,就必须在广告流量中加大投资,才能在海量交互信息中脱颖而出,结果就出现了"越是进行高额投资,交互信息被搜索中的概率进而达成交易的概率就越高,回报也就更好"的传导机制。在这样的理论逻辑下,利率虽然决定着私人投资的高低,但反过来私人的投资也决定着回报率的大小。实际上,投资决定回报率的关系也适合平台商,因为平台商越是从事信息基础设施的投资,越是将平台维护得好,也就越能做大用户基数,未来的私人回报率才有可能提高。因此,投资决定回报率是互联网经济与传统经济投资理论的最大区别。

现在的问题是,在互联网经济体系中,还有什么因素决定着线上的私人投资呢?笔者认为,与线下经济相同,国民收入的多寡仍然是决定线上私人投资的关键变量,在这里增量收入引致的投资额就是边际投资倾向。理论上讲,边际投资倾向是一个常态化的系数,其大小与互联网经济体系中交互信息的规模和质量正相关。这也意味着,越是生态质量好(交互信息质和量都高)的互联网经济圈,其私人的边际投资倾向会越高,实施财政政策带来的效果也就更为显著。

二、货币政策:互联网经济信用创造的影响

存款准备金率、贴现率和公开市场操作,是央行调节货币供应的三种基本手段。理论上讲,货币供应及其衍生的信用创造是货币政策的关键点,其核心思想乃是中央银行通过货币供应调节利率,进而撬动私人投资规模。笔者认为,在互联网经济条件下,以货币信用创造为核心的货币供应问题发生了显著变化,这也是探究互联网经济

与货币政策关系的重点。

传统货币理论认为,只有银行金融体系所创造的负债本身是可用作支付的,并且银行的负债(现金和活期存款)最具流动性,被普遍接受。相比而言,非银行金融机构的负债既不是一种直接的交换手段,也不是交换手段的完全替代品。显然,在这种意义下只有银行金融体系具有信用创造功能。但在广义信用的视角下,具有较强市场流动性的金融资产也被纳入广义流动性的范畴,因此,非银行金融机构也成为信用创造的主体之一。早在20世纪60年代,Gurley、Shaw(1960)就开始关注非银行金融机构的信用创造行为,之后对非银行金融机构的信用创造研究最为丰富的领域是影子银行的信用创造(Tobin,1963;Strahan,2008;Gary Gorton、Andrew Metrick,2009;汤震宇,2009;周莉萍,2010;肖崎,2010;周莉萍,2011),其中屈庆、余文龙(2013)在国内首先关注互联网金融对货币供应机制的影响。

Gurley和Shaw(1960)把金融中介机构分为货币系统与非货币系统两类。他们认为,货币系统中介购买初级证券(股票、债券等)时创造货币,其他中介机构购买货币时创造各种形式的非货币间接证券。事实上这两类金融中介机构都创造金融债权,并且可以根据持有的某类资产而创造出成倍的特定债权,增加整个社会可贷资金的供应。因此,银行与非银行金融中介机构在充当信用中介过程中并没有本质的不同,都创造某种形式的债权,都发挥信用创造的作用。Gurley和Shaw还认为,货币系统和非货币系统中介机构的竞争取决于它们所创造的金融资产之间的替代程度。在多样化的资产余额中,非货币的金融资产作为货币的替代品越是充分,在一定的国民收入水平下,货币供给就越少。

耶鲁学者Gary Gorton较早开始研究影子银行体系及其信用创造机制,并将商业银行的货币供给机制移植到影子银行体系,具体方法是在影子银行体系找到类似与存款人的主体及负债(货币市场基金与商业票据等),类似于存款准备金的预留扣减率(Haircut)等指标,类似于联邦存款保险机构的信贷对冲基金以及发挥约束影子银行货币扩张的信用评级机构等,然后将有限存款准备金制下的信用创造机制平移至影子银行体系。其中,Gary Gorton、Andrew Metrick(2009)描述了一个以回购协议的运行为中心的影子银行信用创造机制,高度抽象了影子银行体系的货币创造机制。

屈庆、余文龙(2013)在传统以商业银行为核心的框架内探讨了互联网金融对货币供给机制的影响。他们认为,首先,网络支付方式的发展减少了现金交易,使支付更加快捷,并且互联网金融的发展促进了金融市场发展,使得货币转化为流动性更低的金融资产,所以提高了货币流通速度。其次,电子货币具有高度流动性,商业银行能快捷且低成本地在头寸不足时进行融资,这会降低商业银行的超额准备金率;电子货币主要对流通中的现金产生替代并使其部分转化为活期存款,使现金漏损率 k 减小[①];电子货币的广泛使用使资金支付结算的效率提高,加上收益率相对较高的定期存款所占比重 t 会上升,从而导致超额准备金率下降。最后,P2P 和虚拟货币会降低货币乘数,但由于刚刚开始发展,目前对货币乘数的影响还较小。具体描述见图 7-1。

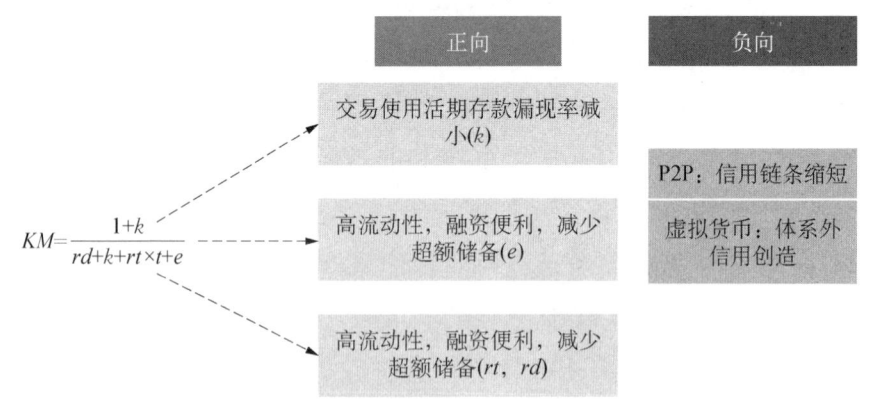

图 7-1 互联网金融对传统银行货币创造的影响途径

---

① 对 K 求一阶导数,由 $k<1$ 可得现金漏损率与货币乘数呈反向变动。

从某种程度上说,互联网经济中金融业可以看成是影子银行系统的组成部分,但能够自成体系,平行于银行系统进行信用创造,为实体经济融资。因此对影子银行信用创造机制的文献也为建立互联网金融信用创造机制提供了重要参考。在广义信用视角下,现有文献认同非银行金融机构的信用创造功能,特别是关于影子银行体系的研究,基于美国市场较为系统地描述了平行银行系统的货币创造机制。但是,对中国影子银行,特别是互联网金融信用创造的研究非常少。值得说明的是,屈庆、余文龙(2013)将互联网金融嵌入现有银行系统的货币供应机制,互联网金融独有的信用创造机制未得到充分揭示。

第二节 机制阐述:嵌入互联网经济的经济政策

互联网经济与实体经济是国民经济的两大组成部分,由于两者在经济特征和关键环节存在一定差异,因此,以实体经济为目标对象的经济政策运行机理会有所变化。因此,重新剖析互联网经济存在条件下的经济政策特征,对于更好地运用经济政策调控宏观经济发展,提高经济政策的效率并规避可能的风险,就显得非常重要。基于前面的讨论,本书将提出互联网经济第六个命题。

命题六(互联网经济宏观经济政策命题): 互联网经济出现,重新改变了国民经济的构成内容,在线上线下经济流量分割的作用下,通过居民边际消费倾向、私人边际投资倾向和信用创造的货币乘数等关键点,实际地放大了宏观财政政策和货币政策的效果,但也因此助长了经济政策的不可控性风险。

一、传导机制：互联网经济国民收入的形成

根据国民收入决定理论，总支出（总需求）决定着国民收入（总供给）的规模。在这里，总支出是一个国家国民经济体系的需求总量，它在结构上被分解为国内居民消费（C_d）、国内投资（I_d）、政府购买（G）和外国对本国的需求（X）四个变量。由于这些变量分别属于消费者、企业、政府和他国四个行为主体，因此，每一个变量又可以进一步拆分成为特定的函数关系。拿最简单的情况来说，国内居民消费数量的变化取决于国民收入（实际是可支配收入）的多少，投资数量的变化则取决于利率和国民收入两个变量。在这样的情况下，当政府购买或投资数量发生变化的时候，增量的经济支出会通过增量收入引致的消费和投资发生连锁反应，进而带动整个国民收入的变化。

依据宏观经济学基本原理，总支出与总收入存在恒等的关系。但在互联网经济存在的前提下，AE 和 NI 被分割成为两个部分，分别是线下的 AE_1 和 NI_1，线上的 AE_2 和 NI_2。此时，对两个子经济体系而言，并非处处有 $AE_1 = NI_1$，$AE_2 = NI_2$，但一定有恒等式 $AE = NI$。由此，我们可以构造出如下数量关系：

$$NI = AE \Rightarrow NI_1 + NI_2 = AE_1 + AE_2$$
$$\Rightarrow (AE_1 - NI_1) + (AE_2 - NI_2) \equiv 0$$

（公式 7-1）

根据总支出结构式，我们有：线下总需求 $AE_1 = C_d^1 + I_d^1 + G + X^1$，线上总需求 $AE_2 = C_d^2 + I_d^2 + X^2$，这里线上不存在政府支出。线下和线上经济规模的分配比例为 α，这也意味着线下和线上的总收入分别为 $Y_1 = \alpha Y$，$Y_1 = (1-\alpha)Y$。

（一）互联网经济条件下投资乘数的变化

在不考虑出口和税收的情况下，我们可以根据 AE-NI 模型推导

出投资乘数的一般关系,讨论如下:

$$Y = C_{d0}^1 + MPC_1 \times \alpha Y + I_{d0}^1 + MPI_1 \times \alpha Y + G + \\ C_{d0}^2 + MPC_2 \times (1-\alpha)Y + I_{D0}^2 + MPI_2 \times (1-\alpha)Y \Rightarrow$$

$$Y = \frac{C_{d0}^1 + I_{d0}^1 + C_{d0}^2 + I_{d0}^2 + G}{1 - \alpha(MPC_1 + MPI_1) - (1-\alpha)(MPC_2 + MPI_2)} \Rightarrow$$

$$\frac{dY}{dG} = \frac{1}{1 - \alpha(MPC_1 + MPI_1) - (1-\alpha)(MPC_2 + MPI_2)} = MULT_2$$

(公式 7-2)

公式 7-2 表示的即为投资乘数,同时也代表着政府支出每增加或减少 1 个单位,国民收入将增加或减少 $\frac{1}{1 - \alpha(MPC_1 + MPI_1) - (1-\alpha)(MPC_2 + MPI_2)} > 1$。从数值意义上讨论,如果不存在互联网经济的影响,那么,$\alpha = 1$ 时投资乘数的数值可以定义为 $MULT_1 = \frac{1}{1 - (MPC_1 + MPI_1)} > 1$。一个显著的差别是,互联网经济存在的前提下有 $MPC_2 > MPC_1$,$MPI_2 > MPI_1$,必然有 $MULT_2 > MULT_1$。这说明互联网经济扩大了财政政策的效果。不仅如此,如果互联网经济的规模占比越大即 α 越小,那么,财政政策被放大的规模就会更大。

(二) 线上线下流量分割变化的引致效果

从形式上看,互联网经济通过边际消费倾向和边际投资倾向的变化放大财政政策的效果属于简单的数值联动效果。现在我们要关注的则是线上线下经济流量动态转移下对财政政策的作用。

从公式 7-1 可以看出,只要在总量层面上达到总支出与总收入的恒等关系,国民经济循环依然可以正常运行。但从公式结构看,$(AE_1 - NI_1) \equiv 0$ 和 $(AE_2 - NI_2) \equiv 0$ 同时成立,很可能是极具偶然的情形。对此,我们可以分两种情况予以说明,即在总量供求关系相等前提下,一种情况是$(AE_1-NI_1)>0$和$(AE_2-NI_2)<0$,另一种情况是$(AE_1-NI_1)<0$和$(AE_2-NI_2)>0$。

根据宏观经济学基本原理,如果$AE>NI$,就意味着极具扩张的力量比较强烈,有进一步拉动国民收入增加的趋势;反之,则国民收入降低。很明显,在第一种情况下,线下经济的扩张速度较大,甚至使得线上的经济流量被分流到线下。普遍意义上看,发生这种情况的原因多与人们对互联网经济不信任、线下经济回报更高等因素相关。但最终的结果则是互联网经济的萎缩,同时实体经济的扩张。在第二种情况下,线上经济具有较大的引力,线下经济流量不断地被吸收到线上经济体系,从而带来线下经济萎缩和线上经济扩张的结果。

事实上,这种经济流量的分割变化也可以理解为国民收入的动态决定机制,并最终体现在α的变化方面。由此来看,在第一种情况下,财政政策的效果被缩小,而第二种情况则放大了财政政策的效果。

(三)互联网经济条件下财政政策的挤出效应

在理论含义上看,财政政策挤出效应的前提是商品市场与货币市场联动的结果。其传导机理是:$G\uparrow \to Y\uparrow \to MD>\dfrac{MS}{P} \to r\uparrow \to I\downarrow$。要注意的是,财政政策是否具有明显的对私人投资的挤出效应,关键点是利率与私人投资的关系是否显著。也就是说,当且仅当私人投资高度依赖利率的时候,挤出效应才会非常显著。根据前文的讨论,在互联网经济条件下,私人投资被分割成为线下投资和线上投资两个组成部分,前者依然与利率具有敏感的反向关系;后者虽然仍与利率存在关联,但基于用户基数、平台引力以及投资决定回报率等因素的客观存在,线上私人投资受到利率变化的影响被缩小,甚至不再是主要的因素。因此,笔者认为,在互联网经济存在的条件下,财政政策的挤出效应将会变小,而且与互联网经济的规模呈反向关系。

二、信用创造:互联网金融体系的生成机制

Ronald H. Coase(1937)探讨了企业的性质及规模,他认为由于市场运行本身有成本,因而,在通过一个组织并允许某个权威(如"企业家")来支配资源更加经济时,企业就有了存在的必要。在这一思想指导下,若将银行看成利用负债管理进行信用创造并盈利的企业,则信用创造还可以通过一组市场契约完成,而这一领域企业与市场的并存,更多地反映了金融市场效率的改进,以至于在原来只能由银行家有效组织完成的功能现在可以由市场进行替代。笔者认为,互联网金融的信用创造,正是通过一组市场交易完成,即整个互联网金融体系才能完成这一功能。

(一) 互联网金融体系的各类主体

第三方支付创新产品和新型互联网企业理财产品是互联网金融体系的主要"存款主体",以余额宝和百度百发为典型代表。以余额宝为例,该产品实际上是融合了支付宝的支付功能和天弘增利宝货币市场基金的理财功能,实现了"存款有息"。如果倒过来看,实际上支付宝变成了余额宝的支付功能。由于货币市场基金能够投资具有较高安全性、较短期限的资产支持证券,因此理论上可以认为,从储值支付到货币市场基金,互联网金融体系打通了通往贷款融资的通路。

表 7-1 互联网金融创新型理财产品的货币市场基金属性

天弘增利宝货币市场基金的投资范围
1.现金
2.通知存款

(续表)

天弘增利宝货币市场基金的投资范围
3. 短期融资券
4. 1年以内（含1年）的银行定期存款、大额存单
5. 期限在1年以内（含1年）的债券回购
6. 期限在1年以内（含1年）的中央银行票据（以下简称"央行票据"）
7. 剩余期限在397天以内（含397天）的债券
8. 剩余期限在397天以内（含397天）的资产支持证券
9. 剩余期限在397天以内（含397天）的中期票据
10. 中国证监会认可的其他具有良好流动性的货币市场工具

资料来源：天弘增利宝货币市场基金招募说明书。
注：以余额宝为例。

网络贷款平台，尤其大数据金融是互联网金融体系的主要贷款供给方，典型代表是阿里小贷。就目前而言，只有阿里小贷实现了资产证券化，能够到金融市场融资。随着互联网金融的进一步发展，如其他网络贷款平台，如正在计划中的大数据金融产品百度小贷，均可能成为互联网金融体系基础信贷资产的来源。

资产证券化市场打通了互联网金融体系由存到贷的关键通路，同时资产证券化形成的证券产品也是互联网金融体系实现信用扩张的根本机制。奥地利学派（Hayek，1966；Mises，1971）认为，金融中介就是在有限存款准备金制度下的信用创造，将投资者与储蓄者联系起来，互联网金融体系正是通过一组契约将投资者与储蓄者联系起来，从而实现信用创造。图7-2展现了互联网金融体系的理论融资模式。

（二）互联网金融体系信用创造机制

在广义信用视角下，互联网金融体系的信用创造具有两个机制，一是拉长了信贷链条，二是通过多次证券化实现类似商业银行的乘

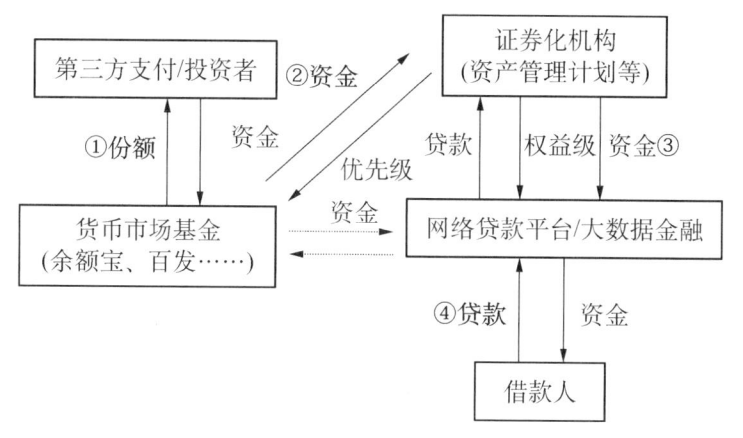

图 7-2 互联网金融体系的理论融资模式

注：第三方支付与货币市场基金链接，成为互联网金融体系的存款方，然后通过购买资产支持证券实现对借款人的间接贷款。之所以称为理论融资模式，是因为在目前的市场条件下，以余额宝、百发为代表的货币市场基金尚未称为购买资产支持证券的主要机构投资者。

数扩张。以图7-2为例，第三方支付的创新与互联网理财产品通过向货币市场基金转化形成互联网金融体系的"存款"，证券化机构与专业贷款平台发起成立资产管理计划，通过在货币市场收购专业贷款平台的信贷资产，打包成资产支持证券（ABS），然后将ABS卖给投资者（包括货币市场基金）实现向专业贷款平台的间接存款，然后专业贷款平台向借款人发放贷款，完成互联网金融体系从存到贷的整个流程。这一流程引起各主体资产负债表的变化如图7-3所示。

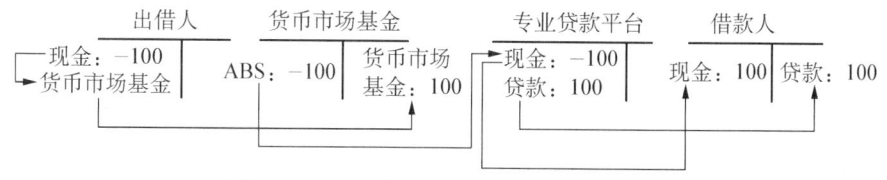

图 7-3 互联网金融体系的信贷链条

出借人	货币市场基金	专业贷款平台	借款人
现金：-100 货币市场基金：100	ABS：-100 货币市场基金：100	现金：-100 贷款：100	现金：100 贷款：100

可见，在第一轮信贷创造中，由于信贷链条的拉长，社会信用总额增加了100份额的货币市场基金和100份额的ABS，而实现这一

创造的关键在于证券化机构的增信，将低流动性、较高信用风险的贷款转化成高流动性、低信用风险的资产支持证券，从而能够到金融市场融资。为了简化，本章只将货币市场基金看成广义信用的组成部分①，在信贷资产只进行一次证券化的前提下，互联网金融体系的信用创造为 100 份额的货币市场基金。

如果进行多次证券化，则可以实现类似于商业银行货币创造的倍数扩张。以东证资管—阿里巴巴 1 号专项资产管理计划为例，假设阿里小贷通过外部融资，已经为客户发放 100 份额的贷款，则阿里小贷第一次进行资产证券化能够将所有信贷资产池的 90% 转化为能够到交易所流通的 ABS，也就是说能够将互联网金融体系 90 份额的"存款"（以货币市场基金的形式）转化为贷款，并创造 90 份额的广义信用。同时，阿里小贷收到 90 份额的现金可以投入到第二次信贷资产创造，形成 90 份额的信贷基础资产包。然后，阿里小贷进行第二次资产证券化，能够把 81 份额的基础信贷资产转化为能够到交易所流通的 ABS，并创造 81 份额的广义信用（货币市场基金）。如此循环反复。在不考虑交易成本的前提下，只要互联网金融体系的信贷供求未达到均衡，理论上这种信贷资产证券化可以无数次进行。

从图 7-4 可以看出，虽然每次阿里小贷都将信贷资产全部转让出去，但需要认购 10% 的次级份额，相当于传统银行体系的法定准备金率。因此，每次证券化创造的广义信用形成一个有极限的等比数列。事实上，约束互联网金融体系信用创造的不仅仅是留存比率，还有整个经济运行状况和金融市场效率。当经济运行良好、信贷资产违约率低的情形下，信贷活动更加频繁并且资产证券化要求认购的次级份额比率更低，所以互联网金融体系创造的信用规模更加庞大；当金融市场运行效率更高时，资产证券化机构能够以更低的成本在

---

① ABS 通常为结构化产品，其中优先级、次优级能够在交易所上市交易，具有较高货币性，而次级一般由证券化机构或基础资产提供机构自己认购，不上市交易。

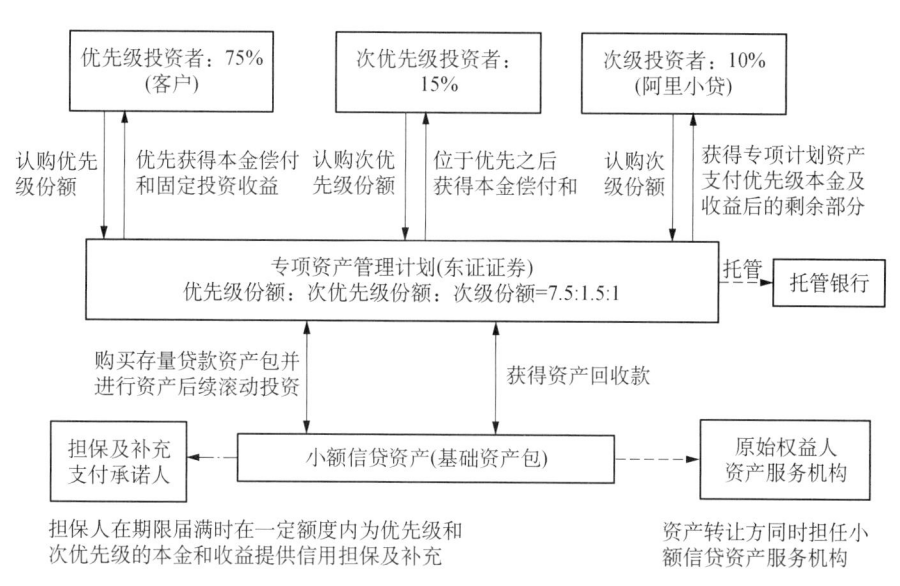

图 7-4　东证资管—阿里巴巴 1 号专项资产管理计划交易结构

金融市场融资，从而提高从事资产证券化分工的收益，提供更多的资产证券化产品。

表 7-2　多次证券化的信用扩张总额

证券化次数	新增融资额 资产	信用创造 负债	留存 权益
1	ΔB	$\Delta B \times (1-b)$	$\Delta B \times b$
2	$\Delta B \times (1-b)$	$\Delta B \times (1-b)^2$	$\Delta B \times b \times (1-b)$
3	$\Delta B \times (1-b)^2$	$\Delta B \times (1-b)^3$	$\Delta B \times b \times (1-b)^2$
……	……	……	……
n	$\Delta B \times (1-b)^{n-1}$	$\Delta B \times (1-b)^n$	$\Delta B \times b \times (1-b)^{n-1}$
总额	$\dfrac{\Delta B}{b}$	$\Delta B \times \dfrac{(1-b)^n}{b}$	ΔB

假定通过资产证券化融资所得的资金不存入商业银行，全部投入下一轮的放贷活动，并进行下一轮资产证券化，且每一轮证券化的

留存权益比例①相同,而除了留存权益比例 b 之外,没有其他任何来监管或市场的约束,则每增加 IB 数量的融资额,经过多次资产证券化后,互联网金融体系的信用创造总额为 IB。与国外(如美国)不同,我国的资产证券化市场尚不发达,还不能对证券化资产进行重复证券化,形成以衍生品为主的高倍信用创造,现有的信用扩张主要依靠增加资产证券化的次数。

(三) 互联网金融体系信用创造的内生性

从上述信用机制可以看出,互联网金融体系主要通过一组市场交易来实现信用创造,包括信用链拉长和多次证券化的两种机制,其中第三方支付创新和互联网理财产品实际成为该体系的存款方(主要以货币市场基金的形式),而证券化机构通过增信将专业网贷平台的信贷资产证券化并上市交易,间接打通了互联网金融体系的"存与贷"。与传统银行体系的信用创造受央行外生的基础货币与货币乘数影响不同,这种信用创造主要依赖于私人信用支持的杠杆和融资规模,有更强的内生性。

从信用创造能力来看,互联网金融体系完全可以平行于银行体系运作,所以不受法定准备金率的约束,同时由于电子化程度高,所以几乎不需要"超额储备"。但留存权益比例能够直接约束互联网金融体系的信用创造能力,而这一比例的决定是完全市场化的。

从信用创造总量来,互联网金融体系的信用创造是由一组契约完成的市场化过程,整体上受其贷款边际收益与"存款"边际成本相等的制约。在整个信用创造过程中,存款方需要取得不低于同等风险水平资产的收益,证券化机构需要获得专业分工的收益,专业网贷平台需要获得贷款利息,这些最终都变成借款人贷款的成本,而只有借款人在这一成本水平下有利可图,才可能产生贷款需求,直至贷款

---

① 如上述需要有基础资产提供方购买的次级份额比率。

边际收益与"存款"边际成本相等,此时互联网金融体系信用创造与信用需求均衡。

总结起来,随着互联网金融与传统金融业的不断发展和竞争加剧,信用形式日益多样化发展并且可替代性增加,逐渐发展出与货币具有高度同一性金融产品,使得银行与非银行金融机构在货币创造能力方面只有程度差别,并没有本质差别。从历史发展轨迹来看,在自由银行业时代,私人就能够进行信用创造,若互联网金融具备信用创造的功能,则将改变现有货币银行学的研究基础,同时在某种程度上是对自由银行业时代的回归。

第三节 启发与扩展:互联网经济对经济政策可控性的对冲

经济政策的传导机制只是政府关注的一个问题,更重要的是,政策实施者必须能够很好地控制住政策实施效果。如果实际达成的效果和预期效果出入较大,那么这将意味着政策执行的失败,甚至带来另外的不可控风险。

一、财政政策异化:互联网经济下的可控性

如前所述,互联网经济嵌入下的财政政策的确有被放大的作用,但也在同时带来了财政政策难以驾驭的问题。具体涉及以下几个方面:

(一)关于线下线上经济的规模比例问题

在互联网经济存在的前提下,用户基数规模占全部消费者的比例代表参数$(1-\alpha)$。在普遍情况下,任何人都无法精确测算下一期

的$(1-\alpha)$数值。原因是,线上经济与线下经济的消费体验和消费引力的对比一直处于变化之中,这种不确定性的程度是非常高的。比如,突发的信任危机或者互联网事件,很可能会造成线上用户的大规模消减。不仅如此,这种从线上消减而出的用户在消费习惯的作用下,也不会迅速转移到线上,造成消费意愿的降低。比如,由魏则西事件引发的人们对百度搜索引擎信任危机,将带来互联网排名的不信任,一定程度上会使得交易效率的引致效应迅速萎缩。再比如,出于对"双十一"的折扣预期,消费的不确定性和连续性受到破坏,一定程度上都会使得$(1-\alpha)$的数值难以确切度量。

(二)线上用户边际消费倾向和边际投资倾向的度量问题

边际消费倾向特指可支配收入每增加一元所带来的消费增量(元)。在互联网经济中,一方面消费者的收入引致消费带有较强的非理性特征,如粉丝经济、评论引导等都会引发消费者的冲动式购买;另一方面,互联网金融工具的使用,极大地降低了消费者流动性约束的问题,以信用为基础的消费透支变得非常容易。显然,与实体经济相对,这两个因素并非个例而是具有较强的普遍性。这种情况下,互联网经济体系上到底有多少用户会发生冲动购买或者使用互联网信用工具,这几乎是难以准确预测的事情,也给政府监控消费流量的变化带来困难,其本质就是用户边际消费倾向的不确定性问题。

同样的道理,边际投资倾向特指可支配收入每增加一元所带来的引致投资增量(元),该指标在互联网经济体系更是难以准确计算。因为,对于用户究竟在互联网经济体系中投资多少,收入虽是约束条件,但最根本的在于投资能够带来的回报预期。这种情况下,互联网经济的发展阶段和生态圈的质量就显得非常重要。比如,互联网生态圈质量越高,投资的冲动就越大,用户甚至不惜突破收入约束通过借贷方式完成投资。如果互联网经济正处于发展阶段,交互信息质量就成为决定引致投资的关键因素。然而,交互信息质量是用户诚信交互的结果,很难通过外力达成,这就在实际运行中带来了有效控制边际投资倾向的难题。

(三) 平台企业充当"网上财政部"的问题

在互联网经济体系中,决不能忽视大型的、有影响力的平台企业作用,如马云创立的"互联网经济帝国"。如果进行类比,这类平台企业具有网上财政部的功能。比如,平台企业是以网络基础的私有公用方式集聚用户(消费者和供应商),如果平台商加大投资力度(I_P),就会产生平台引力提升导致用户基数(N)扩大的作用,进而带来交易率和回报率(R)的提升。这将在客观上助推用户加大投资(I_d^2)的信心,实现线上经济规模的扩张,进而带动消费和投资增加。简单来讲,这一连锁反应可以形象表达为:$I_P\uparrow \to N\uparrow \to R\uparrow \to I_d^2\uparrow \to Y_2\uparrow \to C_D^2\uparrow$。从最终结果上看,平台企业投资扩张的连锁反应与财政政策的传导机制具有很强的相似度。由于平台商的投资行为属于私人行为,因此很难监控。

综合上述三个关键环节的问题,笔者认为,互联网经济嵌入线下经济运行的条件下,财政政策的可控性程度大大降低。政府试图通过财政政策进行控制的效果存在较强的不确定性特征,加大了宏观经济波动的概率。

二、货币政策异化:互联网经济下的可控性

从广义信用创造的角度来看,现有互联网金融体系已能够在传统银行体系之外,通过拉长信用链条和多次证券化实现倍数化信用创造,这种机制具有较强的内生性,一定程度上削弱了央行的货币调控能力,给现有的货币政策调控带来新的挑战。

第一,互联网金融体系否定了狭义的货币供应量统计,央行需要重新审视货币政策的中介目标。互联网金融体系的信用创造产品主

要体现为货币市场基金或者其他类型的具有高流动性与高安全性的金融资产,能够对狭义的货币供应量(M2)形成竞争性替代,因而互联网金融体系创造的流动性可能也有必要纳入广义流动性的范畴。

第二,存款准备金率、信贷总额控制等货币政策工具效力减弱,货币政策应从供应量控制逐步转化为以价格控制(利率)为主。狭义的货币乘数只能反映传统银行体系的货币创造能力,由于互联网金融能够形成新的信用创造机制,央行通过调整存款准备金率调控货币供应量的渠道有所弱化,实际的货币乘数实际上已经超过了传统的货币乘数。此外,信贷总额控制的范围只限于传统银行体系将导致传统银行系统与新信用创造系统的结构性差异,供应量型货币政策对互联网金融体系的信用创造影响较弱,对传统银行的信用创造影响却是直接而有效的,甚至于会加剧存款资金从银行体系向互联网金融体系流动,推动"金融脱媒"。

第三,互联网金融体系增强了社会信用扩张的内生性,其信用创造的相关指标可以成为央行实施货币政策的重要参照。从信用创造总量来,互联网金融体系的信用创造是由一组契约完成的市场化过程,整体上受其贷款边际收益与"存款"边际成本相等的制约,因而这一体系的信用创造活跃度、金融资产价格波动等是更为市场化的反映存贷双方需求的金融指标。

最后,还要特别指出的是,在互联网经济体系中要谨防网络货币问题,如点、卡、券等。这是因为,真实货币由一国中央银行发行,服从国家宏观政策调控目标;而网络货币由互联网企业发行,发行数量根据其经营状况决定,服从其利润目标。虚拟货币不受控制地发行,有可能影响中央银行货币发行的权威性和运用货币政策调控经济的效果。因此,互联网企业发行的虚拟货币如果不受任何部门的监管,一旦为追逐暴利而盲目发行虚拟货币,非常容易引起网络通货膨胀。由于虚拟货币最终要与现实货币进行兑换,网络通货膨胀就有可能冲击国家正常的金融秩序。特别地,当互联网企业的规模发展到一定程度后,许多现实市场中的交易都有可能转移到线上,这种情况下,互联网经济对于国家发行的法定货币就是一个巨大的"黑洞",很可能产生"虚拟流动性陷阱",从而导致货币政策失效。因此,国家有关部门出于经济发展的考虑可以鼓励这一模式的推出,但前提是应当尽早制定相关的法律法规对其可能产生的不良后果设计对策。

附：全息大数据开启大营销[①]

全息大数据驱动下的新营销革命，还原消费者为之"人"，还原营销之为"生活"，对接企业从品牌研究、品效合一推广到全链路检测及优化的一体化需求，从 1P（传播）到 4P（涵盖产品、渠道、定价），全面帮助提升营销价值。

一、全息大数据的关键点

关于全息大数据的关键点：全链路、时光可逆、地理位置、全网、跨屏。后面两个比较好理解。主要阐述前面三个：

（一）全链路，即 G-Aliba 消费者行为模型下的购买全链路

多年的网络购物经验，逐渐使消费者了解、熟悉、习惯网络购物，后者已经是人们生活的一个重要组成。G-Aliba 消费者行为模型，核心在于基于网络购物消费者"逛"的特点，形成从看、挑、查、买、享全过程的网状结构，更好地还原的消费者的真实状况，可以从任何一点到另一点，将碎片化的行为及接触点还原为全息映像，以模型呈现出来。该模型的应用是在全网跨屏范围内。而这对于营销的改变如下：

营销环境： 从被动到主动——将改变原有营销因为缺乏精准的把握而"猜测和试错"。

广告体验： 从迫使到自然——广告和推广因为符合用户的特点和需求，更容易被认可。

[①] 资料节选自：http://www.cbdio.com/html/2014-12/08/content_1991940_all.htm。

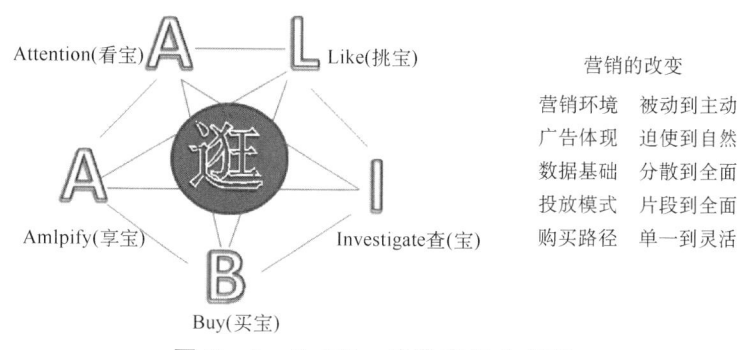

图 B‑1　G-Aliba 消费者行为模型

数据基础：从分散到全面——对于营销过程和结果的把控，相对轻松并可积累。

投放模式：从片段到全链——可以进行更长期、更大范围的整合营销及品牌持续性传播。

购买路径：从单一到灵活——对于碎片化营销有更好的把握。

(二) 地理位置

数据扩展到三维空间。通过准确地对接用户的收货地址数据，通过大数据发现：几线的城市是主力市场？哪个产品在哪个大区、城市、区县受欢迎，甚至开专卖店应该选择靠近哪个商圈或者小区？哪个小区用户最为集中？哪几个公交车站的广告牌目标用户更为集中……在系统中，这些数据随时根据需求与其他的用户指标、竞争情况、产品型号等进行交叉分析。

(三) 时光可逆

数据进一步扩展到四维时空。如前文提到的场景：通过分析买了奶粉的妈妈，一年前如何开始关注、查询和判断，又在哪里、何时发生，以了解其购买前、中、后的全链路。这种数据的时光可逆性，更好地支持全链路、全触点 (全网媒体投放) 及时间节点的研究。

基于阿里全网 4 亿用户数据，进行品牌、竞争、用户、销售研究的分析,即全景洞察,还在不断地与更多的数据源做整合,并结合品牌的需求做更多的应用场景和模型展现的探索。

1. 地理分析

通过地图展示目标用户的分布(精确到一公里),进行门店选址、线下招商、楼宇广告、户外广告投放研究,进行品牌、产品、渠道及推广(具体可以参看之前所述大数据"地理位置"说明),用于还原用户在生活空间中与品牌的关联。

2. 交叉分析

进行消费者特征、产品型号、产品属性、购买特征等数据的交叉研究,用于还原用户与产品的多维度关联。如图 B-2 所示,研究消费者在不同级别市场的分布,哪些型号的产品在几线城市更受欢迎,进一步进行营销的力量配比。

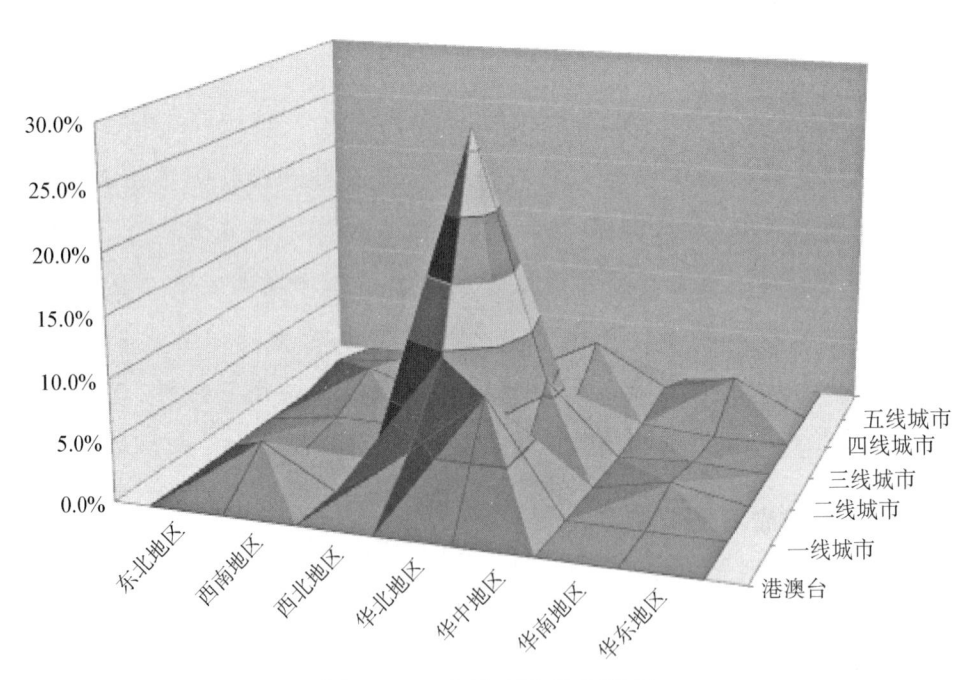

图 B-2 力量应该放在哪里

3. 竞争网络

洞察不同品牌产品消费者属性之间的细微差异,明确竞争关系及定位，用于还原消费者在竞争网络中的关联。如图 B-3 所示，气泡大小代表销售状况，灰色线越粗，代表对于消费者而言，品牌竞争度越强。根据大量的实践发现，品牌主认为的竞争者，往往与用户真实购买过程品牌产生的竞争关系有差异，特别是对于细分化的产品。

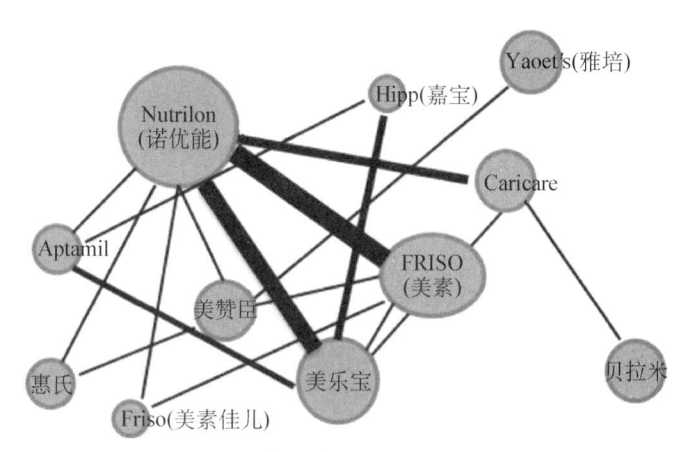

图 B-3 消费者拿哪些品牌在一起比较

4. 趋势分析

展示各个品牌/商品型号的趋势变化，并且可进行各种维度的细分，来挖掘趋势变化背后的原因。

5. 品牌转换

第一时间洞察不同品牌、属性间的细微差异，洞察市场切入点。

二、参考方法和模型

接下来介绍可以参考的研究方法及模型。

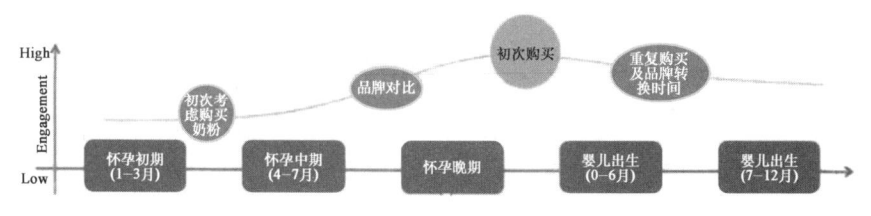

图 B-4 G-aliba 购买全链路（奶粉客户示例案例）

(一) G-Aliba 消费者行为全网触点及行为全链路模型

通过大数据采集,锁定目标人群,根据其行为特征和消费过程,利用大数据时光可逆回溯到刚开始有购买意向、品牌对比、购买考虑及复购等全链路的关键时间节点、全网的消费者接触点(媒体渠道及页面)、决策过程等。

(二) 关注内容的语义模型

通过对全网用户关注内容,包括网页文章关键字的抓取,来分析和判断用户的偏好和真实认知,关注内容的语义对比(帮助确定定位及未来诉求方向),展现其最重要的关注点,以及关注点之间的关联性,对品牌认知的影响。

(三) 品牌竞争定位模型 (Perceptual Map)

整合目标人群认知的品牌之间竞争的关联度及不同品牌之间的认知关键词的差异性,来进行品牌竞争定位的分析和研究。

如图 B-5 所示,品牌(下划横线字)的竞争关系,是由所在的位

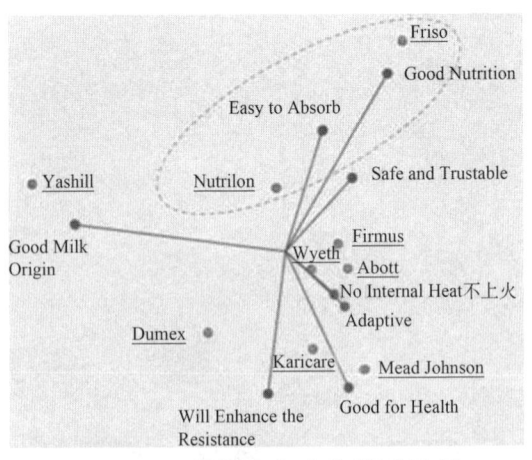

图 B-5 品牌竞争定位模型示例

置决定的,距离越近代表品牌竞争关系越强;产品的特点(无下划横线),表示用户认为的该品牌的特点差异。两者之间的关系强弱是由线段的长短以及和品牌的距离决定的,越靠近某个产品特点的品牌,具有这种特性的倾向性越明显。

更进一步还会包括 CDI/BDI 的品牌和产品的区域性竞争分析模型、媒体间用户路径及流向关系模型等,这里暂不详细阐述。

程序化购买(Programmatic Buy)前利用大数据进行品牌的研究,可以有效提升整体品牌推广效率。这方面阿里巴巴集团旗下的阿里妈妈走在了最前沿。具体涵盖的品牌研究,包括消费者、竞争、行业、定位、诉求方向等;整合阿里妈妈钻展、直通车、智无线、Tanx、外投外、视频等产品平台,并将品牌分析结果直接连接入达摩盘 DMP 投放系统完成程序化投放管理;正在深度开发淘宝指数的企业营销功能,与数据魔方一起为全链路检测和优化服务,实现品效合一,全面提升客户品牌及营销效率。

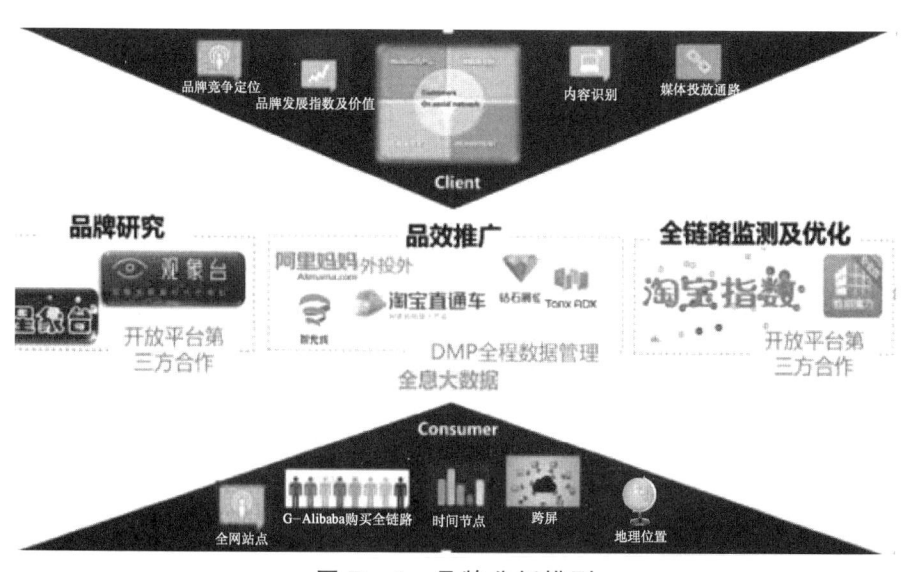

图 B-6 品牌分析模型

三、案例介绍

（一）燕格格重定目标人群——利用大数据分析发掘目标人群、重新调整品牌定位、重新设计品牌战略和重新设置营销规划，最终大幅提升品效合一效率

背景： 2010年从互联网崛起，专门从事燕窝及相关产品销售的品牌，2014年该品类淘宝销量第一；同时燕格格也面对严峻的市场现状：上有燕窝市场容量的瓶颈，下有竞争对手的蚕食。

目标： 做大市场蛋糕！

问题： 为什么广告效果不好呢？

分析过程： 原有圈定人群为辣妈——操心老公、操心孩子、操心长辈，但同时追求保养，对美容、养身、抗衰老有强烈需求。原来的沟通内容主要是"宝宝秀"。通过全景洞察找原因：是否找对人？

通过"大数据时光可逆"对最近一个月购买燕窝的女客户进行分析，发现她们在过去六个月中的消费偏向给自己买东西，很少买宝宝用品；通过TGI查看她们购买的品类排序，发现她们更偏重补品、营养；对比已经有宝宝的妈妈，她们更多的是买宝宝的东西，很少买给自己。

分析结论一： 燕格格应该找的人不是辣妈而是怀孕中的妈妈。

通过全景洞察找原因：是否说对话？数据魔方-淘词"孕妇"相关搜索词，发现孕妇到底关注什么话题？并分析兴趣购买词。

分析结论二： 燕格格应该对目标人群说的话不是"萌宝来袭"，而是"一人吃两人补""年龄冷冻剂"。

实施改善： 重定目标人群为孕妇；重定沟通内容为让更多的孕妇了解燕窝的好处，为胎儿补充必备营养，为自己保持美丽健康；整个效果为CTR提高60.64%；ROI提高45.6%。

(二)阿里妈妈电通金钻合作,联想 O2O 喜获成功——与代理商大数据合作提升研究能力,帮助客户获得 O2O 项目成功

背景: 2013 年 7 月阿里妈妈携手电众数码,针对联想线下体验店初步尝试 O2O 模式推广并取得成效后,2013 年 10 月双方达成战略合作打造 O2O 营销平台产品及解决方案。2014 年 4 月全面启动金钻品牌实效营销系统及解决方案项目,希望通过聚合双方优势,共同打造 O2O 解决方案及金钻营销系统,以系统化产品化完善落地合作,旨在为联想等品牌客户提供更为高效全面的营销服务。

产品说明和定位: 金钻品牌实效营销系统及解决方案是阿里妈妈广告市场细分化战略产品。金钻产品整合电通安吉斯集团的电众数码广告营销数据平台 iDMP 与阿里妈妈达摩盘 DMP,由代理商及 AdChina 联合定制设计开发的品牌消费指数与定制化精准、标签系统。金钻产品整合了三方优势,即运用阿里大数据和大淘宝商业流量资源、电众数码整合客户品牌营销需求、AdChina 定制技术,是为大品牌企业实施品牌推广和全渠道的产品促销(而不仅仅是针对其淘宝店铺)的品效合一的创新合作模式,提升了整体生态效能。

活动效果: 活动上线 15 天(截至 2014 年 9 月 28 日),已取得令客户"惊喜"的成绩,有超过 16 万人次线上预约到门店体验券/购买优惠券。(2013 年同期一个半月不到 2 万人次)

图 B-7 联想 O2O 活动过程

项目核心价值：品效合一的新篇章。阿里妈妈整合体系内大量资源,为品牌企业进行淘宝推广而定制了全新的实效营销系统,满足品牌客户全链路的(整合电商营销服务)需求。

大数据全新应用场景：阿里大数据在品牌营销上的价值展现,全程平台化、程序化、数据化管理,建立和完善品牌私有数据,不断优化投放效果,指导改善营销策略。

创新合作模式：借助代理商擅长把握客户需求及品牌研究,加强对于客户需求的把握,并引导数据和产品的发展和应用,在提升效率及销售的同时扩大影响。电众数码此次合作的阶段性成功为后续的模式复制打下良好的基础。

品牌营销的升级：建立品牌专属用户数据库,根据营销需求生成专属的品牌指数报告,定义品牌专属的精准定向标签。通过大量的客户需求与大数据产品及服务的对接,完善品牌营销支持体系,给品牌主及代理商带来全新的品牌营销。从1P(传播)到4P(涵盖产品、渠道、定价),全面帮助客户提升营销。

生态系统构建：涵盖品牌主、代理商、adtech公司等业务关联方在内的基于阿里大数据应用核心的生态体系的开放与互动,激发良性发展。

第八章

互联网经济与产业升级战略新方向

互联网经济是典型的服务经济,但与通常理解的服务经济发展阶段不同,互联网经济重构了服务经济的内涵,改写了现代服务业的定义,颠覆了国民经济的产业经济形态,并在经济控制权导向上指明了国民经济战略升级的重点和方向。时至今日,在"马云们"创立的"互联网经济帝国"中,"互联网+服务业"的内容被不断创新,客观上加速了服务业无边界化和能级平等化的进程。此时,若仍固守传统经济学的产业结构升级规律制,并据此制定产业升级的战略对策,就显得很不合乎时宜,更会因此丧失互联网经济给中国所带来的一次赶超机遇。因此,重新思考互联网经济时代的产业内涵、产业体系及其演化规律,是关系国民经济发展的战略大事。

第一节 背景导入:互联网经济与新产业结构思维

在回答互联网经济下产业结构特征之前,我们有必要回顾经典理论以及相关研究对产业结构的理解。这里要强调的是,既有的产业结构研究以及由此形成的产业分类方法和政策内容,都是基于工业化时代的思考,带有极强的产业封闭边界属性和产业间要素不同的能级差异属性。

一、产业结构升级:两种所谓的共识

在已有研究中,有关产业研究的传统经典文献很多,诸如刘易斯等人的"二元结构论"、罗斯托的"主导产业更替论"、霍夫曼的"工业结构演进论"、钱纳里和库兹涅茨的"增长结构论"、赤松要的"雁行形态论"、关满博的"互补产业体系论"等。虽然这些研究成果曾对发展中国家具有很大的借鉴意义,但在互联网经济时代,上述理论逐步脱离了实践,更无法去合理解释那些不断涌现的新产业经济现象和产业发展趋势。

当施振荣先生的"微笑曲线"与波特教授的"产业价值链"提出之后,一场打破传统产业认知思路的革命悄然发生。学者们发现(周振华,2003;胡晓鹏,2007),产业的部门升级规律是将产业定位在"产品同质论"的假设前提之下才能成立的,而同一产品却可能处于产业价值链的不同环节,寻求价值链的升级理应是现代产业发展的重要内容之一。在这样的背景下,诸如"中场产业"、"核心产业"、"业务外包"、"产业集聚"、"产业整合"等体现时代特色的重要语汇引起实践界的注意。不仅如此,当信息技术和其他新兴技术强有力地渗透于其他产业以后,"工业信息化"、"产业融合化"、"产业生态化"、"产业模块化"、"产业的组织接近整合地理接近"等开始成为引领现代产业发展的主流趋势。

经历了上述新的产业革命,人们虽然看到了许多产业发展的新端倪,但有关产业结构重塑的研究还不够系统和全面。从国内外涉及产业结构升级的研究来看,一种思路是从经济增长、国际竞争、产业安全、产业融合、发展转型等多个视角展开的研究,形成了"部门升级论"(方甲,1997;克拉克,1935;郭克莎,1996;库兹涅茨,1999;殷醒民,1999)和"要素升级论"(周振华,2003;何立胜等,2005;张幼文,2005;刘志彪,2007;Gereffi,1999;波特,2002;Poon,2004)两种思路观点。"部门升级论"者主要是从宏观经济断面去探讨经济增长过程中不同产业间的结构变动规律,有欧美学派和日本学派之别。欧美学派的早期研究是在完善的市场经济和封闭经济模式中展开的,代表人物如配第、魁奈、克拉克、霍夫曼、库兹涅茨、钱纳里等。日本学派的研究是针对日本国情,紧紧围绕赶超欧美的战略目标,通过论证积极规划产业结构的必要性问题,研究促使产业结构高度化的途径和方法,代表人物如筱原三代平、赤松要、佐贯利雄等。"要素升级论"者则集中于开放经济条件下,产业竞争过程中产业生产要素从低端向高端的升级问题,实质是产业的价值链升级,如嵌入全球产业价值链及(GVC)与产业升级(段文娟,2006;张辉,2006;黄永明,2006),NVC(国家价值链)与 GVC 的互动(Schmitz,2004;刘志彪、张杰,2007,2009)。

二、互联网时代的产业本质:反思与重构

毋容置疑,上述关于产业结构升级的思路在工业时代是成立的。但在互联网技术和经济模式的条件下,值得反思。一方面,技术融合、产品融合大规模的出现,驱动着产业融合的发生,其结果是模糊了产业间的边界;另一方面,互联网经济交互信息的大规模生成加快了以需求链为基础的供应链重构,供求链的一体化发展重塑了产业价值链的存在形式和表现形态。在这样的背景下,就需要对互联网经济条件下的产业定义和本质重新做一番探讨。

(一)反思产业定义:产品和企业视角的生产论

多年以来,人们已经习惯于把产业定义为生产同类或相近替代品的企业集合,并在理论上接受这一命题的正确性。具体来讲,这一

等式中的企业特指规模化生产一类产品的企业,企业与产品具有一对一的映射关系。只有如此,企业间的边界才与产业边界完全一致。然而,现实果真如此吗？如图 8-1 所示,大多数企业很可能具有多样化产出的特征,企业与产品具有一对多的映射关系,此时,产业的概念就不能简单地表述为企业集合。

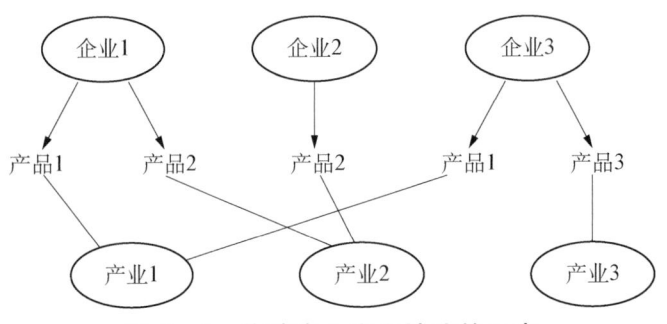

图 8-1　传统产业定义缺陷的示意

同样的道理,当我们用相似产品集合来定义产业时,也会因产品使用属性的多样化特征而无法进行下去。比如,显示屏是一个典型的产品类型,专门生产显示屏的同类企业可以构成一个显示屏产业。但在具体使用时,显示屏很可能被用于生产电视机、生产电脑,甚至用于生产电子显示屏之中。此时,显示屏产业的市场结构就很难用企业同类产品的市场份额来刻画其竞争特征,因为产品的不同使用属性对应着不同的细分市场,而不同的细分市场就形成了按照需求来划分的产业内容。再如,以帽子为例,男用帽、女用帽、儿童帽、成人帽隶属于不同的细分市场,产品的生产工艺和上游供应商虽然具有相似性,但在最终市场上并不具有替代性。

总的来说,在广泛运用 ICT 技术的互联网经济时代,产品之间的融合将是非常普遍的事情,其融合的结果就是缔造出横跨不同产业的产业形态。这种从无到有的产业形态可能是对原有产业的扩展,它并未突破原来产业的边界,产品之间具有一定的替代性,如手机报纸、网络报纸、博客新闻等就可以看作是此种类型；也可能是对原有产业的超越,并产生了一个新的产业领域,如电子信息产业与游戏开发产业相结合就形成了电子游戏的专门产业,与仓储运输调配相结合就形成了现在最热门的物流业,与制造业融合又形成了自动化控制,等等。

(二) 重构产业定义:用户视角的产供求一体论

互联网经济的到来,为我们定义产业提供了新的视角,即用户视角。在这里,无论是作为线上供应者或消费者用户,还是利用交互信息改进生产流程的线下生产者,他们都可以从互联网经济中获得福利改善。但要注意,这种改善依存的前提是产供求一体化,任何一个环节的冲突或者背离,都会造成"你多我少"的矛盾和对抗,这也是今天许多产业发生所谓产能过剩的原因。由此推导,互联网经济中用户视角的产供求一体化是一个必然的结果,交互信息是实现一体化的关键。那么,立足在这样判断基础上的产业定义是怎样的呢?这还需要从供应链、技术链和需求链三大链条谈起。

通常所说的供应链就是从产品制造到对消费者销售的活动链条,中间经过制造商开发、批发商供应、零售商出售。实践中,这一链条重点聚焦产品的流动效率或成本节约能力,因此,也可以将其视为由供应商、制造商、仓库、配送中心和渠道商等构成的物流网络。在互联网经济条件下,供应链在整体上被分割成线下生产、线下物流和线上供应包三个节点。其中,线上供应包是基于互联网经济平台的一揽子供应商商品集合,供应包越大,对消费者城市的网络经济效应就越大,线下生产是生产体系资源配置的过程,线下物流则是商品从零售商到消费者的渠道。

从产业角度来说,技术链可以直观地体现为①特定产业上下游引申出的链条长度,②在物化投入上的直接或间接关联投入比例,③在要素投入上的要素结构分布特征。其中,第三条决定了产业链上的核心环节和价值分布,因为产业链各环节劳动密集、资本密集或知识密集的不同技术特征决定价值构成的差异。在互联网经济中，技术链将转为创新链，包括介质技术、模式创新和生产技术三个组成部分。具体来说，生产技术是线下制造产业技术链的内涵，具有技术链的一切特征。介质技术强调的是互联网技术对经济活动的支撑，这不仅包括 SaaS、PaaS、IaaS 等增强消费体验和润滑交易效率的技术内涵，也包括带来交易安全和自主运行的区块链技术等。说到底，这种介质技术是一种公用技术，对所有产业都具有普适性，由此在事实上淡化了特定产业因技术差异造成的能级差异结果。最后还要看到，模式创新是一种基于商业思维的经济活动组织方式，笔者也将其视为创新链的重要组成部分。这是因为，如果说技术创新带来的是成本节约的话，那么模式创新带来的就是新增加价值的提高，两者对产业的影响机理是互为补充的关系，实际是一枚"铜板"的两个方面。

需求链（Demand Chain）的概念，被公认是由迈克尔·波特（Michael Porter）最先提出的，主要目的是解决价值链中市场、销售和服务的需求，并包含了用户需求或供应链的市场需求因素，本质是价值链商业模式的一部分。从内容上说，需求链以服务需求为起点，满足服务需求为终点。在互联网经济中，需求链得到了清晰展示，包括选择权、个性化、体验感三个基本环节。在这里，选择权是个性化的前提，即是说用户只有拥有充分的选择权时，才能满足自己独特的个性化需求；同样，也只有能够显著满足个性化需求，才能够真正提高用户的体验感。必须强调，互联网经济以交互信息为内容的线上用户交互作用和线上线下经济一体化发展，都在客观上大大强化了需求链的作用。

立足供应链、技术链和需求链，笔者认为，互联网经济特别突出了需求链的中心地位，所有经济活动都是从需求链的建构和塑造作为出发点，通过需求链导入重新改变了供应链的内容，内含需求链的供求链体系得以形成，加之基于供求一体形成的交互信息对线下生产的直接作用，产供求一体化的趋势最终得以形成。在这样的背景下,技术链通过产供求链发挥着引力作用,无论是交互信息的搜集、分析和智能化决策,都促使着产供求的均衡。因此,运用互联网经济思维定义的产业,应立足用户产供求一体化的目标来阐释,基本内容包括:介质导向型产业、需求链导向型产业、保障导向型产业和产供求链一体导向型产业。这里的介质导向型侧重供应链的完善与管理,强调服务业业态的服务能力和多样性。

(三)界定产业本质:互联网经济本质就是现代服务

时至今日,无论是在经典的经济学理论中,还是地方产业发展的实践中,人们都习惯地按照界限分割明显的统计学分类法识别服务业的内容。在笔者看来,互联网经济作为一种经济模式,本身并不具有制造生产的功能,但对制造生产以及生活需求乃至政府公务都具有提升效率的功能,这种功能的本质就是服务业,互联网经济也是服务经济。在互联网经济体系中,服务既需要通过流量点击方式完成,也需要通过线下活动配合。但一个显著的特点是,互联网服务是一揽子的菜单服务,菜单中的服务选项包括各类服务行业的服务内容,但整体呈现出来的却是待选择的"服务包"。这种特点使得个体服务业的封闭边界被弱化,与其他服务业绑定一起做大"服务包"、提高服务体验水平,日益成为现代服务业的代名词。笔者认为,在互联网经济体系中,一切经济活动最终都表现为服务活动,而专业化提供这种服务活动的用户总和就是服务业。与传统经济不同,互联网经济中的服务内容包括三个部分。

第一个部分是隐藏在互联网经济后台的技术性服务。如软件即服务的 SaaS、平台即服务的 PaaS 和基础设施即服务的 IaaS,也包括物联网下中的 RFID(无线射频)即服务的 RaaS、设备即服务的 DaaS 和机器即服务的 MaaS 等。这些所谓的后台技术性服务是互联网经济得以有效运行的前提和基础,同时也在硬件层面上决定了用户在互联网经济中的消费体验和便利水平。

第二个部分是显现在互联网经济上的过程服务。所谓过程服务是相对于结果服务而言的，即用户在最终使用商品之前获得的体验感和满足感。这种服务的水平和能力，带有很强的"人为"特点，是用户之间深度互动结果的反映。因为高质量的服务绝不仅仅是服务人员单方面的事情，还要依赖于服务对象的参与程度。毫无疑问，互联网经济最大的特征就是为用户之间（买者和卖者、买者和买者、卖者和卖者）的全方位互动提供了可能，因此，线上过程服务的体验水平、个性水平和满意水平理应更优于线下服务。从这个意义上说，互联网经济是一揽子高质服务活动的虚拟集合，也在客观上推动了线下服务的现代化和高效化，因此，互联网经济的本质就是现代服务。

第三个部分是依托于线上却发生在线下的服务活动。典型的是物流服务。一个显见的事实是，至少在目前的技术下，商品的传输是不可能通过网络实现的，因此，物流一定发生在线下。除此之外，维修、检测等基于实际物品的服务活动也必须面对面开展。但要注意的是，在互联网经济作用下，这些仅限于线下服务的能力也离不开互联网经济的支持。因为，线上对线下服务的需求和要求可以通过智能化方式汇集线上用户交互信息，进而调度线下服务资源的流向和内容，最大化实现线下服务业效率提升。

第二节　产业构成：互联网经济新结构

传统理论对产业升级规律的探究是按照产业结构分类方法进行的，比如依据工序结构和价值结构出现了以"微笑曲线"为特征的价值链升级理论，依据需求结构和生产结构形成了以"工业化或服务化"为特征的产业结构调整理论，依据技术结构和附加值结构催育出了行业内的结构优化理论。在互联网经济理论中，产业只是经济体系的业态表现形式，业态升级仅仅是初步的升级内涵。由此，我们得到了第七个命题。

命题七（互联网经济产业升级新内涵命题）：传统经济学重点关注以具体产业间关系为样本对象的业态转换规律,据此潜在地表征了要素和业态导向的经济转型、结构升级的一般方向和一般目标；互联网经济重塑了传统经济的理论内核,改变了产业经济的活动方式和关联方式,以介质升级、内容提升、架构创新和标准再造的关键控制点塑造,本质上成为国家经济转型、结构升级的新方向和新目标。

一、产业结构：理论逻辑与内容界定

笔者认为,由于互联网经济的本质是服务经济,那么,互联网经济的产业内核就是现代服务业。但与普遍的认识不同,互联网经济下的现代服务业在产业形态、产业体系等诸方面有其特殊性的内容。这里给出以下两个方面的解释。

（一）产业形态：现代服务业的块状形态

如果我们把线下服务业作为一个单独样本,那么,"点状"分布是对服务业体系最好的形态表述。因为,每一个点都是自成系统的,且与其他的产业点之间相互隔离。尽管产业融合理论承认点与点的产业具有部分重合特征,但在统计学意义上,是无法反映这种融合的内容。比如,二产与三产的融合确实已经发生,但实践中按照既有的统计方法并没有产业融合对应的产业类别,二三产业的界限依旧明显。客观来说,现有的统计分类是在工业化时代思想的产物,并不适应于信息化时代,更不要说互联网经济时代。在今天快速发展的互联网经济中,线下的产业点都纷纷进入虚拟经济平台,每一个平台都是包罗万象的产业体系,如"阿里巴巴产业帝国",其涉及的服务行业包括社交网络、物流、金融、旅游、导航、视频娱乐、医疗、教育、文化、体育等众多领域,分布领域延伸至服务业的各个角落。因此,平台作为一个整体的产业体系,是块状产业包的,具体的产业业态点被隐藏在平台之中。进一步延伸,整个互联网经济的生态构架显示为由若干个功能交错、有效运转的平台组合而成,这些平台共同构成了一个群落状的产业体系,并在运作机理上表现为,前台(线上)以综合性、交叉性、块状的服务群满足生产和生活需要,后台(线下)则通过交互信息形成与线上综合服务群相连接的生产体系。至此,原先的以点状大小反映产业能级高低的产业结构理论被互联网经济块状服务包的竞争力所替代,也因此决定了产业政策制定重心的方向。

(二) 产业体系:现代服务业的四层立体架构

现代服务业的提出是开放经济条件下、发展中的中国主动寻求产业升级和经济转型的集中体现,是中央政府立足在中国崛起目标下的国家战略构思。一种普遍认同的观点是,所有依托电子信息通信等高新技术基础的服务业,都可以将它们看作现代服务业。由此推演,依托于互联网经济的服务业也理应是现代服务业。这种观点的核心是对定语"现代"建立了一个等式关系,即"现代服务业=信息技术介质+服务业",也就是说产业业态可以没有变化,但产业发展的技术介质发生了改变,从而服务业的能级也会得到显著提高。必须强调的是,信息技术介质的现代服务业论调并没有改变传统服务业分类的思想,沿用的仍然是工业时代的产业分类方法。承接前文定义,在互联网经济中,介质导向型产业(侧重供应链)、需求链导向型产业、保障导向型产业和产供求链一体导向型产业是划分现代服务业的基本依据。

具体来说,互联网不仅是一种技术介质,更是一种改变产业间关系的经济模式,此时的现代服务业在产业体系上成为"1+3+n+N"

四层内容。其中,"N"特指传统服务业分类下的业态点,是存在于互联介质下的服务业态,因此属于介质导向型产业,体现服务产业供应链上分布的服务供给内容。"n"表示融合在互联网经济平台上的若干个综合服务包,用户在这里可以选择自己的消费内容,而且服务包越大选择权价值就越高,因此是需求链导向型产业。"3"代表决定互联网经济发展水平的三个根本服务价值点,即诚信服务、仲裁服务、搜索服务。特别需要指出的是,如果离开这三个服务价值点,那么互联网经济就会陷入扭曲发展的轨道。它们是保障导向型产业内容。"1"代表互联网经济与国民经济联动的关键服务,即数据服务,是产供求链一体导向型产业。假如我们用人体作为比喻对象,那么,人体上各种具象的器官可代表点 N,器官组合而成的人体代表块 n,支配人体运行的三大神经系统,即中枢神经系统、脑神经、脊神经就是"3",而作为人体发动机的心脏就是这里的"1"。这即是说,服务业业态可以等同于产业的器官论,服务包可以等同于产业的机体论,诚信、仲裁、搜索三大服务就是产业的神经系统论,数据服务则是产业的动力能源论。

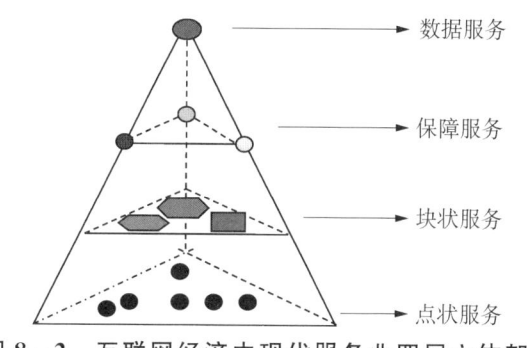

图 8-2 互联网经济中现代服务业四层立体架构

二、价值结构:互联网经济下现代服务业的价值分布

互联网经济不仅改变了现代服务业的业态表现形式,而且重新

缔造了现代服务业的价值结构。通常来讲,产业的价值结构可以横向分割为研发、制造和营销三个组成部分,这也是"微笑曲线"的基本构成内容。但在互联网经济下,这种结构会发生变化,甚至产生新的产业价值结构。

笔者认为,立足"1+3+n+N"的现代服务产业体系,新的价值结构将由功能价值、体验价值和资产价值构成。在这里,功能价值是那些满足 Prosumer 基本服务需求所产生的价值,属于价值生产的范畴。体验价值是来自介质技术更新和块状服务包选择权的体验价值,是现代服务的价值实现部分。资产价值特指来自互联网现代服务基本保障和交互信息大数据的产业资产价值,具有价值发掘的功能。依据横向分割的价值板块,现代服务业的价值结构将呈现出新的微笑曲线形态,形如图 8-3。

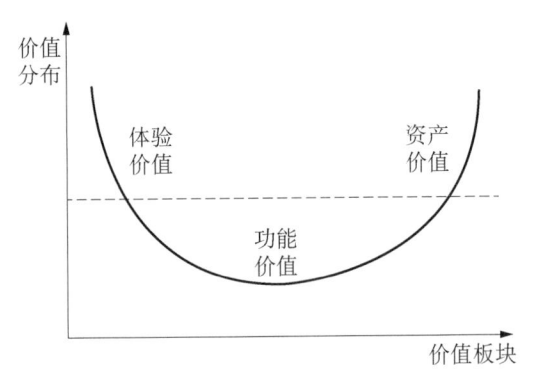

图 8-3 互联网经济下现代服务业的新微笑曲线

根据笔者的理解,把互联网经济对现代服务业价值结构更新所要求的服务内容和特征归纳如表 8-1。

一是高质化的体验服务。互联网经济让服务的体验价值得以淋漓尽致地显现出来,特别是移动智能终端的快速普及和利用、核心技术移动芯片的创新发展,以及 4G 大规模的组网建站、4G 商用步伐的加快,使得现代服务业的服务能力将得到极大提高。选择权价值的

表 8-1　三类价值板块的基本特性

	功能价值	体验价值	资产价值
基本定位	数量扩张	质量提升	能量传播
微观载体	服务业态	心理感受	交互信息
价值含量	低	较高	高
运作主体	服务商和平台商	平台商	数据商
经济效果	网络效应	粉丝效应	准公共资本效应
类比对象	器官	神经	心脏
衡量标准	单业态叠加的协同性	需求的个性化和多样性	数据权威性
链状特征	以保障为前提的供应链	以保障为前提的需求链	以保障前提的产供求链

提高驱动个性化、差异化服务的涌现，尤其是在无线网络 Wi-Fi 已经覆盖大多数城市的情况下，用户能更方便地利用网络资源来实现自己的个性需求，使自己的体验享受得到极大的满足，消费者剩余不断扩张，甚至部分外溢成为供应商收益。通常看来，这种服务体验甚至转化为一种消费习惯，塑造了一种文化和信仰，创造了一种更高的服务价值。

二是高创造力的数据服务。互联网经济内生出来的交互信息是一种独特的产业资本（资产），这种交互信息在狭义上是优质的数据资产，它对现代服务业价值结构的影响机理是通过对线上供应商用户、消费者用户和线下生产者的销售策略、消费习惯、生产定位等方面的交互渗透与改造，直接提高服务创新的能力，进而挖掘出更高的服务价值。以百度为例，经过 10 多年的积累，它已经拥有全国最大的消费者行为数据库，通过这些用户行为数据和多维分析工具，百度可以帮助企业准确定位消费者的地域分布、消费偏好等，从而开辟出全新的收入增长点。如今，通过互联网传输和存储的大数据，已成为重要的战略资产，驱动着现代服务业及其企业的快速发展。应当说，这两个板块的服务价值是新微笑曲线的高端环节。

三是大数量的功能服务。这就是我们通常说的服务业业态，如金融业的资金服务、物流业的流通服务、通信服务业的流量或软件服务，以及信息发布的中介服务，等等。作为功能服务的价值内容，它有两个组成部分，分别是纯粹的来自服务业业态的价值和基于互联网络平台聚合产生的增量价值。前者针对的是人们的某种服务需要，对应具体的服务业业态。按照传统现代服务业的价值链环节高低进行的业态排序，如在价值链端位上金融业高于餐饮业，专业服务业高于物流业等。但后者强调的是线下产业业态线上聚合（平台）后，服务内容一揽子展示在消费网络效应的作用下带来的增量价值。由于线上的平台服务包可以共同分享互联网带来的消费便利，服务供应商获利的机会就会与服务包的规模具有显著的正相关关系。因此，这种所谓的增量价值仅仅与业态供应的多样化有关，理论上具有熨平业态价值链高低的效果。也就是说，原本分布在价值链低端的行业，通过线上化以后，可以获得更高的价值增量，这将对传统的服务业纵向价值链产生横向平均作用。不可否认，相对于前两个价值板块而言，功能价值仍旧是新微笑曲线的低端环节。

三、流量驱动：现代服务业的演化与升级机制

在互联网经济条件下，现代服务业的形态、体系和价值结构都发生了显著变化，但这仅仅是静态意义的分析。从动态角度思考，我们还需要弄清楚互联网经济下的现代服务业演化方向、具体内容，以及驱动这种演化的动力源泉。这也是探究互联网经济时代现代服务业升级战略的理论基础。

（一）产业演化：着力把握四大关键控制点

在互联网经济中，现代服务业的升级路径不是以能级高低（包括

部门和要素)的替代性升级特征,而是表现为"以现代服务体系总体发展水平提升为目标的关键控制点升级路径"。在内容上,介质升级、内容提升、架构创新和标准再造是四大关键点。介质升级重点聚焦互联网交易介质的完善问题,主要包括网速、消费体验、交易便利等。内容提升则关注商业模式创新问题,即通过商业模式再造最大化吸引用户,激发消费者和电商的之间的真诚互动,推动个性化、定制化服务水平的能力。架构创新则以互联网经济生态的良性发展为目标,形成以诚信、搜索、仲裁三大服务为核心的现代服务支撑体系,在管理方式、实施主体、运行规则层面明确支撑体系的运作机理。标准再造的核心是利用互联网经济交互信息的沉淀,建立具有安全性和适用性的信息库,通过全面整合国际、国内各方资源力量,全方位构建国内和跨境互联网交易标准、用户申诉仲裁标准、用户安全保护标准、电商责权利统一标准等。本质上说,这些标准的制定是中国主导互联网经济发展的体现,通过影响并促使国外接受这一规则,形成互联网经济的"中国"控制权和话语权。

(二)驱动机制:地理粘性转向流量黏性进而转向用户黏性

在互联网经济中,现代服务业突破了现实空间距离的限制,产业发展的地理黏性以及产业间的空间聚集部分被消除,转而演变成为网络空间的流量黏性和平台集聚。从产生的效果来看:流量黏性对地理黏性的替代可以显著拓宽服务业的空间服务半径,同时催生出连接服务供求者的新服务中介业态。平台集聚对空间集聚的替代则进一步凸显了平台(服务包)在产业发展中的作用和战略地位,进而成为超越单点服务业态之上的战略聚焦重点。当平台与流量相结合,现代服务业演化的动力内涵就比较清晰地展现出来,即平台能够导入的流量黏性越大,潜在的流量转化率就会越高,最终产生的以用户黏性为标志的平台忠诚度也就越大。根据艾瑞咨询数据,2014年10月,太平洋汽车网人均单页有效浏览时间为71

秒，与新浪汽车频道共同位居榜首，且较大幅度领先于汽车之家的64秒（见图8-4）。用户在网站停留的时长体现了平台内容对用户的吸引力和购车决策影响力，同样也是用户对流量黏性和平台忠诚度的体现。

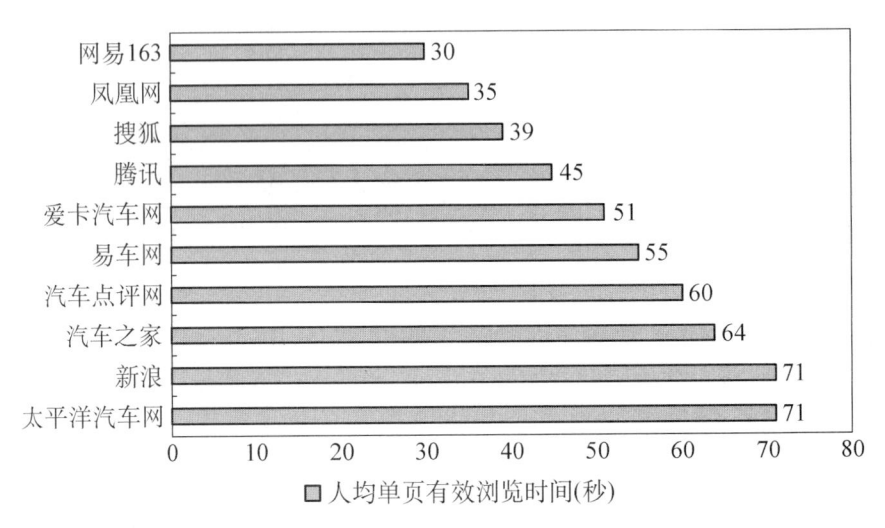

网站	人均单页有效浏览时间(秒)
网易163	30
凤凰网	35
搜狐	39
腾讯	45
爱卡汽车网	51
易车网	55
汽车点评网	60
汽车之家	64
新浪	71
太平洋汽车网	71

图8-4 2014年10月中国汽车资讯服务人均单页有效浏览时间

资料来源：iUserTracher，2014年11月，基于对40万名家庭办公（不含公共上网地点）样本网络行为的长期监测数据获得。转引自51汽车网。

根据上述内容，笔者可以将互联网经济下现代服务业的导向类型、演化内容和驱动机制等内容进行综合，并针对其升级的内涵做一简单解析，如图8-5所示。

四、案例解释：旅游业线上化的产业体系特征

为了直观认识互联网经济的现代服务业特征，我们将以旅游业为案例进行归纳总结。通常来看，旅游产业体系是由旅游企业构成的，在传统意义上，这些企业包括住宿、餐饮、交通、旅游目的地吸引物、娱乐、购物等企业以及传统旅游中间商等。结合李慧（2011）的研

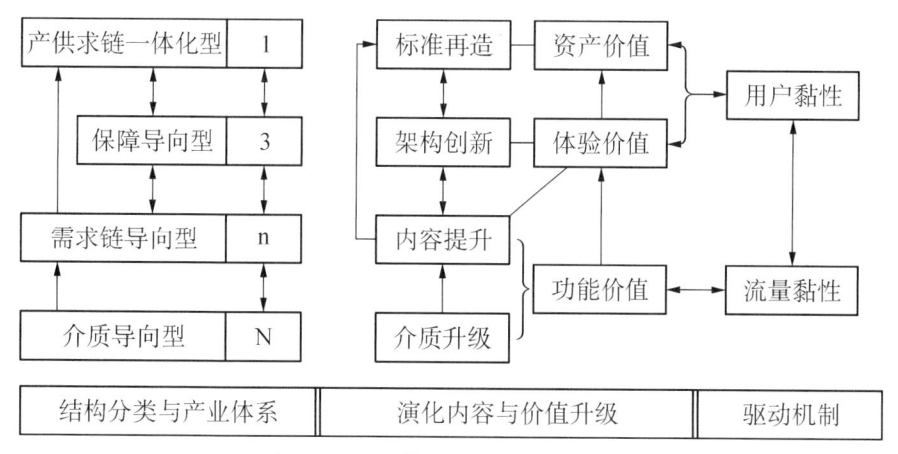

图 8-5 现代服务业的内容谱系

注：单箭头代表升级方向，双箭头代表相互支撑。

究，可把传统旅游产业的运作方式大致分为三种模式（见图8-6）：第一种模式的旅游批发商从旅游企业如酒店、景区、航空公司等批发单项的旅游产品，进行组合开发形成包价旅游产品，然后再由旅游代理商将这些包价旅游产品销售给旅游者。旅游企业通过销售自己的单项旅游产品获取利润，旅游批发商通过销售包价旅游产品获得利润，旅游代理商通过提取佣金获取利润。第二种模式的中介方为旅游经营商，即包含旅游批发和旅游零售两种功能的企业，通过购买单

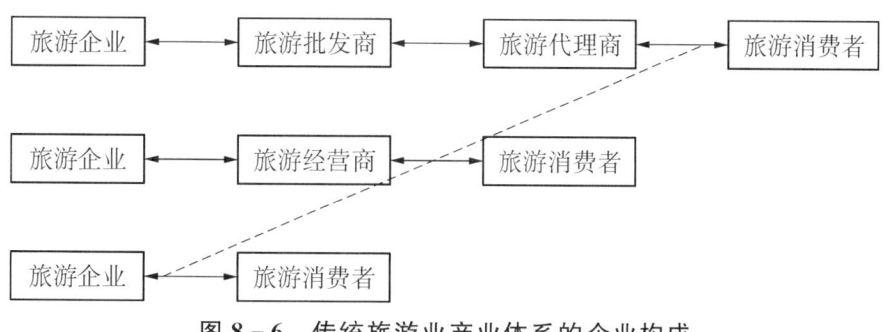

图 8-6 传统旅游业产业体系的企业构成

注：双向箭头代表信息流、服务流和资金流的交互关系。

项旅游产品,然后通过自己的零售机构直接销售给旅游消费者。这两种模式是在互联网出现之前的旅游产业价值链中最为常见的。第三种为旅游企业的直销模式,旅游企业通过人员推销或者发放宣传单等广告形式,吸引旅游者直接前往旅游企业进行消费。

与传统旅游业产业体系的企业构成相比较,互联网经济下旅游产业体系的企业构成分为四类(见图 8-7)。

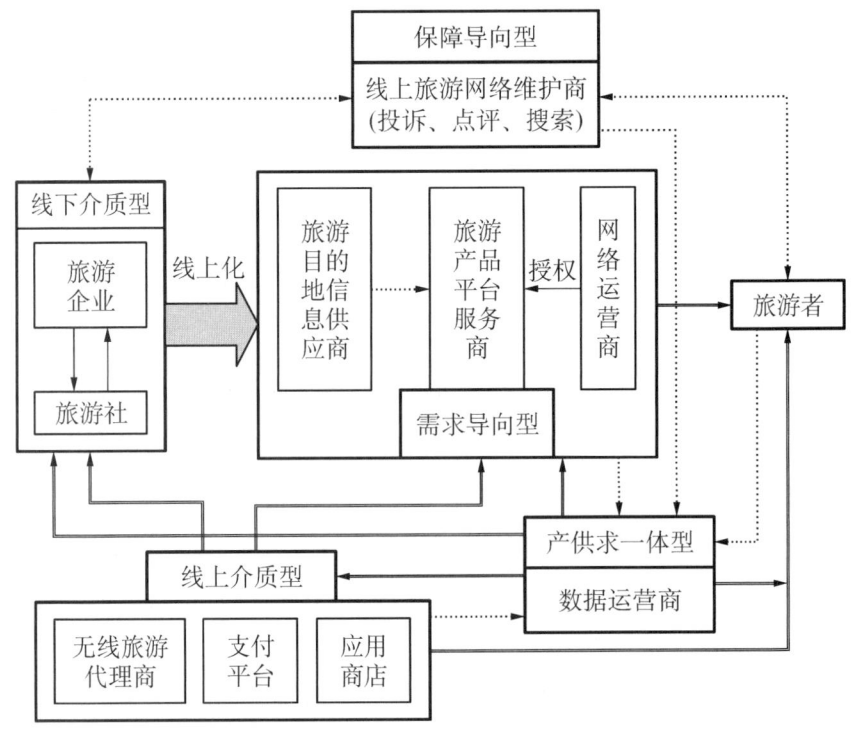

图 8-7 以旅游业线上化为案例的现代产业体系特征

注：实线箭头代表服务流；虚线箭头代表信息流。

第一类为介质导向型,既包括前述的传统旅游企业(住宿、餐饮等),也包括网络代理商、网上支付商、应用商店开发商等。这些企业是直接参与旅游交易的主体。

第二类是需求导向型,主要是旅游平台经营商和专业服务商,包括网络交易平台和旅游企业的无线预订平台以及实时信息服务。一方面,网络交易平台在旅游企业和消费者之间实现了更好的链接,许多能够为旅游企业提供一个面向旅游者的虚拟店铺直接面向旅游消费者,而旅游企业的无线预订平台是则直接面向旅游者的客户端或者手机页面;另一方面,实时信息服务(如新闻、天气、股票信息等)和各种基于位置的信息服务(如移动用户附近酒店信息、娱乐场所信息等),大幅度增加了旅游消费者的用户体验。

第三类是保障导向型,包括旅游垂直搜索以及旅游网络社区治理、旅游点评网站等。目前实践中,这些中介机构仅仅提供了一个旅游企业与旅游者接触的媒介,不参与旅游企业和旅游者的交易过程,但对消费者的旅游选择非常重要。从今后来说,这些企业在行业定位上要得到提高,逐步转向的行业治理者角色。

第四类是资产导向型,主体是数据运营商,重点负责旅游供求信息的储存、维护、管理、分析和决策的服务。在动态意义上,数据运营商对前三类企业的价值生产和创造具有显著的影响,它们不仅是旅游业高端价值环节的体现,而且是驱动资金流、信息流和服务流的关键因素,更是旅游业供应链、需求链和技术链交互协调的核心力量。

第三节　启发与扩展:现代服务业的升级战略

在互联网经济快速发展的背景下,必须修正服务业结构的分类模式,构建出更符合实践特征、更具国家发展需求的现代服务业的功能结构升级内涵及战略内核。本质上讲,这种产业发展视角的转换,不仅仅是为顺应当前现代服务业创新发展的实践特征而进行的理论修正,更在于要为中国现代服务业的发展提供顶层设计理念,避免各级地方政府陷入把现代服务业作为填补因制造业下滑或者通过现代服务业发展(产业关联机制)带动制造业发展和招商引资的工具性误区之中。

一、战略思维：从温特制到互联网思维的转换

直至目前,无论是在学术研究的思路上,还是在产业发展的实践中,人们都是基于工业化时代的思路,并不能带来服务创新,也不能真正实现服务业的现代化。把工业时代的思维模式运用到互联网经济时代的产业发展进程,尽管能够带来统计意义上现代服务业的即时规模经济效应,但不会实现服务产品的个性化、服务体验的创意化、服务产业的高科技化和服务过程的高质化。因此,为了适应互联网经济时代,需要运用互联网思维确立服务业升级导向。笔者的一项研究(2010)显示,温特制是相对于福特制和丰田制而言的。在互联网时代,需要以温特制向互联网思维转换。内容如下：

(一) 福特制是典型的工业时代的标准化模式,强调分工和效率,具有集中化和批量化的流水线特征

第二次产业革命建立了现代大工业,此后以美国为代表的西方企业实行了福特制生产模式,将世界经济推向了新的增长阶段。本质上讲,产业标准化是福特制生产模式的核心,它是大规模生产的产物,它的形成和完善反过来又极大地促进了大规模生产的发展和效率的提升。通过产业标准化的方式,使零部件、产品的规格、品种、式样大大减少,这样不仅可以获得大规模生产的规模经济性,还可以促进零部件之间的通用化和互换性,使其获得在相关产品生产上的范围经济性。更重要的是,标准化把处于不同生产阶段、独立分散的企业相互联系起来,使其成为一个有机的产业组织体系。这种以标准化为核心的大规模生产模式在美国获得了巨大成功,使美国在20世纪初超越英国而成为世界制造中心。

(二)丰田制是对福特制的改良,强调分散性和生产的社会性,具有注重外包协作和产业集聚的网络化特征

第二次世界大战后,以标准化为核心的福特制扩散到了欧洲和日本,并由以日本丰田公司为首的日本制造业根据日本的文化传统和日本企业的特点,将之与弹性生产方式有机结合,改进为丰田生产模式。但从本质上讲,丰田制只是对福特制模式的改良,两者都是以技术标准为基础的产业标准化时代的产物,也都属于以追求规模经济效应和范围经济效应的垂直型产业结构体系,产品的设计、制造、销售,以至售后服务,都是在同一个企业内部完成。尽管产品生产的过程中有一条存在多个节点的价值链,但产业内的企业之间都是以全部价值链的整体来竞争,单一价值节点对竞争结果影响不甚明显,因为各价值节点还没有发展成为独立的产业部门。

综合来看,以上两种模式都是工业化思维和工业化时代创新。然而,随着社会经济的发展,到 20 世纪 70 年代末,大规模生产的前提和基础发生了根本性的变化。统一的大市场已经被多样化的需求瓦解为一系列细分市场,市场需求的波动性逐渐加大,从而使产品生命周期大大缩短,标准化的产品开发和制造受到严重挑战,大规模生产出现范式危机。于是,在 20 世纪 90 年代初出现了敏捷制造(Agile Manufacturing)、大规模定制(Mass Customization)、企业再造工程(Reengineering the Corporation)等范式革命,在此基础上,ERP、MRP、CRM 等管理软件和流程管理思潮逐渐盛行。这些范式革命都旨在帮助企业对市场多样化的需求快速响应,一方面尽可能地降低生产成本和交易费用,另一方面尽快地为客户开发、生产出小批量、个性化的新产品。

(三)温特制是工业化时代向服务经济时代转变的生产模式,强调建立和发展产品的标准为主线,具有注重标准主导权的特征

在最初的含义上,温特制就是微软和英特尔共同构筑的温特制

(win-telism)平台，即以微软公司的视窗系统和英特尔公司的微处理器互相咬合搭配，凭借实力和快速的创新不断抛开竞争对手，在自己成长的同时也赚取了大量利润，并引导整个产业不断升级。而掌握设计规则和引导升级的企业则成为产业的金字塔企业。从生产的角度讲，福特制是自己开发形成产品的模块，丰田制是使模块围绕着产品诞生，而温特制则是用标准控制模块的区位生产与组合。因此，温特制是全球化条件下发达国家掌控全球价值链的产物，是运用标准和规则主导经济秩序的产物。对发达国家而言，生产的重要性让位于标准设计，标准和规则成为向全球各国输出的高端服务品。

（四）互联网思维适用于服务经济时代，是对福特制、丰田制和温特制的综合利用，既是服务驱动产业发展的体现，更是制定现代服务业升级战略的基本理念

经典解释认为，互联网思维，就是在（移动）"互联网＋"、大数据、云计算等科技不断发展的背景下，对市场、用户、产品、企业价值链乃至对整个商业生态进行重新审视的思考方式。根据周鸿祎（2014）的解释，互联网思维分为三个层级：一是数字化。互联网是工具，提高效率，降低成本。二是互联网化。利用互联网改变运营流程、电子商务、网络营销。三是用互联网改造传统行业，进行商业模式和价值观创新。笔者认为互联网思维就是线上服务体系驱动线下精准生产的思维，是分工和效率、服务和生产活动的内部与外部协作、线下线上社区联动的体现。结合这种思维，笔者总结出互联网时代与工业经济时代的 10 个重大差别，这不仅是互联网思维的全面体现，也是制定现代服务业升级的基本立足点。

表 8-2　互联网思维与工业经济时代思维的差别

维度	工业经济时代	互联网经济时代
服务业与制造业	以融合为特征的产业关联关系	以服务体验为核心的C端驱动
制造业产品	研发和生产为中心批量生产	个性定制用户DIY为中心
制造业生产	地理集中的集聚式生产	数据化云端的柔性制造
服务业产品	以服务内容为中心的点式服务	以选择权为中心的块状服务
服务业生产	供应者能力	消费者要求
产业主导因素	产业标准和技术专利	平台吸引力和商业规则
产业体系外部关键点	需求约束	线下物流与线上诚信
产业体系内在关键点	单向传递的信息模式	双向传递信息的控制力
经济活动组织模式	跨机构多部门协同	扁平化自治组织
效果评价内容	集聚网络的经济效应	线上线下信息联动[①]

资料来源：作者根据相关资料整理。

注：[①] 信息应是全程可视信息，效果包括信息代替库存、信息指导生产定制化等。

二、战略内核：关键控制点的四重战略聚焦

秉持互联网思维，依据互联网经济下产业演化的四大关键控制点，根据现代服务产业体系的新内涵，特提出驱动现代服务业升级的四大战略内核。具体内容如下。

（一）线上介质升级的技术提升战略

线上介质是服务业在虚拟空间上的展现载体，是用户可以直观接触和感受到的可视化媒介。线上介质的展示水平、表现能力、便捷化程度等都是影响互联网经济中服务业发展的重要内容。因此，必

须把以介质升级为目标的技术开发作为基础战略来抓。从用户角度来看,提高网络带宽以增加网速、加大物理空间上 Wi-Fi 的覆盖范围、降低流量消费的资费标准等,应当作为当前技术开发的目标重点。We Are Social 公司发布的一份囊括全球互联网、移动互联网、社交媒体和电子商务统计数据的报告显示,在网速方面韩国荣登平均网速榜首,韩国国民普遍可以享受平均网速超过 25 Mbps 的上网快感,大大超过其他国家和地区。中国香港、日本、新加坡和美国紧随其后。中国大陆的平均网速只有 3.8 Mbps,低于全球平均网速 4.5 Mbps,位于榜单中下游。中期来看,要加强健康技术、新能源技术、新材料技术等与互联网的结合,促进物联网支撑下的工业互联网化。从长远看,应着力加强神经感官技术、视觉成像技术、远程传感控制技术在互联网经济的应用开发。这些技术依托于新材料,可以让用户在线上感受到与线下同样甚至更为新奇的服务体验,客观上决定着未来互联网经济的发展方向,真正实现国民经济的个性化、智能化和数字化的发展目标。比如,当互联网与传感技术和视觉成像技术结合之后,室内的新材料墙壁就成为隐藏的显示屏,人们可以通过键盘随时随地进行空间切换,彻底打破工作和休闲的界限。毫无疑问,上述关键技术的开发不可能一蹴而就,根本上还是需要依靠国家的大力投入。事实上,美国曾经的互联网大鳄马斯洛成功进入国家创新体系的案例证明,只要国家能够容忍失败并在战略上进行聚焦,只要敢于对具有创新精神的企业家给予支持,现有的中国互联网大鳄们就有可能在这一领域获得成功。

(二)块状服务内容提升的选择权战略

正如前文所剖析的那样,平台是块状服务包的载体,核心是用户选择权价值的改善。对政府而言,既不能把互联网经济平台建设视为纯粹的市场竞争产物,也不能横加干预以至弱化平台的吸引力。以滴滴打车为例,一些地方政府出于保护出租车、垄断租金的目的,甚至不惜明令禁止它。这种做法以剥夺消费者选择权为代价,是不利于创新的,更会抑制块状服务规模的提升。因此,对政府而言,重要的是要在战略导向上承认凡是有利于选择权价值提高的创新不应强制干预,但在准入门槛和行业管理上要及时跟进。由于创新是一种从无到有的新生事物,不确定性和潜在风险也会相伴而生。因此,保持谨慎的态度是必要的,这就决定了适宜于采用负面清单的方式进行管理。在国家对一些关键行业和重要领域进行严格限制之外,未涉及的内容只要能够得到用户的认可和青睐,可以完全由企业自行选择。与此同时,功能类似的平台越多,消费者的选择权价值也会越高,而外资平台多会在与内资平台保持相同条件下因其技术或服务的信赖得到国内用户的认可。因此,政府要促进平台之间的竞争,打破任何以具有控制消费者为目的的经济行为。这中间要格外注意外资平台与内资平台的关系,要在战略上把内资平台做大做强作为重点,甚至可以给予一定的政策激励。

(三) 产业架构创新的基础保障战略

制订基础保障战略是为了确立互联网经济的权威性和公正性,核心目标是净化互联网经济营商环境。为此,要加快现代服务业的基础架构创新,培育并提高仲裁、搜索、诚信三个基础服务点的公信力和权威性,构筑起"互联网+"行动计划的过滤屏障。

关于仲裁服务,笔者认为仲裁是接受线上用户申诉的主体,是威慑互联网不诚信的关键力量。重点要聚焦三个问题[①]:"如何更高效、低成本地解决区域跨度广且数量浩瀚的互联网聚焦争议?如何进一步明确、规范虚拟交易中电子证据的搜集与认定?如何应对日新月异且专业化程度越来越高的新争议?"对此,战略执行上要加快两个方面的推进,一是从顶层设计角度加速推动和整合仲裁机构的

---

① 仇飞:"互联网+仲裁"大有可为,《法治周末》2015年10月08日。

线上化,因为互联网仲裁并非单靠某个仲裁机构就可以运行得好,必须依靠来自中央层面的系统设计并整合各方力量,包括仲裁机构与企业之间实现网络对接,也包括跨区域的仲裁机构之间实现网络对接,等等。二是修订和完善仲裁法,重点是统一互联网仲裁程序规则,统一规范互联网争议法律适用原则等。

关于搜索服务,笔者认为搜索便利化是互联网经济得以大规模发展的关键,也是导致互联网经济可能扭曲的诱发原因。近来百度危机所引发的人们对互联网搜索的不信任,表面上看是企业危机,如果不予重视和规范,不排除演化成为互联网经济危机。因此,要把规范和完善搜索引擎或平台作为为重要战略点来抓。这包括三个方面的内容:一是设立国家级互联网信息搜索监控中心,对存在违规、违法问题进行抽查监督,包括知识产权、欺诈、垄断排他等。二是限制搜索企业涉足敏感型行业的搜索排名或榜单设计,如军工企业、医疗卫生、义务教育、商品药品等。三是确立搜索引擎企业的行业标准和资费标准,限制滥用屏蔽权创租和寻租行为,以及对追求商业利益并实质达成垄断的搜索企业进行管制或者业务拆分。四是责令搜索平台企业必须发布显著的商业类(明确标注广告提示或付费金额)和公益类搜索名录区隔标识。

关于诚信服务,笔者认为离开诚信,互联网经济没有前途。这是一个共识问题,但仅靠认识达不到诚信的结果。实践中,诚信的建立是通过政策、教育、法律、制度等一系列事项逐步培育出来的,对此我们表示认可。但从短期来看,需要加强诚信服务业的发展,并作为国家净网计划的一项长期战略来抓。这里所说的诚信服务业是依托于互联网经济的诚信数据采集、分析、判断、制裁的经济活动集合,是独立于法律维护和仲裁服务之外的、具有自治和内律效果的半产业化活动。核心内容有三:一是以互联网用户实名制为基础,建立个体化诚信档案工程。该项工程应由国家机构定向委托有信誉的企业分类开展。二是要求从高院至地方法院会同金融业协会等建立"老赖"

曝光网站,并委托相关企业建立"老赖"指数的行业和地域舆情监测网络平台。三是建立用户信誉与享受服务的关系,即凡是诚信有问题的用户,按照不诚信级别先削减其商业服务范围,程度严重者限制其公共服务的规模。由于诚信服务涉及的人数众多,因此,政府可以采取招标形式推动各类平台参与此项战略执行,参与的平台需首先获得资质认可,并无条件接受不定期检查监督。

(四) 互联网经济标准再造的大数据控制战略

构建领先的互联网经济市场规则标准体系,加速推动以交互信息为内容的大数据控制体系,是保证互联网经济现代服务业占据高端支配地位的基本手段。因此,必须在国家层面确立互联网标准再造的大数据控制战略。这里撇开大数据信息安全和个人隐私保护的内容不谈,仅就互联网服务体系来说,要加强三个方面的战略储备。一是立足三大数据库建立国家级的数据银行。三大数据库分别是:依托于国家机构的战略数据库、依托于平台的行业数据库和依托于企业的个人数据库。这里重点解释国家数据库的内容。比如,国家要推动供给侧改革,在具体执行时,有关部门需要依托行业数据库和个人数据库的交互信息进行分析判断。由此形成的体现供给侧改革执行效果和矛盾问题的信息就是国家数据库的特有内容。显然,三大数据库之间应当具有交叉联系,理应实现信息的共享功能。在这样的情况下,需要建立国家级的数据银行,各类用户可把自己的数据库存入数据银行并作为部分使用其他数据库的条件。二是建立线上线下一体化的、统一的物资间通信标准。实践中,所有手机终端可以有一个通信标准,所有PC机可以统一联网,但线下的机器、设备、机床的通信标准却很不一致,也就无法有效联网。为此,如果要真正做到线下线上一体化发展,甚至在车间层面上也把所有数据采集起来去自动化管理,就需要一个国家的强制标准。三是加快互联网经济标准的国际化。受限于缺乏技术与市场规则标准,互联网经济难以做强。为此,一方面政府应当强力介入标准谈判,利用自身是全球最大的市场优势地位推行中国规则和标准;另一方面,要求互联网经济活动中,涉及的操作规则和标准的文件必须使用中英文双语书写规范。

附：关于规范我国互联网经济发展的六条建议

在互联网经济思维的导引下，与新业态、新模式相伴生的电商、微商拔地而起，一派欣欣向荣景象。2014年，中国互联网经济占GDP比重超过美国，达到7%。但要注意，互联网经济迅猛发展的背后，并非都是合规和利好的创新之举，诸如类传销、偷漏税、欺诈、经济安全等问题正日益显现，并通过互联网通路迅速扩散。因此，面对这些新苗头、新矛盾、新风险，有关部门需要高度重视并及早应对，以促使中国互联网经济生态圈的健康发展。为此，笔者在会议讨论、电话采访、定点访谈的基础上，提出规范我国互联网经济发展的六点建议，以供相关部门决策参考。

一、亟待解决的六个问题

在由习近平同志主持召开的网络安全和信息化工作座谈会上，依法加强网络空间治理和网络安全管理已经形成共识。但在经济发展和商业模式领域中，依然存在着"无序无度"的困境。这种无序无度现象归纳有六：

1. 新模式一定合法吗？创新是互联网经济的天然特性，但不是所有的商业模式都是创新。例如，妃莉娅、泉立方、奥汀羽等所谓的新模式，产品成本极其低廉，微商收入与层级代理大小有关，这与传销具有极大相似性。

2. 诚信可以产业化吗？诚信是互联网经济发展的动力源，消费者大多是依据历史点评进行商品选择。但诸如友情点赞、返现点赞、产业化投票等现象充斥网络空间，目前尚无应对之策。

3. 如何投诉与维权？互联网空间是同质空间，没有行政区划和界限,如遭遇权益损害,消费者只能向平台商投诉和维权。但平台商仅有经济管理权限却无强制调查和法治权威,这关系到互联网经济营商环境的法治管理问题。

4. 外资可以无条件准入吗?大数据对国家征信、金融稳定、消费交易、政务公开等都具有重要意义。目前,我国尚无数据运营商的外资准入标准,在国家利益至上的条件下,外资数据运营商的大规模进入,后果堪忧。

5. 虚假宣传要不要问责?互联网经济具有粉丝经济性质,决不可放任虚假宣传问题。例如,"中晋金鹿财行"的在线理财产品曾出现大量虚假宣传报道,事后产生的矛盾给政府工作的推进和社会维稳带来难度,但涉事网站、媒体和个人却鲜有被问责。

6. 免税扶持等于无需发票吗?在当前互联网交易中,电商不提供发票已经成为一个公开秘密。如果强行索要发票,则需补交税点。调查显示,网络购物70%未缴纳任何税费。全国平台型电商一年漏税达数千亿元。特别是大众创业的宣传下,免税扶持与无需发票被画上等号。这不仅有损国家利益,而且不利于互联网经济健康发展。

二、关于操作的六条建议

针对上述问题,本人认为,保障我国互联网经济的健康发展,已经不再是一个理念问题,而是如何实施和如何执行的操作性问题。对此,提出6条建议:

1. 加快互联网经济的监管立法,全面贯彻顶层设计理念。要在中央层面尽快研究出台互联网经济监管立法条例。重点是解决执行主体缺失的问题。为此,要根据互联网经济具有的跨地域行政边界、跨产业业态边界、跨部门管理边界的实际特点,改变地方政府和职能部门的单一主体的执法方式,明确以中央有关部门为总牵头人,以地方政府和职能部门为联合单位的多主体执法方式。与此同时,尽快推动执法平台网络建设,实现多主体联网对接,并在法律层面上明确各方责任和权利,防止推诿和扯皮。

2. **细化并组织研究多部门联网共治及问责条例。**建议设立一个覆盖全国范围的多部门"内网"共享通道,加速各相关管理部门的数据共享,对消费者投诉和电商政策涉及地区的部门,可根据销售链推动联网共治,从根本上解决互联网产业链的监管问题。与此同时,有关部门需要细化问责条例,对纳入联网共治的单位实行单个部门问责制,部门不作为或作为不到位将采取严厉问责,避免出现三不管现象。

3. **加快互联网经济负面清单和连带责任管理。**补充和完善"法无禁止即可为"的操作内涵。笔者建议:一方面对现有从事互联网经营的商家推行备案注册制,明确其经营业务和商业模式;另一方面采用负面清单管理方式,禁止涉足经营的内容和类型。特别是对涉嫌敏感商品(如医药卫生等)和"伪创新模式"(如类传销)等灰色地带的网上经营,既要明确电商应承担的法律责任,也要清晰界定平台商需担负的商业义务。一旦发现违规甚至违法问题,电商和平台商要同时给予问责惩罚。此外,有关部门要下文严格互联网新模式的宣传报道制度,宣传撰文应采用实名制。无论是软文、图片或是文字宣传都要求作者实名,平台、网站或媒体应参与自查,并负连带责任。一旦发现宣传报道存在重大不实或者故意歪曲,要追求实名报道人的民事经济责任,无实名则追求平台民事经济责任。

4. **完善和健全以有利于互联网经济发展的分类征税方案。**与想像的不同,许多电商都面临着巨大成本压力。各种成本综合在内,电商产品价格至少要高于成本价格1倍以上才有微利。因此,不开发票或逃税成为节约成本的重要方式。为此,建议国家细化征税方案,可以首先对运用互联网支付工具的电商和微商试行。一是要求商家必须进行税务登记和注册,不得以任何借口避开发票;二是按照商家累积经营额度给予税收减免,如累积销售额在50万元以内免征各类税收,50万—100万元需要缴纳营业税,超过100万元需同时缴纳个人所得税。具体税率可以根据实际情况给予不同优惠。

5. 在全国层面开展"诚信净网"行动,建立国标诚信体系。针对长期被诟病的刷单、删评价、虚假评论等问题,应尽快开展全国范围内的"诚信净网"行动。笔者建议:一是以大型平台商为推动主体,积极开展内部自查,对于"诚信造假"商家进行记录和惩治;重点是实时对平台中涉及点赞的商家予以警告,并对实施组织点赞商家追究责任。二是委托政府有关部门为责任主体,开展多部门多地区联动督查,对于刷单产业链和自营商家假冒造假等行为进行严厉打击。与此同时,加快对传统征信体系的改善,协同大平台商和数据运营商建立个人诚信记录的国家标准和使用体系。

6. 严格数据运营商的外资准入标准,建立"红黄蓝"预警体系。建议国家发改委根据国家长期产业发展需要和阶段经济发展特殊性,适时制定和修改《外商投资产业指导目录》。重点有二:一是确立数据运营商的外资准入标准。凡是涉及国家经济安全的数据,一律禁止国外运营商进入;凡是涉及国际贸易或国际竞争的数据,国外运营商有条件进入。二是外资数据运营商的"红、黄、蓝"预警机制,并根据数据的影响范围和安全级别建立"红、黄、蓝"标准。其中用"蓝色预警"代表一般风险,"黄色预警"代表中级风险,"红色预警"代表高风险。

第九章

互联网经济与经济伦理新秩序

当人类寄希望于技术创新实现自我劳动解放时,人类生活最终为技术所俘虏;当人类试图在虚拟世界中重构经济伦理新秩序时,现实世界的不平等依然会改变这种秩序建构的公平初衷;当人们尝试以各种美好语言描述新生的互联网经济时,理论遭遇实践的窘境还是无法避免。我们相信互联网经济在财富意义上的创造力量,也不否认它正在积极改变着人类的生产和生活,因为高效、优质、快速是其固有的天然属性。但我们依然要记起,当理论遭遇现实之后,理论最终会屈从于现实,这种屈从对"人"而言是好还是坏、是喜还是忧……却要细细探究。由此而言,赞歌不是唱出来的,美好更不是说出来的,理论世界的互联网经济虽然犹如一枝美丽的玫瑰花,但在现实世界里,如何拔出花茎上固有的利刺,恐怕是我们不能回避的重大问题。

第一节 背景导入:互联网经济乱象

互联网经济带来了经济效率和消费者福利的改善,但也在事实上放大了人性的贪婪。因此,探究互联网经济背后的经济伦理内涵,就显得非常重要。在笔者看来,没有道德自律和缺失法制他律的互联网经济,能在多大程度上实现人类的梦想,也就能在多大程度上摧毁人类的梦想。

一、乱象丛生:互联网经济扭曲现象观察

大凡依托互联网的经济行为,都似乎被套上创新的标签,有的甚至被叫作新业态、新模式。更为有趣的是,当整个实体经济和制造业从业者还没有摆脱全球经济危机影响的时候,互联网创业者的热情异常高涨,好像互联网是启动经济增长、再现经济辉煌的法宝利器。这虽然有来自政府助推支持的原因,但也与经济活动主体的盲目狂热的心态有关。后者如果不给予重视并加以整治,势必扼杀互联网经济健康发展的基因。纵观我国现实,乱象归纳如下。

(一)交易数据造假凸显互联网经济浮夸风

在互联网经济神话的众多报道中,巨额交易量数据似乎成为互联网经济膨胀发展的重要依据。尽管这背后有太多的创业焦虑心态可以包容,但神话终究是神话。一旦神话拆穿,造假的成本又究竟该由谁来承担呢?根据公开报道,滴滴打车曾在2014年2月7日和2月9日分别公布了两个难以置信的微信支付订单总量,前者是500万单,后者则跃升到2 100万单。无独有偶,2015年猫眼发布的一份数据显示:2015年7月其电影单月交易额高达22亿元。但官方(国家电影资金办)数据却显示,该月中国电影票房为54.9亿元,其中46%来自电商票务,约为25.3亿元。这说明猫眼电影几乎独占全部电商票务的九成,其他诸如百度糯米、淘宝、格瓦拉、微信、大众点评等的贡献微乎其微。更有甚者,如"一亩田交易数据疑造假事件"中,竟然爆出单笔107万吨的洋葱采购量(超过了洋葱盛产地区西昌每年30万吨的产量)的"神话"。凡此种种不胜枚举,不断试探着人们的经验判断和认知极限。面对这些神奇的数字,每一家电商都很"理

直气壮"且"无所顾忌"。因为只有"理直气壮"才能够把谎话变成"真实",才能够吸引到不明就里的用户,也才能够获得更高的价值评估,进而才能够得到更多的风险投资。之所以无所顾忌,乃是因为这种造假似乎无伤大雅,充其量只是宣传过分,更为重要的是真假似乎还难以核对。但从长远来讲,这种"神话"会不断制造出新的"神话"——永远是漂浮在天上的"神话",我们姑且称之为互联网经济浮夸风。特别值得注意的是,当这些电商在"浮夸"中获得实实在在利益的时候,当它们并没有因为浮夸而遭到制裁的时候,互联网经济最终不再是创新的发动机,而是谎言的集聚地,是赤裸裸地以非诚信掠夺财富的工具。这违背了发展互联网经济的初衷,更会最终瓦解互联网经济赖以生存发展的根本——诚信。

(二)幻化的梦想在互联网经济中不断发酵

在今天这个虚拟与现实交错的时代里,许多人都乐于探究依托互联网的成功者赚取财富之谜,最终拜倒在"互联网+"的神奇魅力之下,似乎脱离了互联网,财富累积将遥遥无期。在这种心态驱使下,我们普遍看到的是,互联网从业者的信心远远高涨过实体经济从业者,互联网创业正面报道的案例远远多于实体经济成功的案例。这种超乎寻常的互联网经济热并非是好事,它不仅在一定程度上抹杀了人们的风险规避意识,而且滋生了一些人对待互联网经济的"拿来主义"和"泛化主义"观念。正如有文章指出的那样,"在目前的互联网时代,既有许多打工仔从不到两千元人民币的月薪中拿出几百元在虚拟的游戏世界里消费,也有许多的商业精英,舍得花钱买最贵的手机,用最新款的笔记本电脑,经常出入高级酒店,却在互联网事业上总希望能坐享其成、一本万利。"[1]进一步延伸,当这些人涉足互联网经济发现与最初的想像完全不一致时,简单拷贝他人商业模式、

---

[1] 张礼立:"百度携程接连作恶 中国互联网企业应放眼全球",和讯网 2016 年 1 月 20 日。

贩卖假冒伪劣商品、肆意刷单抢单,甚至铤而走险以身试法也就屡见不鲜。根据互联网应急中心运营部的分析,近年来移动互联网恶意程序呈现爆发增长趋势。数据显示,按恶意行为分类,排名前三位的恶意行为分别是恶意扣费类、流氓行为类和远程控制类,占比分别为23.6%、22.2%和15.1%。其中,2015年,互联网应急中心发现移动互联网恶意程序下载链接30万余条,同比增长7.2%,涉及的传播源域名4万余个、IP地址近2万个,恶意程序传播次数达8 384万余次,较2014年增长了9.8%。由此可见,互联网经济的确可以创造出巨大的财富,但由财富联想幻化出来的互联网之梦,却难以摆脱人之趋利的本性。在财富面前,假丑恶变得不那么重要,甚至幻化成为真善美。如果与互联网经济增长相伴而生的是不劳而获、利益蚕食、价值观扭曲,那么,互联网经济中涌现的英雄传说又能在多大程度上激励人们的斗志和奋进呢?

(三) 脱离实体经济发展的互联网创新仅仅是商业之道

互联网经济的生命力是创新,但创新的本质不是形式变样,更不是宣传噱头。那种以商业技巧萌生的互联网思维,无论被套上多么华美的形容词汇,都只是个人敛财之道。脱离实体经济的互联网创新,是时候要进行彻底的反思。在本书第一章马云成功的7个条件中,我们不难看到,中国的互联网经济之所以能够成功,除了用户基数规模庞大等条件外,实体经济的体制束缚客观上为其发展提供了租金外溢的渠道。这就不难解释,滴滴打车为什么不能在德国大放异彩,余额宝为什么不被国外热捧……理由就是,相对于中国,许多发达国家的出租车公司都有自己的App和预订电话,所有的银行早有网络营销和App移动产品。也正是因此,当中国互联网经济精英率先解决这一问题之后,线下的中国经营者自然会败下阵来。从这个意义上说,是体制束缚压制了线下经营者的发展,互联网经济只是助推了发展进程。但我们需要看到的是,互联网经济精英的种种努力虽然推动了体制优化和变革,但这绝对不是互联网经济创新精神的终极含义。时至今日,我们看到的景象是,一大批互联网经济的创新者无暇于努力做得更好、服务更好的长期愿景,而是竞相模仿去寻求获得巨大的体制租金;他们无心于带动实体经济共同发展的创新设计,而是醉心于入口、转化率和流量导入;他们无感于资本绑架互联网经济的客观事实,而是一味标榜自己的无私与伟大;他们无视于互联网经济的创新对实体经济的改善,而是奋斗在产业金融化的"第一线"。凡此种种,均已表露出中国互联网经济发展的未来困境——极度缺乏对工业和社会进行数字改造的诚意和能力。基于此,互联网经济的短期繁荣并不代表它可以一直繁荣下去。至少对中国而言,资源紧张和生活习惯扭曲、大环境的乏善可陈、巨大的市场规模效应、吃喝拉撒的刚性需求,造就了中国互联网经济的畸形繁荣,开启了唯商业第一的互联网经济虚假创新的浪潮。

(四) 狂热追捧不断吹大了互联网经济的泡沫

互联网经济让人们的交易变得更加快捷,个性的需求也被更好地满足,但要注意的是,人们并没有从互联网经济发展中得到更多的自由,焦虑、淡漠、投机等多种负面能量却被不断地释放出来。以P2P平台为例[1],近两年来问题平台不断增加,集中表现在频频发生的借款逾期、提现困难及老板跑路等状况。据网贷之家统计,2015年问题平台达896家,是2014年的3.26倍,以6月、7月、12月出现问题平台数量最多,三个月的问题平台总数超过2014年全年问题平台数量。正是因此,笔者认为,互联网经济是通过终端界面实现了人与人之间的"背对背"交易,不见其面不闻其声甚至不见其(实)物就可以达成交易,这在本质上应当看作是依托于线上诚信产生的价值创造力。但对于一个把商业技巧、模式创新视为第一位的社会中,又有

---

[1] 王倩:《互联网金融发展中伦理道德失范及原因分析》,《对外经贸实务》2016年第4期。

谁能够容忍即使赔钱还要把诚信坚持到底？在这样的氛围中，我们如何避免"店大欺客"，如何规避假冒伪劣，如何防止侵犯产权，如何打破按花钱多少排名次的规则，又如何消灭唯利是图的发展趋势？这些问题是互联网经济重构伦理时必须考虑的，简单粗暴地定规立威固然可以起到一定作用，但没有发自内心的商业自律和以人为本的商业原则，重构又从何谈起？实际上，线上和线下的经济运行只是依托界面的差异。线下的不诚信可以为线上带来商机；同样的，线上的不诚信也可以成为线下发展的条件。因此，只有充分认识到这种相互依托的线上线下经济关系，才能让人们从互联网经济的热潮中冷静下来，还互联网经济一个可预期的发展前景。

表9-1 2013年以来的问题平台数据统计

时间	问题平台数	涉及投资人数（万人）	占总投资人数比（%）	涉及贷款余额（亿元）	占总贷款余额比例（%）
2013年前	92	0.9	3.7	14.7	5.5
2014	275	5.5	4.7	50.5	4.9
2015	896	17.8	3.1	87.6	2.0

资料来源：王倩："互联网金融发展中伦理道德失范及原因分析"，《对外经贸实务》2016年第4期。

二、根源探究：互联网经济乱象的诱因

鉴于互联网经济发展中存在的种种扭曲现象，尝试探究其成因是有必要的。放置在中国现实国情的背景中，笔者将从器物、制度和文化三个方面进行思考。

（一）过于迷恋交易增长的奇迹，在胜者为王的焦虑心态中，"互联网+浮躁功利"过早到来

在过去的30年里，中国经济大多数时间都处于数量增长的阶

段,赶超是那个时代所应该关心的首要问题。为了实现国家赶超目标,全社会必须强调集中动员,必须放弃个人得失。但在经年累月的增长中,共享增长的结果却没有实现,担心个人得失的焦虑心态不断蔓延。与此同时,互联网经济的到来加重了人们的焦虑心态。其中的机理有二:一是互联网经济崇尚"赢者通吃"法则,谁能快速博取眼球、抢到订单,谁就可能脱颖而出。为此,各种"灵活创新"的小聪明不断出现,甚至不惜违法。二是中国拥有庞大的互联网用户基数,在许多人眼里互联网空间是公共空间,"不用白不用"和"先用好于后用"的抢夺公共资源的意识非常明确,客观上带动了互联网经济的膨胀。但对于如何维护和优化公共空间,似乎和自己没有关系。于是,就出现了一个矛盾的景象,即人们一边用互联网交互信息指导自己的交易,另一边却参与夸大甚至伪造信息赚钱来误导他人交易。这种现象表明,如果互联网加的是特定产业,它可以改造产业的业态和发展效率,但如果互联网加的是浮躁功利,它也同样可以扭曲经济发展的质量,甚至对国民经济产生重创。说到底,互联网经济发展质量如何,依靠的不仅仅是流量、交易额和点击率,更大程度上取决于人们在互联网面前是否去除了过于崇拜物质财富的观念,真正地以一颗平常心态对待互联网经济引致的创新。

(二)由于既得利益集团的反对和压制,在修修补补的改革中,"互联网+制度缺失"渐成瓶颈

弥补制度缺陷,获得体制租金,是截至目前中国互联网经济创新的主要内涵。也就是说,在实证意义上,实体经济的体制压迫成为互联网经济蓬勃发展的第一推动力。实践中,体制租金的外溢将对既有体制的既得利益者形成两难问题。一种情况是按照互联网经济发展的要求改革既有体制,需要既得利益者自我推行改革,破除部门和集团的利益藩篱;第二种情况是继续维持现有体制,结果只能是大量的既得利益被具有草根性质的互联网经济所"掠夺"。还要看到的是，在坚持改革的第一种情况下，互联网经济的体制租金势必减少，其短期的吸引力会降低，最终能否胜出，关键要看这些互联网创业者是否敢于开展真创新，是否容忍创新失败。反之，如果出现拒绝改革的第二种情况，归途只能是既得利益者推行市场圈定或者线上创租的方式，把线下的既得利益转到线上去。正如前面谈到的滴滴打车现象那样，直到目前我们在法理上仍然没有给予"滴滴"以正式合法身份。一个主要的原因是，滴滴打车的兴起很可能会导致具有垄断性质的出租车行业利润降低，这对于既得利益者而言，是无法容忍的。因此，"互联网＋制度缺失"是我国互联网经济发展到目前一个重要的成功因素，但也可能是未来走向衰落的一个重要诱因。正所谓，"成也萧何，败也萧何"，如何面对制度缺失，究竟是沉醉于短期红火，还是希望长期辉煌，恐怕是中国互联网经济规制者和创业者必须做出选择的关键问题。

（三）把互联网经济狭隘地视为技术推动发展，漠视互联网经济发展的"人人为我，我为人人"人文精神，促使"互联网＋文化失信"愈演愈烈

推动互联网经济发展的是人，互联网经济发展也终将惠及人。但这种良性逻辑的形成却需要一种"人人为我、我为人人"的人文精神为基本前提。在当前的现实环境中，多数互联网创业者只是把互联网作为一种技术手段、一种赚钱手段，虽然不少人也在思考互联网是如何异化了人与人之间的关系，却对互联网经济所必要的文化内核及其人文精神思索不够。对中国而言，以经济增长速度和财富扩张能力为衡量标准的思想根植人心，出现了按照经济力量强弱划分的强势文化和弱势文化之别，导致自我感缺失和文化不自信，这种精神意态同样蔓延到了互联网，产生了"无论人人是否为我，我一定要为我"的不良精神气质。这时，在互联网经济的起始点上，极度自私取代了自利人的观念，而在互联网经济的归结点上，又不能催生出有效共享模式让人获得解放和自由,这些都在一定程度上给中国互联网经济发展蒙上了一层阴郁的面纱。由此,重构互联网经济伦理规范,核心在于重建互联网经济文化以达到自信之目的,培育有利于互联网经济持久发展的人文精神气质。

第二节 正本清源:互联网经济伦理建构

互联网经济的发展犹如人之肌体一般,好的细胞和坏的细胞是一对对立物,但两者却共存于体内。只有当坏的细胞超过一定规模甚至吞噬好的细胞时,肌体才会衰变直至消解。因此,对待互联网经济发展中种种乱象,我们既不能听之任之,也不能一刀切断。这种情况下,树立正确的互联网经济文化价值观,构造互联网经济伦理规范,就显得极有必要。由此,我们得到了本书的第八个命题。

命题八(互联网经济伦理设想与实践的冲突命题): 在互联网经济中,设想的经济伦理秩序遭遇现实无情的打击,甚至破坏有被实践放大的可能。一方面,通过公平公正的网络协议和有效的网络监管,责任与利益(平台维护与利润动机)、分散与集中(网民分散与信息决策集中)、经济自由与道德限制、竞争与合作、个体与群体(打破囚徒困境)、大企业与小企业(不再是主导关系而是平等关系)、短期与长期、一次博弈与多次博弈,以及企业、社会、环境、客户和员工的关系等[1]诸多矛盾有望被解决,经济伦理完成了理论层面的基本统一;另一方面,基于利益纽带和集体自律的要求,在浮躁功利、制度缺失、文化失信的驱动下,在

---

[1] 马云说,我们是所有企业的平台,让所有的小企业可以通过技术、通过互联网、通过电子商务,跟任何大型企业进行竞争。我们希望我们的消费者,能够享受真正物美价廉的产品。

实践中留下了诸多困局。互联网经济既可以让现实变得更加美好，也会带来更为颠覆的创伤与破坏。

一、重点聚焦：互联网经济伦理三个关键问题

互联网经济的理论本质是开放经济、对等经济与共享经济。在这里，基于大数据和云计算的技术手段让交互信息的充分获取成为了可能，充分的交互信息加速优化了人们的选择；几近无边界的网络空间，进入与退出的壁垒极低，客观上弱化了垄断者和发达国家主导的贸易规则；共享的本质则在实践中构造出扁平化并联的经济联系，并以此弱化了链条式串联的等级关系。以此来看，这符合马云所推崇新商业文明的基础内涵，也道出了探究互联网经济伦理的关键词，即公平、开放、自由、透明、分享、责任。这里必须要重视三个问题。

（一）弱化资本力量，修正权利和义务对等关系，彻底消除"非诚信驱逐诚信"的商业怪圈

非排他性和非竞争性是公共品的两个基本特征，这两个特征在互联网经济中都有所修改。一方面，互联网经济的非排他性是通过非竞价原则体现出来的，即每一个用户只要支付了同等的初始流量服务费，都能够拥有使用互联网的权利。另一方面，随着用户的增加，互联网服务商的边际成本递增远远小于边际收益的递增速度。因此，互联网服务商在发展初期非常乐意用户免费推广互联网平台。从这个意义上说，互联网经济空间具有公共品特性。但要注意的是，这种公共性不等于也无法保证互联网经济的公平性，以此来看，重点是打破两个症结。

一是打破互联网经济中权利和义务的不对等性质。通常来说，经济学意义上的契约关系一旦发生，就内在地规定了当事几方的权

利义务关系。任何一方在拥有并行使权利时,也同时需要担当对应的义务。在互联网经济中,契约关系以网络为载体,合同大多表现为电子化、条款格式化、内容简单化、主体模糊化等特征。在缔结合同之前,历史的交互信息要么没有累积到一定数量,要么有被信息拥有者选择性屏蔽的现象,此时,交易中总会有一方处在信息劣势地位。特别是当平台服务商在格式合同中刻意规避应当承担的信息披露、监督监控、服务执行等义务时,不仅交易者的权益无法保障,甚至其应当享有的知情权、隐私权等权利也会遭受损害。因此,由电子契约带来的权利和义务的不对等性质,产生了互联网经济的不公平问题。

二是打破资本在互联网经济运行的主导地位。早在百度危机爆发的数年前,诸多案例均已表明了人们对以资本多寡开展竞价排名的指责和争议。互联网服务商对发布内容的不审核、不监督,甚至故意纵容的行为,违背了互联网经济追求公平的基本理念。这里所谓的公平,核心思想是消除实体经济中资本雇佣劳动、资本压制竞争的事实做法,形成诚信创造财富的逻辑。说到底,就是消除互联网经济的"烧钱—赚钱—再烧钱—再赚钱"的循环模式。进一步说,如果这种循环模式没有被彻底根除,那么,随着互联网经济空间公共边界的扩张,互联网经济交易的扭曲程度和非公平性程度就会越来越大。那些认真努力做产品却没有富余资本的诚信商人,很难有出头机会。互联网经济非诚信驱逐诚信的怪圈就会愈演愈烈。

基于此,以上两个症结将是推进互联网经济伦理建设时需要解决的关键问题。

(二)划分公私责权边界,消除"国家安全(利益)私人控制(赚取)"的风险

互联网经济是一个相对于实体经济具有相对独立性质的经济空间,开放、自由是互联网经济的内在属性,但这并不表示互联网是纯粹的私人经济空间。本质上说,个人拥有是否参与互联网经济的权利,但这种自由权利却会因为自己的选择参与或者他人的参与示范出现异化。一方面,用户对特定交易平台一旦形成习惯依赖,由资产专用性带来的不平等关系就出现了固化;另一方面,固化的习惯在网络效应的推动下,进一步诱导未来参与者,不平等的关系会被进一步强化。因此,要想消弭这种不平等问题,纯粹依靠私人觉悟是无法实现的。在实践中,人们通常标榜基于互联网平台、数据的共享,并认为这些是互联网共享精神的重要体现。但要注意到,当平台和数据被以效率更高的盈利为目的来使用时,互联网的开放与共享就变成了封闭和垄断。通俗地讲,前面的免费大餐只是诱饵,后面的赚钱才是真正目的。

更为重要的是,交互信息是个人交易活动生产出来的,但最终为服务商所拥有,反过来又成为支配个人交易的关键要素。在这一过程中,如果没有公共机构的介入和法制的监督,互联网经济难免陷入短期利益纷争。在国外,政府和相关机构在数据技术开发上一直奉行"挖掘越多,保护越多"的基本原则,但我国大数据运用则缺乏有效的法律法规监管。现在的难题是,在维护交互信息的问题上,如何做到不妨碍企业的正常经营,又能很好地保护私人隐私,同时还可以防止私人过度操控交互信息影响国家经济安全、政策制定与执行,即是说在互联网经济运行中,如何保证个人、企业和国家的利益一致,将是互联网经济伦理建设时的一个重大问题。

(三) 明晰人类智慧与大数据应用的关系,戳穿"人类依赖机器更加聪明"的荒诞逻辑

只要有 Wi-Fi,人们就可以轻松地进入互联网世界,并从中攫取所需要的信息,人们的选择判断和经济决策似乎比以前变得更加容易。当人们自认为受益于这种奇妙作用且达成共识以后,他就会信心满满地更加依赖互联网,甚至陷入网中无法自拔。正如我们今天看到的一样,离开了互联网,人们就会感觉中断了一切信息来源和外

界联络,生活变得枯燥乏味,自信心和判断力锐减。对此,我们不禁要问,互联网真的是人类智慧源泉吗？对此,耶鲁大学 Matthew Fisher 在一项研究中发现："在互联网上,指尖一点就能获得全世界的知识。这很容易就会令你将外部信息源当作自己的知识。但实际结果则是,就算上网者拥有如此多的互联网信息,能接触到网络的参与者自信心并不比不能接触到网络的参与者强。"[①]中国百度掌门人李彦宏也说,即使是百度每天几十亿人次的搜索,现在做的事情大多数是宏观的统计型预测,如高速公路上哪里要堵车等。

关注以大数据为表现形式的交互信息,具有"从众心理"的特点,因为每一个个体总希望从别人身上找到自己决策的依据,从而说服自己的内心。这只是选择策略,不是智慧。因为依赖于互联网的用户自认为拥有的交互信息是足够充分、真实可靠的,多一些搜索或者整理,似乎可以更加优化自己的决策。但这种做法的后果是：个体的人将进一步被拖入数据控制和信息诱导的尴尬境地,个体决策的传染性甚至会带来集体决策的失败。虽然有人声称,我们的记忆体将日益外化到互联网,而我们学习知识的时间也可以更多地留给思考和掌握智慧。但实际情况并非如此,因为记忆要转化成为智慧,必须要经过知识这一中间环节,但知识绝不是片段化的、散乱的、未编码的信息。当代最著名的认知心理学家皮亚杰认为,知识是主体与环境或思维与客体相互交换而导致的知觉建构,知识不是客体的副本,也不是由主体决定的先验意识。由此来看,知识就是主体通过与其环境相互作用而获得的可编码信息及其组织。

笔者认为,在记忆发生的过程中,有四类知识相伴而生,它们可以分别表述为人类的本能知识、理性知识、情感知识和灵性知识(见表 9-2)。在这里,对人类物质生活和精神生活而言,理性知识和灵性知识的作用最为重要,但在互联网经济中,通过搜索唤起记忆的过

[①] 具体内容参见 http://www.yangfenzi.com/sousuo/51124.html。

程,只能让本能知识和情感知识占据支配地位,"粉丝经济"就是典型的表现。正是由于理性知识和灵性知识这一中间环节的缺失,互联网大数据的应用并不必然地生成人类智慧。显然,如果坚持认为"人类依赖机器更加聪明"的说法,盲从与迷信很可能成为一股难以阻挡的潮流,将使互联网经济归于迷途。有鉴于此,我们要清醒地看到,那些从互联网经济中走出来的成功"智者",其知识的学习、建构和系统化,必定是来自于线下的学习和经验,这一点恰恰是互联网经济创业者们必须重视的问题,绝不能把大数据应用与人类智慧形成相混淆。

表 9-2　知识的四种分类

知识分类	具体含义	解释
本能知识	人类依靠自身的本能反应,在日积月累的生活经历中储存下来的认知信息	与生俱来的生理反应,属于觉证的范畴
理性知识	人类对本能知识的反思、扩展、归纳、提炼、总结形成的具有规律性的、本质性的认知信息	不同的人对审美具有个性化的认识,包括色调的搭配、图案的勾勒、内涵的表达以及价值观念的表达等
情感知识	人类本能知识与理性知识综合在一起形成的具有个性化的认知信息	如人们产生恶的情感判断,与当下的道德规范有关。这种道德规范来自于后天习得的理性知识教化
灵性知识	超越以上三种知识,是对本能知识的另一种扩展、演绎和归纳,也可以理解为脱离个体本能的觉悟形成的感悟累积	这种知识对人之行为的作用是深刻的,甚至可以让人忘却自我,走向疯狂、迷恋的境地

资料来源:作者根据相关资料整理。

二、理论架构:互联网经济伦理的钻石模型

促使互联网经济回归到理性可持续的发展轨道,需要着力解决

上述三个关键问题,因此在理论上需要把握住建构互联网经济伦理秩序的要素,弄清楚这些要素之间的理论联系。笔者认为,情感、利益、法制、道德是决定互联网经济伦理秩序的四个核心要素,而政府和社群则是影响四个要素的外在要素。从表现形式上看,这六个要素具有双向作用,形成了钻石体系(见图9-1)。

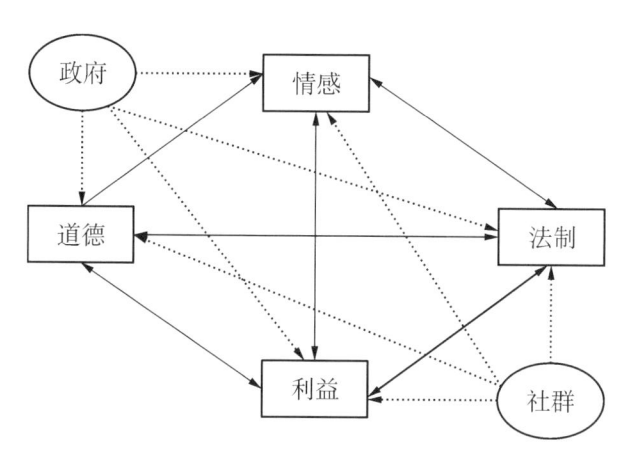

图 9-1 互联网经济伦理架构的钻石模型

(一) 四个核心要素的解释

关于利益与情感的关系,笔者认为,建构在理性主义基础上以货币为媒介的交易方式,都难免陷入冷冰冰的利益纷争,基本谈不到所谓的情感交流。但在互联网经济中,单纯观察用户之间的交易时,虽然多数是一次性的买卖关系,但基于互联网交互信息(评论、感受、打分等)的沉淀却为用户间的信息共享和情感交流提供了可能。从这个意义上,利益和情感的关系需要做出协调,即如何维护并扩大以情感为基础的经济利益,将是避免互联网经济异化的关键。结合前文的讨论,互联网经济发展的情感要素是培育公正、诚信环境的责任意识,是"人人为我,我为人人"的宗旨精神。正如马云接受采访时曾经这样说过:"业绩与价值观对立,这事儿不通……我是公司文化和使命感最后一道关。如果你叫我一声'大哥'我就可以不杀你,那以后,有多少兄弟叫我大哥？我不是大哥。"在他的公开信中，他动情地声称："这个世界不需要再多一家互联网公司，也不需要再多一家会挣钱的公司；这个世界需要的是一家更加开放、更加透明、更加分享、更加责任，也更为全球化的公司；这个世界需要的是一家来自于社会，服务于社会，对未来社会敢于承担责任的公司……"虽然现阶段的事实表明马云的讲话有其理想化的特征，但他却道出了互联网经济绝不能离开情感纽带的事实。因为，没有情感，人们就不受也不愿意被约束，整个经济体系就不会有责任，更不会有诚信。离开了这些健康因子，何来利益，留下的只有你死我活的争夺。

关于道德与法制的关系，笔者认为，在经济伦理规范的设计上，法律和道德是无法逾越的两个环节。前者通过外在惩罚的方式规定着行为的边界，后者则通过公序良俗潜移默化地约束着人们的行为。目前，人们已经意识到完善法制对互联网经济的意义，但对道德建设还没有给予应有的关注。主要原因是缺乏有效开展道德建设的载体和手段，许多时候都归结到无意义的空洞教条。针对这种情况，笔者所倡导的互联网经济道德建设，特指以实名制的技术监督为手段，以网络社群为自治单位的中间组织，设计以道德规范为依据的线上线下利益联系，把个体用户嵌入群体道德规范的情景体系之中，推动互联网经济的有序健康发展。

（二）两个外生变量的解释

互联网经济尽管有发展成为共享经济的可能，但这需要以上四个要素的良性互动。在培育以上四个要素的过程中，政府和社群将被寄予厚望。关于互联网社群问题，正如英国前首相托尼·布莱尔的政策顾问杰夫·摩根在《蝗虫与蜜蜂》一书中提出的"关系资本主义"发展方向的论断那样，这里的关系就是极具社区性质的情感，温暖的眼神可以替代冷冰冰的经济交易。说到底，这也是互联网道德社群化建构的必然趋势。因为，只有建立在社群情感基础上发生的交易,才能真正实现人人"共享"的结果。关于政府的作用问题,这似乎是不再需要证明的问题。因为,政府的公共权威具有推动法治建设的能力,这种自上而下的力量可以破解过度商业化的发展危机,同时能够兼顾各方利益的协调。基于此,笔者有以下推论:

政府与社群的合力推论: 在互联网经济中,无论是共创共赢的经济伦理法则,还是理想化的经济伦理新秩序,都不只是一个人或一个国家的事。但在互联网经济发展的过程中,平台的过度开放(促发了商业投机)、资金流和物流系统的国别割据、大数据的个人信息垄断与滥用、线上创新对线下规则颠覆产生(如VIE、支付宝)的新垄断租金等,都需要通过政府和社群的共同努力加以破解。

第三节 启发与扩展:互联网经济伦理建构的策略

互联网经济不仅是经济的,更是伦理的;它是以人为本的经济,也是公平的经济,更是多赢和共享的经济。在笔者看来,真正的互联网经济,不应该是IT和互联网界人士强加给用户的投机诱饵,而应该是互联网工具化后全民福利的集体改善、交互信息的有效引导以及人类的自由解放。根据前面的构思,特提出以下推动互联网经济伦理秩序建构的具体思路。

一、体制改革:纠正追逐线下租金的扭曲行为

实际上,道德的培育不应排斥利益的追求,反而应当建立在利益

共享的基础之上。从这个意义上说，确保线上线下互补型经济发展关系的建立，既是营造线上线下经济主体利益共赢的前提，也是增强互联网经济创新对国民经济转型作用的基本条件。实践中，中国互联网经济的快速发展根源于实体经济体制压迫下的需求不足，线下租金的线上化是当前互联网经济财富生成的主要途径。这种做法虽然有利于提高消费者被压制的服务体验，虽然有利于推动线下经济体制创新，但也驱动了一股蚕食线下体制租金的浪潮，不利于线上线下经济一体化联动，也不利于对互联网经济持续发展意义的真正创新。因此，要降低过度追逐体制租金的热度，必须加快线下经济改革，提高实体经济的服务效率和满意度，例如银行业线上渠道的拓展、零售业服务体验的提升等。

更为重要的是，通过加速线下经济的体制改革，可以降低人们过分操纵互联网商业技巧的实践误区，消除以互联网为赚钱工具的投机性做法，树立正确的互联网经济观念。从国外实践来看，日本的互联网经济发展并不迅速，但线上线下经济一体化的联动程度却非常紧密。虽然我们说直到目前日本还没有具有全球影响力的互联网企业，购物网站的设计和服务体验也不够好，但日本企业的互联网应用水平却非常高，例如地铁导航、车站案内 App 的细致人性化应用。另外，日本政府也非常关注互联网经济对实体经济的影响，并通过国家战略的方式极力促进两者的协调发展。如，2012 年 6 月，日本 IT 战略本部发布电子政务开放数据战略草案，迈出了政府数据公开的关键性一步。2013 年 7 月 27 日，日本三菱综合研究所牵头成立了"开放数据流通推进联盟"，旨在由产官学联合，促进日本公共数据的开放应用。正是因为有了互联网经济首先服务于实体经济发展的战略导向，日本没有出现互联网经济狂热发展的势头，线下经济主体崇尚创新以及遵守商业道德规范的观念同样被复制到线上。

二、情感经济：催生以情感为纽带的网络经济

在互联网经济中，文字是最主要的情感表达方式。相对于人与人面对面时的语言、眼神、动作等情感展现形式，互联网的情感表达具有正反两个特征：正面来说，因为回避了直接面对面时的面子问题，因此，人们的情感表达较为真实可靠。负面看则是因为缺乏眼神、表情识别，他人识别情感真假的难度很大。特别是在牵涉利益的经济活动中，人类自私的一面会被放大，为了个人利益而情感造假也就成为了可能。从这个意义上说，维系用户间的情感固然重要，但离开制度设计就步履维艰。

实践中，微信朋友圈是一个典型的社群经济形态，支撑微商生意的核心纽带是朋友情感，进而可以上升到信任。这原本是针对冷冰冰利益交换的一个修正，但实践中发生的种种错位与误区却越走越远。网络社群如何培育出真实的人类情感，的确值得重视。在笔者看来，基于社群经济的情感培育，不是空洞的思想教育，需要一系列条件作为基本前提。

第一，以法律的名义推行实名制认证。目前，我国的手机用户已经全面推广了实名制。但诸如微信、网络用户等方面的实名制还没有全面推广开来，而且个人的资料存在信息不全或者不真实的问题。由此，对凡是使用（移动）互联网从事营利和交易活动的个人或集体，政府部门需要明确规定强制以个人身份证实名登记注册；凡是没有实名注册的，一经发现，应给予经济惩罚并责令重新注册；如果经营商品或方式，存在违规或重大隐患，在进行法律责任认定的同时，应取消该身份证对应人员3年内从事互联网经营的权利。

第二，要在产业规制方法上采取社群管理模式。为此，政府部门应发布指令，明确凡是使用互联网平台从事经营的电（微）商，政府部门授权平台商发布准入协议，严格要求经营者按照行业类别、地域分

布进入对应的网络社群。每个社群都有一个平台商指定的行业管理者,重点要对那些涉足敏感行业(餐饮、食品、化妆品等)的商人进行质询,责令其进行事前法定资质的审查和办理。

第三,加大社群(平台)的情感交流与互动。以平台为媒介的互联网经济,平台商大都是通过免费使用、商品展示等方式吸引用户,却在平台情感拓展方面做得不够,主要的体现是开放性不足。比如,用户在电商那里买了一件商品,他最多可以查阅到相关用户的以前评论,而且大多是假名,其真实性无从判断。要打造真正的互联网情感经济,必须敢于开设开放的交流社群,凡是进入交易平台的用户(包括电商)都可以按照商品类型自动生成用户交流群,用户之间可以开放式长期探讨和交流。"用户实名制+法律约束"可以最大化促使用户表达交易的真实感受,这对互联网经济的所有用户都是有利的事。

三、多管齐下:加大互联网经济的监督与约束

面对互联网经济上出现的假冒伪劣、弄虚作假、恶意欺骗等行为,需要通过法制监督的方式解决。但也要看到,法制建设不等于伦理建设,完善法律监管内容,只是规定了伦理规范的底线内容,距离真正意义的自觉、自律的互联网经济伦理还有一定距离。因此,要把构建互联网经济伦理作为长期任务来抓,不可急功近利。一是要重视经济伦理教育。通过编制适合各种年龄阶段的教材,以案例解读方式普及经济伦理规范,注意要和传统文化有机契合,切实增强大家的互联网经济伦理意识。二是通过前面的实名制认证,将互联网经济交易中发生的个人不道德行为与线下享受的公共服务相连接,比如,银行贷款、个人升迁,甚至包括医疗养老保障等,提高违反互联网伦理规范的成本。三是不要把道理自律视为不管不问的自发实现物。这要求加强技术开发和监督检查。比如,可以考虑通过行业协

会层面组织与电商的交流会、行业研讨会等,形成一个隐形的监管平台;又如,可以通过媒体层面借助电视、消费者协会网站、报纸等权威媒体的力量弘扬道德营销的企业和严厉打击违规互联网经营的商家。

总而言之,互联网经济就是一只"潘多拉魔盒",在人类打开它赢取财富的同时,假恶丑的乱象也随之而至。面对日益蓬勃发展的互联网经济,过于迷恋财富而一味忍让乱象,或者寄希望于乱象的自行消亡,都不是办法。因为在自然的状态下,美好与邪恶、一致与冲突总会相伴而生,资本绑架的困局、物质丰盈与身心疲惫的问题总要不断反复。因此,建构出有效的互联网经济伦理秩序,真正实现天理国法人情的全面兼顾,利益与道德关系的良好协调,进而形成依托在政府和社群治理基础上的、以法制和制度为基础的情感联系,建立以情感为纽带的利益交换,这些成为互联网经济伦理建构的基本方向。

第十章

马云将走向何处：一个没有结论的结论

中国互联网经济到底将会走向何处？这是一个无法讲得清的问题。但纵观国外发展实践和中国实际情况，笔者认为，互联网经济是否具有持久的、健康发展能力，以及能否达到真正的引领经济转型之功效，并不完全在于 ICT 技术的先进程度，而在于"马云们"能否超越商业技巧的创新水平；不完全在于国家推出"互联网＋"的政策激励引致力量，而在于政府容忍线上挤压线下以及驱动加强线上线下互动的体制包容度；不完全在于"大众创业、万众创新"的分散实验水平，而在于线上用户的集体自律和道德觉醒。这些问题不可能一蹴而就得到一揽子解决，但任何新生事物的发展总是充满困难。正如本书开篇提到的那样，我们关心、剖析并且反思马云成功的真正原因，不是为了探求立足互联网的财富赚取秘密，而是为了揣度中国互联网经济发展前途，正是在这样的意义上，"马云们"的未来是好是坏、是长远还是短浅、是真正创新还是玩弄技巧，便决定了中国互联网经济的未来。

第一节 安不忘危：揭示马云成功背后的隐患

互联网经济在理论上有别于传统的经济运行机理，以交互信息为关键变量的理论架构，重新修改了以价格为中心的经济学供求机制和竞争机制，赋予了经济学关于生产、分配、交换和消费新内容。在交互信息层面上，生产与消费达成一致性，商品交换和交互信息的消费与生产具有同一性；在福利所得上，分配隐含在分享经济、共享经济的实现机理之中。然而，无论理论世界的互联网经济运行何其完善，实践中却依然有许多值得重视的问题。再次观察马云现象，特提出以下五个问题供思考。

一、用户基数扩张与平台边界拓展

在马云启动互联网经济发展的伊始，中国互联网上商业机构之间的业务量，比商业机构与消费者之间的业务量大得多，特别是中小商业机构的发展需求量很大且远远没有得到满足，如信用评价、品牌营造、出口渠道、广告宣传等。面对离散的庞大需求，马云从一开始就聚焦在中国供应商（B2B），这是其率先突出重围的根本原因。后来的淘宝、阿里的建立、转型和成功，也都与看准了需求在哪里有关。在这种成功的背后，我们还应看到，中国用户基数规模的庞大和扩张，支撑了离散需求的规模，当这些用户被源源不断地吸引到马云的平台之上时，平台边界也在拓展。这里有两个方面的问题需要注意：一是平台边界拓展必定带来组织、管理和维护成本的增加，是否会存在一个临界点最终制约平台的规模？如果存在这种情况，那么交互信息的体量规模是否会被众多的平台所分割？在平台之间互为对抗竞争的前提下，单一平台难以搜集到海量的交互信息，这是否会影响互联网经济的长远发展呢？二是平台的无限拓展势必会产生强大的控制力和排他力，是否会出现一支独大的垄断局面？如果发生这种情况，就很难担保垄断平台锁定用户进而剥夺用户福利的问题，所谓的加速创新、弱化资本力量等诸多希望也就更加难以实现。

二、成在诚信与败在诚信

以信用建设为基础,马云构造了庞大的经济帝国,但在支付宝 VIE 事件后,则被批评以一己之力毁掉中国互联网公司在美国资本市场的信任基石;商城围城事件,则被指为抛弃赖以起家的众多小商家;淘宝系倚仗着蚂蚁雄兵崛起,但在面对做 B2C 的压力时,却被指出忘记了马云自己一直宣扬的对创业者的责任感;在焦点访谈事件中,淘宝则被认为知识产权意识单薄,成为仿冒者的乐园。加之魏则西事件引发的百度搜索危机,马云拜谒"大师"王林,以及诸多的互联网创业者"吹牛皮"事件,都在慢慢地侵蚀着中国互联网经济赖以成功的根基。此种情况下,我们没有充分的依据可以证明诚信可以一直贯穿互联网经济发展始终,也没有理由相信任何华丽演讲辞赋中有多少可以相信乃至最终落到实处的东西。如果中国的互联网经济发生了从信用支撑到信用危机的转化,那么,当年的追捧者越多,未来遭受的伤害就会越大。

表 10-1 相关诚信危机事件

事件	始 末
支付宝 VIE	2011 年 6 月中旬,马云为取得支付宝作为国内合法第三方支付平台的资历,将原来阿里巴巴集团旗下的重要核心资产"支付宝"划归马云个人控股另外一家公司名下。此举被认为,在没有经过阿里巴巴董事会审批通过前提下,触犯了目前国际国内契约合同法的主旨精神。虽然赢得了支付宝广大的用户市场,但也严重损坏了其产业的信誉形象,撕开了契约合同并无实质约束的先例
商城围城	2011 年 1 月,淘宝商城毫无征兆发布新规,调整技术服务费和商铺违约保证金,最高涨幅高达 150%。新规终使中小卖家发动了"淘宝十月围城"
焦点访谈	2010 年 12 月 13 日,中央电视台《焦点访谈》栏目播出了题为"向侵权说不"的一期节目,节目曝光了一批假冒名牌产品借助淘宝平台,非法兜售并牟取暴利的不法行为

(续表)

事件	始末
魏则西	2016年5月,一位患病大学生魏则西因听信百度搜索给出的医院信息,花费了巨额钱款却最终治疗无效死亡。由此引发了人们对百度按照收费多少进行竞价排名的强烈质疑和怒斥,认为这是赤裸裸欺骗和误导,并引起对其他搜索引擎的想念

资料来源:作者整理自网络。

三、马云成功的示范与扭曲含义

无论怎样标榜互联网经济的美好,至少在目前的商业运行逻辑上,它仍然是典型的"烧钱"模式。在今天,当许多人热衷于互联网创业之时,人们看到了马云的创业智慧。在笔者看来,马云的成功是中国经济长期"重制造、轻服务,重产能、轻消费,重国有、轻民营"发展逻辑的结果。因此,马云一手缔造的互联网经济模式,实际是对传统经济模式的对冲,通过去除传统经济中的体制压迫力量,实现了将大量线下租金的线上释放。实践中,全球金融危机的发生加速了马云成功的进程。但着眼于未来,中国的互联网经济最终要回归以用户和线下制造业为中心,脱离线下制造业的互联网经济注定没有前途,而离开依赖用户、维系用户的互联网经济也不会走得太远。从这个意义上说,商业模式和营销技巧固然重要,但不能一味地"吹财富牛皮"、"唱生意经",更不能把互联网经济按资本运作的逻辑一味描述前景的壮丽,必须脚踏实地根植实体经济,谋求真正的互联网经济创新驱动。

四、中国互联网经济的天花板

如果说分享和蚕食线下体制租金是早期互联网经济成功的重要

原因,那么,未来的互联网经济盈利点有三种可能:一是互联网巨鳄与线下垄断企业共谋蚕食体制租金。这从微信选择与阿里巴巴竞争而不是与其合作共同撼动大型国有企业可以看出端倪。二是以资本运作方式进入产业金融领域,甚至不关心实体经济本身,重点瞄准以互联网平台为基础的"用钱生钱"。这从马云选择在美国上市而不像马斯克那样进入美国的国家创新体系,以及一夜之间出现了如此之多的互联网金融企业等现象中可见端倪。三是大胆松绑互联网经济发展的体制约束,以极高的容忍度包容互联网经济创新。不可否认,中国的互联网企业家在技术应用和商业模式局部创新方面已经较为成功,但互联网经济面临的主要障碍是,政府的管制与政策无法适应互联网经济发展的要求,如混业分业、工商登记、法律规范以及能左右政府决策的大型国有企业的阻滞等。显然,只有把第三种可能转化为现实,并放大其盈利空间,中国的互联网经济才能够规避瓶颈制约,获得健康发展的新动力,迎来做大做强互联网经济的新契机。

五、宏观战略意义的提前重视

时至今日,我们对许多经济发展现象宏观意义的认知还不够深入,如人们对义乌的理解,总是把它看作是一个小商品批发与集散的中心,实际上它已经是一个定价中心。同样,中国的互联网三巨头BAT也不仅仅是一个平台,而是数据和信息交互下的决策中心。在宏观意义上,发展中国家一直以来之所以处于被动地位,关键原因是定价权和知识产权不在自己手中。在互联网经济主导的时代里,这些国家的未来是否还会受到数据与信息控制权和决策发布权的制约呢?

第二节 漫漫求索：中国互联网
经济健康发展准则

在经验层面上，笔者认为，以新奇便利为导向或者以赚取线下租金为目的的互联网经济发展方式，都只是起步发展阶段的动力来源，并不是支撑经济持续发展的持久动力。在全球互联网经济格局中，美国起步早，属于引领型的，最早导入的动力源泉就是新奇便利。当这一动力逐渐枯竭时，eBay、亚马逊通过全球布局寻求发展的努力开始导入。中国的互联网经济无疑是后发型的，虽然新奇便利的作用很大，但线下租金却是支撑互联网经济发展的第一动力。随着经济体制改革的逐渐深入，线下体制租金的空间逐渐缩小，此时我们有必要思考互联网经济发展的新动力，以积极的心态面对不确定的发展前景。作为本书的结论部分，特提出以下六个准则：

准则一：信心比黄金还珍贵。无论如何，互联网经济不会以任何人的意志而存亡。作为一种经济模式，互联网经济的发展应该带来经济运行效率的改善和民众生活质量的提高。尽管当前各种存在于互联网经济中的扭曲现象不断发酵，但我们依然要持有做大做强互联网经济的坚定信心，不能因为某些负面事件而丧失信心。因为纵观世界各国，互联网带来的将不仅是竞争，不仅是活力，更是发展意义上的大空间、大发展、大变数。互联网经济很可能是支撑中国经济转型的重要手段之一，也是中国经济实现赶超崛起的重点领域。只要我们的体制改革、法制建设能够见效，互联网经济的强大不会久远。

准则二：理性是健康的前提。互联网经济的健康取决于用户理性。疯狂炒作、自说自话、大吹牛皮，只能以葬送互联网经济发展的前途为代价。因此，在这一点上，政府要保持清醒的认识，制定出"理性推广、积极引导、有效支持、严格监督"的行动方略。对于假恶丑的经济行为严厉打击,防止互联网经济泡沫。

准则三：改革是为了更好发展。互联网经济的发展可以倒逼改革,但改革本身也可以引导互联网经济的健康发展。从这个角度说,改革不仅可以挤压掉互联网经济中过分关注体制租金商业化的行为,也可以更好地促进线上线下经济一体化的发展目标。这是中国互联网经济健康发展的标志,通过简政放权、法制建设、体制松绑等一系列行为深化改革已经势在必行。

准则四：有效创新是互联网经济精髓。创新不等于不择手段,诸如网络传销、产业点赞、假冒伪劣、无度烧钱等行为,无论其噱头多么华丽,最终都难以摆脱忽悠骗钱的境地。这不是互联网经济倡导的创新。在这里,我们强调有效创新,其核心要义在于互联网经济应该以国家创新体系的建设为创新己任,至少能够推动线下经济的发展,这才是有效创新。为此,需要对商业模式炒作、过度宣传等行为进行监督和约束。

准则五：经济安全重于发展本身。没有安全保障,发展互联网经济将是一场灾难。近年来,各种原因导致大型互联网企业网络安全事件开始不断显现。如 2015 年,网易突然出现大面积服务瘫痪问题、支付宝出现了大规模故障问题(部分用户登录手机支付宝钱包时显示"网络繁忙,请稍后再试")。这些企业层面的安全问题,也会对国家经济安全造成影响,如互联网金融违规造成的集体上访、大数据信息控制造成的政府决策风险等。因此,要加强互联网经济安全控制,战略规划上做好公共云与私有云、内资与外资、国家领域与竞争领域、技术与操作、数据与情报等方面的分类管理措施。

准则六：责任是集体的觉醒。互联网经济是责任经济,也是道德经济,但仅仅依靠以个人的责任意识和行为是没有太大作用的。在整个互联网经济体系中,无论是平台商、数据商、电商,还是消费者和网民,都要达成集体责任的意识,形成"人人有责、无责问责"的氛围,才可以培育出真正的共享经济模式。实际上,这种集体的觉醒是最为困难的,需要机制设计、法制约束、教育引导、社会鼓励等措施,同时也需要加强网络社群的建设,催生出以社群为基础的、以情感经济为核心纽带的互联网经济生态圈。

  总而言之,互联网经济是一个新生事物,其间有许多的理论问题还值得深入探究与思考。中国是一个转型中的发展中大国,互联网经济与中国的结合注定了其样本意义上的复杂性和独特性,能窥其一斑已属相当不易。从这个角度讲,本书在理论层面上的种种探索和努力,都是试图为互联网经济运行找到一些规律,揣度其与传统经济运行规律的差异。但笔者深知这种尝试是相当浅显的,而且错漏之处甚多,更不消说对中国互联网经济发展指点迷津。基于此,以马云的创业经历作为研究的起点,却很难得出其终极意义上的发展归宿,故而称之为一个没有结论的结论。

后　记

恰在本书写作结束之际，赵薇新片启用台独演员事件不断被发酵，甚至被起底挖出她利用资本力量和人脉关系封锁官方信息的内情，其中就涉及阿里巴巴作为"帮凶"控制的媒体帝国版图之力量。原本这些网络上的相互揭底、批评乃至谩骂不足以作为研究的证据，但这件事却印证了笔者在书中的担忧，即资本（包括社会资本、货币资本）绑架搜索、绑架诚信以及绑架舆论导向的可能。

我始终认为，在人类寄存的这个现实社会里，我们不要把人过于妖魔化揣度，但也绝不能把人过于神圣化想像。因为任何人都不可能脱离现实条件而独立存续，他的想法和行为都是既有文化习惯、教育学习、彼此模仿和制度环境的结果。赵薇事件暴露出来的不是赵薇个人的问题，也不仅仅是资本力量控制下的非常规问题，而是我们一直对于互联网在经济社会发展中作用的低估问题，也就是过于理想化地把互联网看成是市场说了算数的事物，其本质是没有处理好"互联经济帝国"拓展中的政府与市场、国家与企业的关系，导致一遇矛盾就无法及时应对搜索危机、舆论危机，甚至将来可能发生的产业安全危机。

我从不否认，在如何赚钱的问题上，企业家从来都是有着更为敏感嗅觉的群体，这是源于利益纽带的生死考验。企业家当然也可以做慈善,这是个人意识和关怀精神的觉醒,是利国利民的好事。但我要说的是,任何人都不要想当然地把企业家做慈善视为必然结果,这同样适用于不要想当然地让企业家承担国家责任,因为国家责任是政府的义务。实践中,政府是由活生生的人组成,他们同样也会追求个人利益,也可能遭受资本的诱惑。这恰恰是中国互联网经济最令人担心的问题。因为,互联网经济是一个新生事物,它的确可以为民众福利水平的改善发挥作用,但互联网经济同时也关乎国家经济治理,不管不问或者美其名曰市场自治,终究不是国家责任的诠释。正如魏则西事件和赵薇事件所反映出来的事态扩展态势,企业家固然有其作为瑕疵的地方,但事前政府的好大喜功、管制缺失恐怕也需要一同被问责。

我从不否认,马云的创业成功有其天才+努力的一面,但这并不代表他不会犯低级错误;即使他的决策都是正确的,他却无法防止如此之大"经济帝国"中员工的可能错误。这些年来,在无数"造神运动"宣扬中,他已经将开始走向了互联网经济的神坛;而在他数不清的各种演讲中,我们俨然看到一个反复倡导DT时代的英雄的到来。但英雄之所以是英雄,关键在于他为人类、为国家、为社会到底作出了怎样的巨大贡献,且这种贡献是无私的,是可验证的。我当然希望中国的"马云们"可以走得更长更远,不是他自己说的102年,而是1 000年。但说到底,这还要依靠他们本人的精神境界和为公意识。由此,这让我想起了伪"大师"王林,曾经的他可谓风光无限好,但当传说被揭穿,卑劣的行径和扭曲的人格全盘暴露于世。

经济学研究不是预测学,更不是玩数字游戏,因此我无法确知未来的中国互联网经济究竟会走向何处。但从中国过去30多年的发展历程来看,中国的互联网经济不应止步于商业技巧的浪潮,更大的、有益于实体经济发展的互联网经济创新应该会出现,属于中国的互联网经济时代迟早会来到。但我们现在却需要追问自己,催育这种创新到底需要什么样的条件?它对实体经济的作用机理和方式又是如何？及至当下，互联网企业家们日益扩大的"经济帝国"边界是不是值得推崇？有没有合理的应对举措？中国的互联网经济应该采取怎样的市场与政府界限？这恰恰是我辈研究者需要关注的问题。有时候，我特别庆幸自己能够生活在今日之伟大的中国转型时代，她以其独特的国情特色向全世界提供了一个绝佳的样本，每一次关于中国问题的研究都让人兴奋不已，这或许就是时代赋予我们的使命和责任。

本书的研究和撰写得益于上海社会科学院院长王战教授的大力支持。事情的起因还要追溯到 2014 年 4 月。在过去的几年里，我一直从事中国现代服务业的研究。一次偶然机会，王战院长向我问起：互联网经济也是现代服务业，你是否关注过呢？当时我在这方面的思考的确不多，竟然一时语塞，无以应对。之后，我发狠搜集资料，阅读了大量相关文献，并时不时与相关专家讨论，但一直未能形成一个好的切入点。特别凑巧的是，在申报 2015 年国家社科基金重点项目时，我选定的研究主题虽然仍然是现代服务业，但研究视角却锁定在了互联网经济。也许正是这个不经意的巧合，我幸运中标国家重点项目。2015 年 6 月，笔者随同王战院长参加在内蒙古召开的全国社科院院长联席会议，期间有大量的时间和王战院长一同交流互联网经济问题的看法。当时，他很明确地说道，在中国我们不能忽视互联网经济的作用，要重视对马云创业成功的经济学理论研究，从中尝试找到一些有益的经验规律，挖掘它们对中国的启示。正是这次交流，我确定了本项研究的基本方向和内容。2015 年，恰逢我院获批 25 家全国首批国家高端智库试点，院内强力推出的创新工程建设也不断走向深入。王战院长不辞辛苦地从上海市市委宣传部争取到一批资金用来支持我院创新工程重大攻关项目的研究，"马云现象的经济学分析"赫然在名单之列。

于我而言，我非常重视这次研究机会，这不仅仅是院领导对后辈新进的一种提携和关怀，更是因为这项研究太具创新意义：一者无现成研究成果可供借鉴,二者毕竟涉及对成功人士的剖析,立论需要客观,观点要有依据可循。好在笔者无意于对马云本人的好恶评价,只是关注于经济学理论层面的研究,倒也无所牵挂、轻松自在。

在研究过程中,笔者特别感谢上海社会科学院世界经济研究所张幼文研究员、应门经济研究所杨建文研究员和哲学研究所陆晓禾研究员给予的智力支持。正是与这些前辈们的多次交流和反复讨论,一些问题的研究思路才得以慢慢廓清。

还要感谢我所在的世界经济研究所两位所领导姚勤华研究员和权衡研究员,他们在所内工作上给予我相对灵活的弹性和多方面的支持,使得我可以安心研究。上海社会科学院黄仁伟副院长、科研处的邵健处长、创新办的汤蕴懿主任、智库发展处的于蕾处长以及国经中心上海分中心研究部副部长陆军荣研究员,他们在课题立项、会议组织等方面给予了全方位的帮助。同时,也要感谢上海社会科学院出版社的缪宏才社长、应韶荃编辑在本书出版上给予的关心和帮助!

有人说,学术研究是一条不归路,永远没有尽头。我有同感并以为,探究学术问题,是迷乱中渴求真知、黑暗中寻找光明、孤寂中告慰本我的过程。因此,这条路可谓是苦并快乐。感谢我的家人、我的师长、我的朋友们、我的学生们,是你们一路相伴才让我有勇气专心学术,是你们的默默支持才使我能够沉下心来醉心研究!

当然,由于这项研究牵涉面甚广且颇具创新意义,因此,笔者的思考是浅显的,研究必有重大疏漏。在此恳请广大读者批评指正、不吝赐教!

胡晓鹏

2016 年 7 月

图书在版编目(CIP)数据

马云现象的经济学分析/胡晓鹏著.—上海:上海社会科学院出版社,2016
 ISBN 978-7-5520-1621-5

Ⅰ.①马… Ⅱ.①胡… Ⅲ.①网络经济-研究 Ⅳ.①F062.5

中国版本图书馆 CIP 数据核字(2016)第 271206 号

马云现象的经济学分析——互联网经济的八个关键命题

著　　者：胡晓鹏
责任编辑：应韶荃
封面设计：李　廉
出版发行：上海社会科学院出版社
　　　　　上海顺昌路 622 号　邮编 200025
　　　　　电话总机 021-63315900　销售热线 021-53063735
　　　　　http://www.sassp.org.cn　E-mail: sassp@sass.org.cn
照　　版：南京前锦排版服务有限公司
印　　刷：上海巅辉印刷厂
开　　本：710×1010 毫米　1/16 开
印　　张：19.25
插　　页：2
字　　数：245 千字
版　　次：2016 年 11 月第 1 版　2016 年 11 月第 1 次印刷

ISBN 978-7-5520-1621-5/F・456　　　　定价：68.00 元

版权所有　翻印必究